大学生创业学——基于创新性的创业指导

石乘齐　主编

清华大学出版社

北　京

内 容 简 介

本书以《国家中长期教育改革和发展规划纲要(2010－2020 年)》以及《国家中长期人才发展规划纲要(2010—2020 年)》等文件精神为指导，基于融合性思想，按照高等院校经济管理学科课程内容和改革的基本要求，以学生能力培养和创新创业为导向，遵循学生学习能力培养的基本规律，通过借鉴和学习国际知名商学院创新创业教育的理念和思想，并结合现实中大学生创新创业的案例，将创新思维内嵌于创业过程，从创客、创意、创业、创造四方面展开。在主要内容的编写上将相关领域前沿研究以及大学生创新创业实战相结合，将先进的研究成果、教育理念融入本书中，并设计、介绍相应的工具和方法对大学生创新创业进行训练，从理论的高度培养学生研究解决实践问题的学术素养和技能。

本书可作为创新创业类课程的教材，适合普通高等院校各类专业的教师和学生使用。

图书在版编目(CIP)数据

大学生创业学：基于创新性的创业指导/石乘齐主编. —北京：清华大学出版社，2020.9(2025.1重印)
ISBN 978-7-302-56299-3

Ⅰ. ①大… Ⅱ. ①石… Ⅲ. ①大学生—职业选择—高等学校—教材 Ⅳ. ①G647.38

中国版本图书馆 CIP 数据核字(2020)第 165410 号

责任编辑：孙晓红
封面设计：刘孝琼
责任校对：周剑云
责任印制：宋　林
出版发行：清华大学出版社
　　　　　网　　　址：https://www.tup.com.cn, https://www.wqxuetang.com
　　　　　地　　　址：北京清华大学学研大厦 A 座　　　　邮　　编：100084
　　　　　社 总 机：010-83470000　　　　　　　　　　邮　　购：010-62786544
　　　　　投稿与读者服务：010-62776969, c-service@tup.tsinghua.edu.cn
　　　　　质量反馈：010-62772015, zhiliang@tup.tsinghua.edu.cn
　　　　　课件下载：https://www.tup.com.cn, 010-62791865
印 装 者：涿州市般润文化传播有限公司
经　　销：全国新华书店
开　　本：185mm×260mm　　　印　张：15　　　字　数：358 千字
版　　次：2020 年 9 月第 1 版　　　印　次：2025 年 1 月第 7 次印刷
定　　价：45.00 元

产品编号：067328-01

前　言

"课程体系建设得如何直接决定着培养目标的达成程度，以及创新创业教育向纵深发展的生存空间与社会价值。"当前高校在创新教育与创业教育的内在融合性关系以及大学生创新创业能力的融合性培养等方面，相关研究和课程体系建设仍较欠缺，造成大学生创新创业能力同一或偏一，与国家要求及社会需求的创新型、实用型、复合型人才培养目标间存在差距。对此，本书展开相关研究，提出运用融合性视角，针对大学生的特点，以大学生创新创业能力培养为目标，将创新教育和创业教育紧密融合，通过大学生创新创业综合能力建设，使大学生能够形成创新意识、创新精神、创新思维、创造能力和创新型人格，能将商业模式创新、管理创新、技术创新等方面的创新思想和创新方法与创业实践结合，通过科学的课程体系，形成专业能力、创新能力和创业能力相互促进的良性循环。

本书被正式列选为中国轻工业"十三五"规划教材，是 2017 年度陕西高校教学改革研究项目"经济管理学科创新创业教育课程体系建设与大学生能力培养的融合性研究"(17Z007)、陕西省教育科学"十三五"规划 2017 年度课题"基于融合性视角的高校创新创业教育体系建设研究"(SGH17H102)、陕西省高等教育科学研究项目(重点)"高校创新创业教育课程体系建设研究——基于模块化和翻转课堂的思想"(XGH19006)、2018 年陕西省高校创新创业教育课程"大学生创新创业'翻转魔方'课程"、第三批中国轻工业"十三五"数字化项目"创新创业三级进阶在线课程"、陕西科技大学 2019 年线上线下混合式教学改革项目"基于自建在线课程的《创新创业基础》混合式教学"等项目研究成果的集成。这一系列项目旨在运用融合性视角，以经济管理学科为建设起点，以大学生创新创业能力为培养目标，以创新创业课程体系为建设主体，构建科学的创新创业教育体系。

本书共分为 9 章，主要内容包括：大学生创新与创业概述、大学生创业者、大学生创业团队、创业环境、创业机会、创业模式、创业计划书、新创企业管理和新创企业风险。

本书由石乘齐主持编写，并负责编写大纲、统稿和修订，具体编写分工如下：石乘齐负责编写第一章、第四章，严瑜筱负责编写第二章、第三章，王慧芳负责编写第五章、第六章，陈英负责编写第七章，赵睿负责编写第八章，杜鹏负责编写第九章。

由于编者水平有限，书中难免存在不当之处，敬请广大读者批评指正。

编　者

目　　录

第一章 大学生创新与创业概述

【学习目标】

(1) 熟悉创新的概念、特点和理论发展；

(2) 熟悉创业的概念、特点和理论发展；

(3) 认识大学生创新和创业的特征，并能够结合自身情况进行对比、验证；

(4) 了解创新与创业的差异性和融合性，熟悉本书关于大学生创新与创业的理论框架。

引导案例

80后女孩开起冰棍厂，"想复制当年的记忆"

第一节 大学生创新概述

一、创新

1. 创新的概念

经济学范畴中的"创新"概念最早由美籍奥地利经济学家熊彼特(Joseph Alois Schumpeter)在 1912 年出版的《经济发展理论》一书中提出，并形成最初的"创新"理论。1939 年和 1942 年熊彼特又分别出版了《经济周期》和《资本主义、社会主义和民主主义》两部专著，对创新理论加以补充完善，逐渐形成了以创新理论为基础的独特的创新经济学理论体系。在其后的研究中，熊彼特的创新经济学理论衍生出西方经济学的两个重要分支——以技术变革和技术经济推广为对象的"技术创新"经济学和以制度变革和形成为对象的"制度创新"经济学。历经百年，众多学者对创新进行了大量研究，形成了许多有特色的理论。

但是，由于假设和理论基础上的差异，以及创新过程自身的复杂性，在创新的概念上，目前尚未形成严格、统一的定义。不同学者从不同角度对创新进行了理解和解释，总体上可以区分出两种极端的观点。一种观点是把创新看作纯粹的技术行为，将创新等同于生产过程中的产品创新或工艺创新，对创新成果在市场上的应用较少考虑或不予考虑。如经济合作与发展组织(OECD)在 1992 年的《创新统计手册》中指出：创新包括新产品和新工艺，以及产品和工艺的显著的技术变化。另一种观点是将创新看作纯粹的经济行为，关注技术的应用，即面向价值转化与实现的应用创新。如熊彼特认为：创新属于经济范畴而非技术范畴，它不仅指科学技术上的发明创造，更是指把已发明的科学技术引入企业之中，形成一种新的生产能力。

目前学术界主流的观点倾向于将两者结合，认为对创新的认识，无论是只强调技术，还是只强调经济，都是不全面的。本书选取一些有代表性的定义，列举如下。

(1) 美国经济学家曼斯菲尔德(Mansfield)认为：一项发明，当它被首次应用时，可以称为创新。

(2) 英国科技政策研究专家、OECD 经济顾问克里斯托夫·弗里曼(Christopher Freeman)教授认为：创新是指第一次引进某项新产品、工艺的过程，包含技术、设计、生产、财政、管理和市场活动等诸多步骤。

(3) 我国"技术经济和创新管理学科奠基人"之一、清华大学经济管理学院的傅家骥教授认为：创新是技术变为商品并在市场上销售得以实现其价值，从而获得经济效益的过程和行为。

(4) 我国著名创新专家、原中国科技促进发展研究中心副理事长贾蔚文教授认为：创新是一个从新产品或新工艺设想的产生，经过研究、开发、工程化、商业化生产，到市场应用的完整过程的一系列活动的总和。

创新理论往往以技术为核心，它针对的是传统经济学理论中资本、劳动力等要素无法解释和解决的经济增长问题。如果只强调创新的技术方面，忽视技术开发行为的市场取向和经济利益，创新的成果将缺乏市场的检验，不能转化成社会财富，体现不出其价值；如果只强调创新的市场应用方面，创新将成为一次性经济利益的获取行为，脱离了创新理论的技术核心。因此，创新是技术和经济的一体化，包括从新产品或新工艺的设想到市场应用的完整过程，是技术开发和技术应用的有机整体，其中技术开发是手段，技术成果在市场上的应用及利润的获取是最终目的。在这一整体中，不仅需要根据现有技术基础及技术发展的规律，考虑技术开发的可行性和方案，还要以市场为导向，考虑技术开发的必要性，以及技术应用的有效性。

2. 优质创新的特点

优质创新具有以下特点。

1) 经济性

从理论渊源上看，创新理论是针对传统经济学的局限而提出的；从现实研究上看，创新的经济绩效是创新相关研究的重要变量。因此，与以科学家或兴趣爱好者为主体的技术发明和研究开发不同，创新不仅包含技术开发，还包含技术应用，其目的是通过将开发出的技术成果成功地进行市场化，创造经济利润，对创新的研究不能脱离经济学的相关理论。现实中无数的创新实践也证明了：伴随着一定人力、物力和财力的投入，每一次创新成功都能取得较大数量的物质、信息或货币收益。

2) 风险性

创新的主体是企业家，在英文中企业家(entrepreneur)的原义指风险承担者。由于创新活动具有试验性质，并且各个阶段、环节都含有不确定性因素，因而创新呈现出高风险性。创新的风险性不仅体现在创新活动不一定能取得成果的知识层面的风险上，还体现在即使出现成果，其在商业化推广或实践应用上也存在较大的失败概率，即经济风险。因此创新具有高风险性，企业的创新成功率一般低于 5%，完全颠覆性的创新成功率远远低于 1%。

3) 复杂性

首先，创新是一个涉及不同内容、经过若干阶段的过程，在这一过程中，各个阶段、各个环节有内在的联系：不同环节相互有机联系，不同阶段彼此衔接，所以总体上，创新大多数时间以渐进性创新为主。但是，当代表旧、新不同知识的前后阶段迅速转换、缺少渐进时，新知识代替旧知识、新旧知识(原理)间质的表象变化掩盖了新旧知识间内在的联系，表现为知识发生了质的飞跃，形成突破性创新。因此，创新具有复杂的形态。其次，创新具有复杂的层次。根据创新的目标和需求不同，创新会跨越从个体到企业、企业到创新群体、创新群体进一步到区域和国家创新系统等不同层次。

4) 外部性

创新的外部性是指创新主体在非自愿的情况下，其创新活动对他人或社会产生的福利溢出，而且创新主体也没有从溢出效应中得到任何的收益回报，即得到创新溢出的人没有承担与溢出福利相应的成本。这是因为创新的成果会以发明、显性知识等形式公布或散布，且其成果商业化或实践应用后，会更广为人知，他人可以暗中模仿，也可以合法利用；同时，创新还培养了知识型人才，这些人才的流动会促使新知识向社会扩散。因此，创新的外部性一方面会促进社会整体的知识进步，推动知识革新，甚至知识突破；但另一方面，创新的溢出效应增加了竞争对手的实力，一定程度上损害了竞争性企业进行创新活动的积极性。

3. 创新理论

20 世纪 50 年代以后，世界范围内的科技革命浪潮不断兴起，许多国家出现了近 20 年的发展黄金期。这种经济的高速增长已不能用传统经济学理论中的资本、劳动力等要素加以解释，熊彼特所提出的技术进步与经济增长的关系引起西方经济学理论界的兴趣，创新理论得以持续发展。

目前，国外技术创新理论的研究和发展已形成了新古典学派、新熊彼特学派、制度创新学派、国家创新系统学派和创业学派五大理论流派。

1) 新古典学派

创新的新古典学派的代表人物是索洛(S. C. Solow)，他在 1957 年发表《技术进步与总量增长函数》一文，对美国 1909—1949 年间非农业部门的劳动生产率发展情况进行了实证分析，发现此期间美国制造业总产出中约有 88%源自技术进步，并建立了著名的技术进步索洛模型，专门用于测度技术进步对经济增长的贡献率。其后的学者在承认创新是经济增长的内生变量、是经济增长的基本因素的同时，也发现在创新过程中存在着"市场失灵"，即市场机制在经济活动中不能充分保证全社会资源的最优配置，对一些产业或企业的调节作用效果不好甚至是失败的。市场失灵主要是因为创新具有外部性，导致单纯依靠市场力量并不足以使资源达到最优配置，需要适当的政府干预。

2) 新熊彼特学派

整体上来看，关注技术创新政策研究的新古典学派将创新过程看作一个"黑箱"，他们不关心这个黑箱内部的运作，因为他们认为良好的市场机制会自动地使这个黑箱的内部运行机制达到经济合理。他们关心的是黑箱的外部：一方面，当市场机制在创新资源分配方面无能为力时，如何以政府调控作为黑箱输入，进行宏观协调，对市场机制起补充作用；另一方面，黑箱输出的创新结果对经济增长的作用。这种研究方式与将创新作为一个过程、研究黑箱内部运作机制的新熊彼特学派形成了鲜明的对照。

新熊彼特学派将创新视为一个复杂的过程，重视对"黑箱"内部运作机制的揭示。该学派的代表人物有曼斯菲尔德(Mansfield)、卡曼(Morton I. Kamien)和南希·施瓦茨(Nancy L. Schwartz)等，他们坚持经济分析的熊彼特传统，强调技术创新和技术进步在经济发展中的核心作用，侧重研究企业的组织行为、市场结构等因素对技术创新的影响。

3) 制度创新学派

严格地说，制度创新和技术创新是熊彼特"创新理论"的两个分支，分别强调制度创新或技术创新对企业成长的作用。但对于技术创新与制度创新之间相互关系的明确理解，一直是那些对发展的历史和制度方面感兴趣的经济学家和其他社会学家感到困惑的问题，学者们进而形成两种对立的观点：旧制度主义学派认为技术变迁引起制度变迁，而新制度经济学派则坚持制度创新决定技术创新。尽管存在观点上的分歧，但这些研究从制度方面丰富了创新研究，形成了创新的制度创新学派。

4) 国家创新系统学派

1841 年，德国古典经济学家李斯特(Friedrich List)在《政治经济学的国家体系》一书中，从国家的角度对政治经济发展问题进行了研究。20 世纪 80 年代末到 20 世纪 90 年代初，以英国学者弗里曼和美国学者纳尔逊(Richard R. Nelson)为代表的创新经济学家将新熊彼特主义和李斯特传统有机结合，认为创新不仅是企业的孤立行为，更是由国家创新系统推动的；他们强调从社会经济的宏观角度来解释各国创新实绩的差异以及不同企业的创新行为差异，更多地借用新制度经济学的某些理论与研究方法，力图把影响技术创新的所有因素，如经济、制度、组织、社会和政治等因素都考虑进去。

5) 创业学派

熊彼特认为经济发展的对象是企业，经济发展的主体是企业家。在熊彼特之后很长一段时间，学术界对创新的研究主要集中在对特定创新过程的把握方面，对企业家创业的研究有所忽视。但 1974 年出现了"石油危机"，一些大企业无法迅速调整以适应通货膨胀、失业和投资无望等问题，而中小型企业因为更容易适应迅速变化的经济环境，受到了各国政府的重视，出现了前所未有的发展。20 世纪 90 年代以来，成功的创新和基于企业家精神的创业活动越来越融合，如硅谷中小型企业及企业家的创业活动极大地推动了一个时代的技术创新，涌现出如苹果、微软等当代企业巨擘。学术界对创业及企业家精神的研究热情也不断高涨，形成了技术创新研究的第五大学派——创业学派。该学派认为创业活动在经济和就业方面所发挥的作用越来越重要，创业活动起始于企业家精神并受到后者的重要影响，而企业家精神的本质就是有目的、有组织的系统创新；现代企业不创新就无法生存，创新是企业创造价值的主要途径。

二、大学生创新的特征

1. 大学生创新的心理特征

创新心理是一个非常复杂的系统，是创新主体在知、情、意过程中所表现出来的创新性因素，它包括主体的需要、动机、信念，以及性格、气质、能力等心理倾向性和心理特征中的创新性因素。多数学者认为，创新心理不是由一个特定因素构成的，而是具有完整的结构。张勇和赵丽欣 2013 年在归纳前人研究成果的基础上，运用因素分析和模型建构法，把大学生创新心理成分概括为创新意识、创新思维、创新人格和创新技能 4 个维度。

1) 创新意识

创新意识是主体产生创新的动机、愿望、意图的一种内在驱动力、推动力，表现为有着求真求知的主动意识、追求新异事物和真知灼见的强烈欲望，大胆质疑、标新立异的思想观念，不满现状、勇于开拓的奋斗精神。大学生有着探索未知的强烈的好奇心，以及质疑和挑战权威的勇敢精神。这些创新意识既是大学生创新活动的出发点和内在动力，又是影响大学生创新能力生成和发展的重要内在因素和主观条件，支配着学生对创新活动的态度和行为，规定着态度和行为的方向和强度，具有较强的选择性和能动性。

2) 创新思维

创新思维不是一般性思维，它不只是主体依靠现成的材料进行分析、综合、判断、推理来解决问题，而是主体在现有材料的基础上用独特、新颖的思维方法，创新出具有社会价值的、前所未有的新产品、新技术、新概念、新原理的心理过程。大学生思想活跃，乐于思考，拥有较强的创新性思维。这些思维的本质是突破固有的逻辑通道，以新异、独创的方式寻求获得新成果的思维。创新思维是大学生创新素质的核心，它要求大学生善于从不同的角度和思路去考虑问题，提出自己的思想和理论。

3) 创新人格

创新人格是主体在创新实践活动中所具有的带有一定倾向性的心理特征的总和，是由个体需求、动机、情绪、气质、性格、态度和价值观等整合而形成的具有动力一致性和连续性的一种创新活动的内部推动力，属于非智力素质范畴。大学生普遍有着青年人固有的好胜心和争强心，不肯轻易服输和言败，这有利于创新活动的发生和持续。但不同学生的人格差异较大，积极的人格有利于大学生创新性的发挥，负面的人格可能成为大学生创新的障碍，这些特征通常表现为对学生主体的心理和行为起调节作用的个性特质。

4) 创新技能

创新技能是创新主体行为技巧的能力，包括信息加工、动手能力、运用创新技法能力、创新成果的表现能力及物化能力等。大学生所受的专业教育使他们相较于社会中的其他大部分人群拥有较强的创新技能。但在具体技能上，文科大学生与理工科大学生有两点不同：

(1) 创新技能的获取来源不同。文科大学生的创新技能主要来源于社会实践；而理工科大学生的创新技能更多地来源于观察和实验。

(2) 创新技能的成果表现不同。文科大学生的创新技能主要表现在观点、研究方法、资料的发掘、应用和解释、论证和结论等方面，更多地表现为无形的精神成果，如提出一种新的理论、新的方法、新的制度、新的方案等；而理工科大学生的创新技能主要表现在技术发明、专利项目、科研成果等方面，主要通过有形的物质成果来表现，如发明一项新的技术、制造一种新的产品。

2. 大学生创新的实践特征

以上大学生创新的心理特征展现的是这一群体在创新上先天的优势，但在后天实践上，大学生创新实践普遍存在以下问题。

1） 在创新意识上，有兴趣但不持久

大学生有着探索未知的强烈好奇心，以及质疑和挑战权威的勇敢精神。但大学生联想性思维和发散性思维的特点使他们出现兴趣点的分散、转移甚至消失。因为这些兴趣点还只是在意识层面，没有转化为较为固化的行为，所以大学生固有的好胜心和不服输精神很可能在还没有被足够激发的情况下，原来的创新兴趣驱动力就已经弱化甚至不存在了。

2） 在创新思维上，有潜能但是缺少挖掘与开发

大学生在年龄层次上是社会中思维较活跃的一个群体，而且他们的综合性和专业性教育背景使得其思维具有较大的广度和一定的深度，在联想性思维、发散性思维、逻辑性思维等创新思维方面具有得天独厚的优势。但创新是一个复杂的过程，不但需要对以上既有的思维优势进行整合和强化，同时还需要逆向思维、汇聚思维和直觉思维等创新性思维与以上思维进行互补和融合。但当前，无论是高校教育还是学生个体成长上，都没有对创新思维的系统性挖掘和开发予以足够的重视。

3） 在创新人格上，有干劲但缺少系统的训练

大学生普遍有干劲和冲劲，追求自我，对于打破常规、寻求创新的做法和方式有着浓厚的热情，在切实开展创新活动时会激情满满、活力四射。但这些特征如果在缺少系统训练和理性思维平衡的情况下，同时也可能导致他们在创新活动中产生过多的从自我出发而忽视客观环境的立场、萌生过于自信甚至自负的态度，以及形成一些激进的想法和行为，最终危及创新活动的顺利开展和推进以及创新成果的产生。

4） 在创新技能上，有知识但缺少实践能力

大学生受到高校综合性和专业性教育的培养，以及高校良好学术氛围的熏陶，在整个社会中是创新知识储备较好的一部分人群。但是，尽管当前高校普遍以能力培养为导向、注重素质教育，但中国传统文化中"两耳不闻窗外事，一心只读圣贤书"的教诲，仍然在教育导向变化的冲击下残留着其影响力，从教育主体、教育客体以及外部环境等多方面，造成大学生在具有较充实知识储备的基础上，依然无法灵活运用这些知识进行创新实践的现状。

第二节　大学生创业概述

一、创业

1. 创业的概念

1755 年，法国经济学家坎蒂隆(Richard Cantillon)将"entrepreneur"(创业者)一词作为术语引入学术界，引发了学者们对创业活动的相关研究。概括地说，创业有狭义和广义之分。狭义的创业指开创新的企业，是谋划、创建和运营企业的过程。但目前通常所提及的创业更多地具有广义的范畴，相对狭义的创业在覆盖的范围和深度上都有所扩展。广义的创业是跨越多学科的一个多面现象，涉及变革、创新、技术与环境的变化、新产品开发、小企业管理、企业与创业家个体和产业发展等问题，研究学科主要包括心理学、社会学、经济学、管理学、人类学和历史学等。在"创业"这个共同题目下的研究有着广泛的研究意图和目的，提出的问题、分析的层面、理论观点和方法论也各不相同，这种现状导致各

学科都从不同的角度切入，并使用自己的概念进行讨论。朱仁宏(2004)对有代表性的创业概念进行了整理，概况如表 1-1 所示。

表 1-1　创业的代表性定义

定义的焦点	作　者	定义/解释	关　键　词
识别机会的能力	Knight (1921)	成功地预测未来的能力	成功；预测未来
	Kirzner (1973)	正确地预测下一个不完全市场和不均衡现象在何处发生的套利行为与能力	正确；预测；不完全市场和不均衡现象
	Leibenstein (1978)	比你的竞争对手更明智、更努力地工作的能力	更明智、更努力地工作
	Stevenson、Roberts 和 Grousbeck (1985)	是洞察机会的能力，而不是以控制的资源驱动创业	洞察机会
	Conner (1991)	按资源观点，从根本上来说，辨识合适投入的能力属于创业家的远见和直觉。但在目前，这种远见下的创造性行为却还没成为资源理论发展的重点	资源观点；辨识合适投入；远见和直觉
创业家个性与心理特质	William Bygrave (1989)	首创精神、想象力、灵活性、创造性、乐于理性思考和在变化中发现机会的能力	在变化中发现机会
获取机会	Stevenson、Roberts 和 Grousbeck (1994)	根据已控制的资源去获取机会	根据已控制的资源
	Shane 和 Venkataraman (2000)	创业就是发现和利用有利可图的机会	发现和利用；有利可图
	The US National Commission on Entrepreneurship (2003)	不断的变化会产生创造财富的新机会，创业就是经济主体利用这些新机会的方式	利用；不断的变化
创建新组织与开展新业务的活动	Schumpeter (1934)	进行新的结合	新
	Cole (1968)	发起、维持和开展以利润为导向的有目的的业务活动	发起、维持和开展；有目的
	Vesper (1983)	开展独立的新业务	新；独立的
	Gartner (1985)	建立新组织	建立；新
	The Academy of Management (1987)	创办和管理新业务、小企业和家族企业，创业家特征和创业家的特殊问题	创办和管理；新、小、家族、创业家；特殊
	Low 和 MacMillan (1988)	创办新企业	创办；新

资料来源：朱仁宏(2004)

2. 优质创业的特点

1) 创新性

创业过程包含着新的产品或新的服务的诞生，这是创业成功的关键因素。而从整个经济社会的角度看，这无疑是产品和服务不断更新与演进的重要推动力。人类的科技进步不仅依赖于基础科学的发展，而且依赖于科技成果不断进入经济社会领域，形成新产品与新服务的生产能力，反过来它又推动基础科学的发展。可以说，创业型企业对科技成果实现产业化和新发明、新产品孕育起着重要的作用。

2) 风险性

创业型企业存在着资源、实力等众多方面的"先天不足"，抗风险能力较弱。创业型企业风险主要来源于三个方面：

(1) 外部环境。创业型企业对外部环境往往无能为力，而且面临一些大型企业和公司的威胁。尤其是当今时代，市场需求的多样化，竞争程度愈加激烈，运营环境复杂多变，所面临的风险也就相应增加。

(2) 内部条件。企业内部条件如资产、技术、人才、设备、原料、信息以及管理策略等有形及无形资源决定了创业型企业的规模，内部条件越完善，抵抗风险的能力就越强。

(3) 资源配置。创业型企业的资源配置取决于企业所处的内外条件以及资源配置策略，企业所处的经营环境越有利，机会越多，资源配置就相对容易；内部条件越好，实力越强，则企业进行的资源配置将越有利。资源配置水平表现企业的整体综合实力。

3) 复杂性

创业过程蕴含一系列活动及隐含在这些活动背后的关键要素，并且这些活动与关键要素遵循一定的逻辑顺序与平衡关系。然而，这些活动的逻辑顺序及关键要素的平衡关系并不拘泥于固定的模式，最终呈现为微观层次千差万别的创业过程。创业过程动态性与复杂性的根源在于：创业是不确定条件下企业家通过与环境的互动来创建新组织、追求机会价值最大化的复杂过程，企业家异质性、环境不确定性及创建新组织这三个因素的交互作用导致创业过程不可能像一般企业活动那样，通过某种可参考程序来应对不确定因素，构成创业过程天然具备的动态性与复杂性的基础。

4) 外部性

创业型企业对经济的促进作用不仅局限于提高人均产出或人均收入水平，而且通过创业活动达到促进新的社会结构和经济结构形成的目的。实际上，创业者将资源、劳动、原材料和其他资产组合并创造出比原先更大的价值，从而获得相应的回报。创新活动也就从需求和供应两方面促进经济的增长：需求方面，新产品和新的服务往往会造成新的市场需求，从而成为促进经济增长的需求因素；供给方面，新资本的形成将导致新的生产能力，扩大整个经济的供给能力。

3. 创业理论

广义的创业是一个跨越多个学科领域的复杂现象，内涵极为丰富，几乎无所不包，不同学科都从其特有的研究视角，运用本领域的概念和相关术语对创业现象进行观察和研究。林强等(2001)对从不同视角提出的创业理论进行了梳理，总结出八大学派。

1) 风险学派

法国经济学家坎蒂隆最早把 "entrepreneur"(创业者,也被译为企业家)一词作为术语引入经济学。他认为创业者要承担以固定价格买入商品并以不确定的价格将其卖出的风险。创业者的报酬就是卖出价与买入价之差。如果创业者准确地洞察、把握了市场机会,则赚取利润,反之则承担了风险。奈特(Frank Hyneman Knight)赋予创业者以不确定性决策者的角色,他认为 "有更好管理才能(远见力和统治他人的能力)的人具有控制权,而其他人在他们的指挥下工作"。对自己的判断有自信心和在行动中能 "坚持这一判断" 的人专业于承担风险。在企业中存在着一个特殊的创业者阶层负责指导企业的经济活动,创业者向那些提供生产服务的人保证一份固定的收入。

2) 领导学派

领导学派从创业者在企业组织中的领导职能来研究创业活动和创业者的行为。法国经济学家让·巴蒂斯特·萨伊(Jean-Baptiste Say)认为,创业就是要把生产要素组合起来,创业者就是生产过程的协调者和领导者。他指出,一个成功的创业者必须要有判断力、毅力和包括商贸在内的有关这个世界的广博的知识,以及非凡的管理艺术,把所有的生产资料组织起来,将其所利用的全部资本、支付的工资价值、租金和利息,以及属于他自己的利润的重新组合都体现在产品的价值中。英国经济学大师马歇尔(Alfred Marshall)赋予创业者在企业中担任多重领导职能,如管理协调、中间商、创新者和承担不确定性等。他认为一个真正的创业者必须具备两方面的能力:一方面他必须对自己经营的事业了如指掌,有预测生产和消费趋势的能力;另一方面他必须有领导他人、驾驭局势的能力,善于选择自己的助手并信赖他们。

3) 创新学派

熊彼特在早期理论中认为创业者就是创新者,他赋予创业者以 "创新者" 的形象,认为创业者的职能就是实现生产要素新的组合。创业是实现创新的过程,而创新是创业的本质和手段。熊彼特把创新比喻为 "革命",创业者是通过利用一种新发明或者更一般地利用一种未经试验的技术可能性,来生产新商品或者用新方法来生产旧商品;通过开辟原料供应的新来源或开辟产品的新销路;通过改组工业结构等手段来改良或彻底改革生产模式。熊彼特强调创业者的职能主要不在于发明某种东西或创造供企业利用的条件,而是在于有办法促使人们去完成这些事情。他进一步认为,经济体系发展的根源在于创业活动,创业是经济过程本身的主要推动力。

4) 认知学派

认知学派强调从创业者的心理特性,特别是认知特性角度来研究创业,并强调创业者的认知、想象力等主观因素。英国经济学教授马克·卡森(Mark Casson)认为创业者是擅长于对稀缺资源的协调利用做出明智决断的人。纽约大学经济学教授、创业学教授科茨纳(Israel M. Kirzner)的理论试图将经济学与心理学连接起来,他提出了一个描述创业者心理认知特征的术语 "敏感"(alertness),认为创业者具有一般人所不具有的能够敏锐地发现市场获得机会的敏感。也只有具备这种敏感的人才能被称为创业者。这种敏感使得创业者能够以高于进价的售价销售商品,他所需要的就是发现哪里的购买者的买价高,哪里的销售者的售价低,然后以比其售价略高的价格买进,以比其买价略低的价格卖出。发现未被利用的机会需要敏感,计算能力无济于事,节俭和追求最大产出也不是创业者所需具备的知识。科茨纳的理论引发了很多心理学学者对于创业问题的研究，特别是创业者的心理特性的研究。除了认知特性以外，还有对创业者的人品特征、成就感动机、冒险倾向等方面的研究。

5) 社会学派

社会学派不认为创业是个性或个人背景的产物，相反，它强调从外部社会来研究创业现象和创业问题。有些学者探讨了宏观的社会环境和社会网络对于企业创业的影响。美国加州大学教授安娜利·萨克斯尼亚(AnnaLee Saxenian)认为硅谷有一个以地区网络为基础的工业体系，能促进各个专业制造商集体地学习和灵活地调整一系列相关的技术。该地区密集的社会网络和开放的人才市场弘扬了不断试验探索和开拓进取的创业精神。此外，地区的社会文化氛围也对当地的创业活动有巨大的影响，硅谷地区的文化鼓励冒险，也接受失败，创业精神和创业活动最终会带动整个硅谷繁荣起来。另外一些学者从微观角度研究了创业者个人的社会网络问题。伍德沃德(William James Woodward)认为社会网络在帮助创业者建立和发展企业时扮演了积极的角色，例如，个人的社会网络特性可以提高他去实际开办一家企业的概率。而成功的创业者往往会花费大量的时间去建立个人的社会网络以帮助新创企业的成长。当创业者能够通过社会网络得到充足而及时的资源时，他就容易取得成功。

6) 管理学派

管理学派反对从主观主义角度研究创业的方法，反对给创业蒙上一层神秘的色彩，不认为创业是一种天赋、灵感或智慧的闪念。当代管理大师德鲁克(Peter F. Drucker)认为，任何敢于面对决策的人，都可能通过学习成为一个创业者并具有创业精神。创业是一种行为，而不是个人性格特征。创业是一种"可以组织，并且是需要组织的系统性的工作"，甚至可以成为"日常管理工作的一部分"。"成功的创业者不是去坐等灵感的降临，而是要实际工作。"德鲁克也十分强调创新在创业中的重要作用，他认为只有那些能够创造出一些新的、与众不同的事情，并能创造价值的活动才是创业。而且进一步来说，将创业看成是管理的一个重要理由就是因为许多发明家虽然是创新者，但恰恰是因为不善于管理才成为不了将创新成果产业化的创业者。有学者继而认为创业是一种管理方法，是"在不拘泥于当前资源条件限制下的对于机会的捕捉和利用"，可以从六个方面对这种管理手段进行描述：战略导向、把握机会、获取资源、控制资源、管理结构、报酬政策。

7) 战略学派

战略管理是企业管理的一个重要领域，因此，严格来说创业理论的战略学派应属于管理学派的一个分支。但是，最近几年来一些战略管理方面的学者广泛采用战略管理的方法研究创业活动，把创业过程视为初创企业或者现有企业成长过程中的战略管理过程。这使得战略学派十分引人注目。美国芝加哥大学教授毕海德(Amar Bhide)认为每家企业都有自己的制度和战略发展经历，并据此提出了以企业战略为线索的研究框架，其分为三个步骤：澄清创业者当前的目标、评估目标实施战略、评估自己实施战略的能力。美国战略学学者希特(Michael A. Hitt)认为创造企业财富是创业和战略管理共同的核心问题。创业和战略管理可以在以下六种手段上进行融合：创新、网络、国际化、组织学习、高层管理团队及其治理、企业增长。美国大学教授札赫拉(Shaker Zahra)和戴斯(Gregory G. Dess)认为不应该严格区分创业研究与战略管理，相反，却存在着很多整合战略管理研究和创业研究的机会。

8) 机会学派

机会学派强调从"存在有利可图的机会"和"存在有进取心的个人"这两者相结合的角度去研究创业。美国大学教授尚恩(Scott Shane)认为不能将机会与个人对于创业的影响混淆起来，并指出"不同人所识别的创业机会在质量上是有变化的"，"不能忽视对于创业机会的测量"。他进一步提出了创业研究应该以机会为线索展开，包括三类问题：第一，为什么会存在可以创造商品和服务的机会，在什么时间存在，是如何存在的；第二，为什么有的人能够发现和利用这些机会，什么时间发现和利用如何发现和利用；第三，为什么会采用不同的行动模式来利用创业机会，什么时间采用，如何采用。此外，他还探讨了利用机会的两种模式，即创建新的企业(或科层)和把这些机会销售给现存的企业(或市场)。美国学者辛格(Robert P. Singh)认为以往的创业研究缺乏清晰的边界和独特的变量。对于创业机会的识别和利用可以是支撑创业这一独特领域的概念，而且应该成为该领域研究的核心问题。以往创业研究中的经典问题"谁是创业者"现在可能被替换成"什么是创业机会"。

二、大学生创业的特征

1. 大学生创业的心理特征

与大学生创新心理分析的维度相对应，本节将大学生创业的心理成分概括为创业意识、创业思维、创业人格和创业技能四个方面，并参考朱广华等(2016)有关大学生创业心理禀赋特征的研究结果，进行如下整理。

1) 创业意识

创业意识是主体产生创业的动机、愿望、意图的一种内在驱动力。当前，尽管双创浪潮席卷全国，双创教育被大力推行，但大学生的创业意识仍较薄弱。具体原因如下：

首先，大学与社会文化导致大学生创业心理呈现出冲突性特征。目前高校所面临的二元教育目标存在某种价值冲突，高校自身对知识发展规律、知识教育规律有着深刻的把握，而对创业教育规律认知并不确切，甚至一些高校还存在抵触情绪。这种情形导致大学生习惯于知识学习，毕业后习惯于就业导向，而对创业导向避而远之。社会文化层面，虽然大众创业局面正在形成，创业热潮方兴未艾，但地区差异明显存在，社会保守文化氛围仍然浓厚，在此环境影响下，一些大学生甚至将创业视为没有就业渠道的无奈选择。

其次，毕业生现实创业比例引发大学生创业心理显现群体性特征。个体参与创业受社会文化影响，更有着群体效应影响。而这种群体效应对欧美大学生影响明显，如麻省理工学院毕业生创立 4000 多家企业，财富总额达到 2300 多亿美元，从业人员高达 100 多万人，这种创业风潮对所在学校大学生产生了良好的示范效应与榜样功能，进一步激励了大学生创业活动。群体带动体现为个体在参与某种行为之前所感受到的群体从众心理，在周围群体行为影响下，产生行为模仿活动。在这种氛围中不参与创业活动，大学生则会在心理层面感受到群体压力，驱动其不由自主地参与。我国大学生创业比例较低的现实状况，最终影响了大学生创业意识与创业热情，未能有效形成大学生参与创业的群体效应。反过来，低创业率所反映的毕业生高就业率，也因为群体效应，导致更多的大学生产生就业从众心理，这会进一步降低大学生创业比例，形成某种心理影响的循环效应，最终形成大学生审慎创业的群体心理特征。

2) 创业思维

创业思维是创业者如何利用不确定的环境，创造商机的思考方式。创业过程的高不确定性和高风险性导致大学生创业心理出现风险规避性特征。创业过程充满风险，风险既可能来源于创业者及其团队等自身，也可能来自外部环境的不确定性、复杂性与动态性。创业过程需要大量的资金支持，包括学术支持资金与商业支持资金，学术支持资金用于新产品、新服务、新工艺开发，商业支持资金则用于产品与服务的商业化、商品化。商业化、商品化是创业利润的源头，更是创业能否成功的关键之一，任何风险投资都存在巨大的不确定性。大学生创业资金，尤其是初始创业基金主要来源往往是家庭支持与自我投资，投资的高风险决定了大学生创业必然伴随强烈的风险规避性特征。知识能力角度，创业是产品、服务创新及其商品化过程，大学生缺乏足够的经济知识、市场经验，其创业过程必然因知识、能力储备不足而充满风险，因此知识、能力的不足同样决定了大学生创业需要关注风险规避性特征。另外创业过程还存在管理经验风险、同业竞争风险、资源缺乏风险等，无处不在的创业风险也决定了大学生创业活动存在显著的风险规避性心理特征。

3) 创业人格

创业人格决定着创业者面临机遇和挑战时的基本态度和行动选择，以及创业实践中的精神状态、投入程度。创业人格受到环境的较大影响，而大学生生活与学习的方式引发其创业心理适应失调性的特征。大学生生活与学习活动范围狭窄，往往是从家门到校门、从某一校门至另一校门，学校生活呈现"宿舍—食堂—教室"三点一线，缺乏社会生活经验与实践经历。创业教育正是试图打破大学生这一生活与学习方式与活动形式。但由于高校与社会脱节，大学生社会生活经验终究是缺乏的、不足的，因而其在创业活动或创业过程中存在明显的社会适应性失调性心理特征。大学生学习与生活所处的校园环境与社会环境存在显著的差异。大学生校园学习活动，包括创业学习活动是高校高度组织化、系统性、程式化的，是制度化的学习体系，而创业活动需要大学生自主面对社会与市场，需要大学生具有高度的自主性、自觉性和适应性。大学生长期处于制度化的学习体系与校园环境，其社会环境适应性、创业活动适应性往往存在较大的与社会、市场脱节现象，适应失调性因此产生。

4) 创业技能

创业技能是创业者整体素质体系的核心。但当前我国大学生创业自我效能感呈现知识能力、经验基础制约性特征。我国大学生人生成长过程，其实紧密伴随着认知能力提升的知识学习过程，但与欧美国家从中小学就开始创业意识、创业认知培养相比，我国大学生缺乏初始阶段创业教育基础，创业知识学习、创业政策认知、创业环境了解等起步于高校开展的创业教育活动，创业意识淡薄、创业能力缺乏，创业经验更无从谈起。创业过程的复杂性、艰巨性需要高校大学生具备很高的综合素质能力和强烈的创业自我效能感。创业自我效能感是指人们在创业活动或创业过程中所表现出的，对自身知识、能力、经验的自我信任程度。大学生创业知识、能力与经验培养源于高校创业教育，创业教育实际效果制约着大学生所能具备的创业知识、能力与经验基础，而这种知识、能力与经验与大学生创业活动密切相关，制约了大学生创业自我效能感，影响了大学生是否参与创业的心理决策和创业成功的可能性。同时随着创业知识、能力与经验的逐步提高，其制约性特征延伸出大学生创业自我效能感的年级递增性、阶段性特征。

2. 大学生创业的实践特征

以上大学生创业的心理特征展现出当前这一群体在创业心理上较不成熟。在实践上，时华忠和李祖超(2017)对大学生创业实践进行了研究，发现大学生创业实践也相应存在以下问题。

1) 在创业意识上，意识超前而行动迟缓

"凡事预则立，不预则废。"要想创业，必须先有创业意识。在创业初期，想创业的大学生都有这样一个阶段，那就是"意识超前，行动迟缓"。有的思想活跃的大学生，在进入大学校园后就萌发过创业的想法，几乎每天都在勾画自己创业的美好蓝图，希望、憧憬无时不在，但是却没有付诸实际行动；有的同学由于对创业的基本知识、基本理论、基本规则都缺乏了解和掌握，也没有做好充分的心理准备，创业只能是停留在嘴上；还有的同学因为所获得的社会上的创新信息相对贫乏，其创业的理念脱离实践基础，因而缺少行动的可能，而且即使采取行动，也很容易因为现实的打击而放弃创业的意图。表 1-2 显示了 2017 年中国大学生就业身份的构成情况，可以看出，成为创业者即自我雇佣者的比例只有 2%，大多数大学生创业的幻想破灭之后，仍然选择了就业的道路。

表 1-2 2017 年中国大学生就业身份的构成

%

大学生就业人员	雇 员	雇 主	自营劳动者	家庭帮工
100.0	93.9	2.0	3.6	0.5

资料来源：中国人口和就业统计年鉴(2017)

2) 在创业思维上，随波逐流、缺乏理性判断

"理想很丰满，现实很骨感"，这句话从一定意义上揭示出部分大学生创业者的行为特征。大学生创业虽然是当前就业形势的主流，但不是所有大学生都适合自主创业。大学生创业最难的环节就是创业启动环节。这一阶段大学生创业者要面对两个方面的挑战，一是整合资源，二是明确方向。其中方向是重要的一环，创业方向不明确，就只能随波逐流，而选择方向就需要了解市场信息，懂得不对称条件下怎样去捕捉有利于创业的信息，同时需要大学生创业者有严谨客观的求证态度和当机立断的魄力。有的大学生创业者容易局限于主观思考，忽视对创业市场的分析和调查，显现"愿景多于计划"的特征。也有的大学生创业者因为缺乏理性判断，对关键环节拍脑门儿，没有制定充足的应对困难的措施和办法，创业过程中所做决策不缜密，武断妄行，最终导致创业夭折或失败。

案 例

第一研究生面馆

3) 在创业人格上，个性突出、制约创业违反初心

大学生在创业人格上和成熟的企业管理人员相比具有较大的差距。表 1-3 显示了企业管理人员和大学生在创业个性上的测评结果，从中可以看出：大学生不但对创业个性的重

视度不足，而且普遍认为与创造性和想象力相关的开放性最重要，而对外向和相容性非常忽视。

表 1-3 企业管理人员和大学生的创业个性对比

个性维度	内 容	企业管理人员	大学生
情绪稳定性	坚定、情绪稳定	1.75	0.6
责任意识	富有责任感，自我控制，有成就欲	1.2	1.2
外向	精力充沛，进取心强，爱交际	0.45	0.2
开放性	富有创造性、想象力	0.1	1.2
相容性	友善、乐群、合作	0.2	0.2

资料来源：李幼平(2011)

表 1-3 显示：大学生在创业实践时个性突出，但缺少对外部人和事物的包容心。大学生创业方式以单一创业模式和复合创业模式两种最为常见，而复合创业模式又分团队创业模式和联盟创业模式两种分支模式。单一创业模式指的是个人创业，而个人创业又多受外界各种因素所限制，因此，合作创业是目前大学生创业的首选。团队创业模式的好处就是可以分解经济压力，集成智慧，但缺点也不容小觑，具体体现在团队成员性格不合、处理问题方法有别，等等，容易产生冲突和行为摩擦，制约有效的合作机制的良性开展，创业失败的可能性大大增加。如今的大学生个性都非常突出，而实施创业的大学生多为个性较强的大学生群体，这种个性对于开拓市场有很大的促进作用，但是对创业初期合作团队成员之间的磨合却是不利因素。

4) 在创业技能上，实践能力差、缺少积极抗压的素养

在创业技能上，大学生创新能力和学习能力较强，但普遍缺少实践能力。表 1-4 显示了企业管理人员和大学生在创业能力上的测评结果，从中可以看出：大学生最重视学习能力，但与实践直接相关的应变能力、创新能力、用人能力和人际关系能力与企业管理人员有较大差距。

表 1-4 企业管理人员和大学生的创业能力对比

能力维度	内 容	企业管理人员	大学生
创新能力	提出新观点、新办法，创造性地解决现实问题	1.5	2
学习能力	独立学习、注意完善知识结构、学习兴趣高	1	1.2
用人能力	知人善任，合理授权，善于激励	0.6	0.1
应变能力	把握个人发展和市场的机遇，并采取适当的行动	0.3	0.1
人际关系能力	善于表达，团结他人共同工作	0.1	0.1

资料来源：李幼平(2011)

同时，大学生创业，不仅考验的是其意志力、判断力，还是对其合作力和工作开拓能力的考验。意志力、判断力是创业的基础条件，而合作力和开拓力是创业能否成功的保证。大学生创业者不单单缺少承受压力的心理准备，更重要的是缺乏积极敏锐的思维和无畏进取的心态，一旦外界压力出现，就很容易在激烈的市场竞争中感受到"超压"的窒息

感，其拼搏进取的激情也一泻千里，信念和勇气都受到了影响，有的干脆选择放弃。因此，大学生创业既需要"打鸡血"般的激情状态，也需要"置身冰海"般的冷静素养，冷静地面对困难、冷静地分析困难、冷静缜密地做出决策，这才是创业成功者所应具有的品格。

第三节　创新与创业的关系

一、基本关系

1. 基于概念的关系

狭义而言，创新的概念和创业的概念有着较清晰的界限。创新是创造新的观点、技术、管理模式等，而创业是创造一个新的企业。创新的"新"需要向应用转化以验证其"新"的价值，但这种转化未必通过新创企业来进行；同时，创业的"业"可能只是物质形态上从无到有的新的出现，而未必涉及观点、技术、管理模式等内核的新颖性。但是，从广义上看，创新和创业的内涵不断外延，彼此重合交叉、相互融合，很难区分，日渐形成一个一体化的概念，如图 1-1 所示。特别是在当前的知识经济时代，创新成果的转化速度加快，创新的价值体现得更为明显，创业成为创新价值实现的最终归宿，而创新也往往成为创业企业可持续竞争的保障。

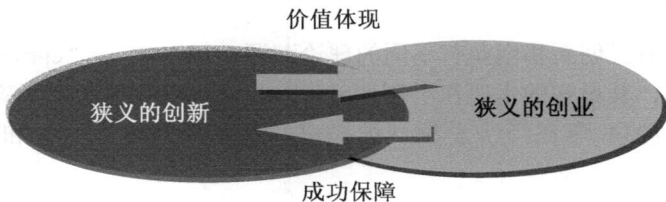

价值体现

狭义的创新　　　　狭义的创业

成功保障

图 1-1　创新与创业的概念关系

2. 基于特点的关系

优质的创新具有经济性的特点，即创新不能脱离市场应用，而新创企业成为创新向市场转化的有利渠道。同时，优质的创业具有创新性的特点，即好的创业源于创新，创新成为创业成功的重要条件。

优质的创新和优质的创业都具有风险性和复杂性。因为在市场经济下，"优质"往往用经济绩效衡量，高收益往往源自更复杂的活动，并伴随着高风险。创新的高复杂性可以通过合理设计、组织、实施的创业过程进行分解和优化，其高风险性也可以通过有效的创业活动进行预测和规避；同时，新创企业也可以通过高质量的创新提升其竞争力，从而简化其创业活动，并降低创业的风险性。

优质的创新和优质的创业都具有外部性。创新的外部性可能提升创新主体的创新声望并促进社会整体的技术进步，同时也可能导致对所创新的知识或技术的"搭便车"现象的出现。一方面，通过创新建立初创企业可以利用创新的外部性获得提升其社会地位和市场形象，并借助初创企业的法人地位和组织资源更好地应对"搭便车"的问题；另一方面，通过创新建立的初创企业，因为其在观念、技术、管理等方面更强的新颖性和独特性，也可以通过其创业活动的外部性对外部社会和经济整体起到更好的影响和促进作用。

以上创新和创业在特点上的关系如图1-2所示。

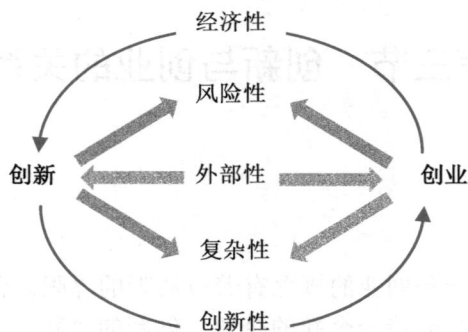

图 1-2　创新与创业的特点关系

二、差异性

通过以上对创新、创业的概念和特点的分析，可以看出创新和创业是既不能完全区分又不完全相同的两个概念。

1. 理论上的差异性

从理论渊源上看，创新和创业有不同的理论渊源。1755 年，"entrepreneur"(创业者)一词被引入学术界，其最初的本质在于创业者以一定资本处理风险和不确定性的能力；而"创新"一词于 1934 年在经济学领域被提出，是指新的生产要素和生产条件的"新组合"。

从研究侧重上看，创新理论的各研究学派大多属于经济范畴。中国技术经济学会出版的《技术经济学学科发展报告(2011—2012)》中，将创新管理作为技术经济学学科五个重要研究领域之一。而创业理论虽然产生于经济领域，但其当前的研究主要涉及创业者自身领导能力的培养、外部机会的识别、战略规划和设计以及新创企业运营等管理学领域。

从学者观点上看，对创业与创新的概念界定存在着不同的理解，这些观点被讨论多年，但仍存在较大的争议。很多学者尝试用两者的差异进行界定。这些观点认为：创业是创造新的商业，而创新是在市场中应用的发明；创业不是创新，创新也不是创业；创业可能涉及创新也可能不涉及，创新可能涉及创业也可能不涉及。从熊彼特"生产函数"的角度来分析，"创新"主要是通过改变函数的自变量来建立新的生产函数，而"创业"则是通过改变函数式来建立新的生产函数。

2. 实践上的差异性

从商业实践上看，创新活动所形成的新的观念、技术、管理理念等可能以新创企业的形式运用于商业用途，也可能以专利的形式完成向市场的商业转化，还可能被应用于已建立的企业以提高其经济运营效率和效果。同样，创业者在创办企业过程中可以基于创新而进行，也可以基于模仿而进行，而且创业实践中，模仿性质的创业行为要远远多于创新性质的创业行为，毕竟在市场行为中任何的竞争者均会模仿前人已有的经验。尤其是对于大学生创业而言，由于缺乏必要的市场经验、创业资金及创业资源的动员能力，模仿的过程是降低风险及节省创业成本的有效途径。

延伸阅读

俞敏洪两会开幕前语出惊人
—— "大学生创业项目 95%没有创新"

三、融合性

尽管创新和创业具有以上差异性，但一些学者认为，创新与创业正在逐渐融合，创业研究中已经融入了创新元素，而创新研究中也逐渐出现了创业要素。

1. 理论上的融合性

1) 国外经典理论

尽管截至目前，还尚未发展出一套被人们所公认的创新创业理论。但基于创新和创业的融合性特征，一些学者做了相关的研究。张秀娥和赵敏慧(2016)对这些研究进行了整理。

(1) 熊彼特的创新与创业理论。创新和创业的概念是伟大的经济学家熊彼特对经济学最独特的贡献。熊彼特将创新和创业结合在一起，认为：创新是促进经济转型升级发展的关键，而实现创新的媒介或依托是创业；同时，企业家只有借助科学家或发明家的创新成果，才能创造全新的投资、增长和就业机会。因此，"创业"是尝试未知领域、超越熟悉领域的创新，创业是"企业家"坚持打破旧的传统，创造新规则，开辟新事业的活动。

(2) 德鲁克的创新与创业理论。德鲁克是享誉世界的管理学大师，他继承发展了熊彼特的创新理论，对创新与企业家精神进行了深入剖析。他对不同类型的组织，在面对变革时如何实现创新，如何运用创新战略进行了探讨，并最终提出"企业家社会"的概念，认为：企业家的本质就是创新，创业是实践创新的表现形式；创新与创业是可以学习、训练的；创新需要通过创业实践去训练(寻找创新源泉)，创业更需要创新管理机制；科技的创新需要创业型社会为其提供发展环境与研发的后盾，国家经济繁荣与社会发展正是企业家创新思维转化为创业行动的结果，因此，理想的创新与创业最终会导致"创新型政府"和"创业型社会"的形成。

(3) 蒂蒙斯(Jeffry A. Timmons)的创业过程理论。蒂蒙斯是 20 世纪 60 年代美国创业教育的领袖人物，其开发的创业过程模型从最初的产生到成熟经历了 30 年的时间，对创新与创业研究产生了深远影响。该模型的价值在于，将创新重要组成部分的创造力植入创业过程，成为影响商机、团队、资源三者平衡的重要因素，从而构成了如今经典的创业过程模型。蒂蒙斯认为：创业活动是某种创造力的体现，创造力是创新的重要组成部分，个体的创造力是发散思维和收敛思维共同作用的过程。在创业者识别商机并领导团队合理配置资源的过程中，只有具备释放发散性思维的创造力，才能识别复杂事物之间的微妙联系，从而顺利地实施创业活动，为社会创造价值。

(4) 爱迪思(Ichak Adizes)的企业生命周期理论。爱迪思是美国最具影响力的管理学家之一，他于 1988 年提出了著名的企业生命周期理论，该理论分析了企业的生命历程及成长过程中每个阶段的成功与失败的原因。爱迪思将企业生命周期理论运用于创业研究，提出：企业从婴儿期到盛年期的发展均离不开创新精神助力，且创新精神是一个企业发展最重要的驱动力；企业依靠创新精神的诞生而被创造，创新精神的消亡也注定了企业的消亡。创新精神在某种意义上，是考察企业能否继续存续的指标。

2) 国内知名学者观点

2011 年 7 月 23—25 日，吉林大学、国家自然科学基金委员会和中国工业经济杂志社成功举办了"2011 创新与创业国际会议"，在为期三天的大会上，共有来自美国、加拿大和国内著名大学的 20 多位著名管理学者就战略管理、创新与创业管理的前沿问题和热点问题做了专题报告并和与会代表进行了互动式的讨论。葛宝山等(2011)对此次论坛中关于创新和创业融合的观点进行了如下整理。

(1) 浙江大学公共管理学院陈劲教授认为：创新与创业这两大课题，理论上就有必要整合研究体系；从实践来看，创新和创业也必须很好地结合在一起；一些企业在创业的过程中缺乏创新，这也是导致企业寿命很短的主要原因之一。中国企业要成功，很重要的一条就是把创业和创新结合在一起，创造全新的商业模式。从创新的视角而言，研发的管理要改变，要变成公司创业过程，把研发过程当成寻求创造力的过程；同时，从创业实践来看，企业在发展过程中要寻求新的商业模式，不断创业，强调知识的创新。

(2) 浙江大学管理学院魏江教授从战略管理视角认为创业与创新的融合是十分有价值的，赞成 S (strategic，战略) E (entrepreneurship，创业) I (innovation，创新)一体化研究模式。他认为，就 S 和 E 的关系而言，重点要研究治理的问题；就 E 和 I 的关系而言，创新涵盖了创业，必须将创新与创业融合在一起，而且创业和创新的关系从来也没有隔离过，只是研究者将二者隔离开来；就 S 和 I 的关系而言，从企业、区域、产业、国家多个层面都需要将战略和创新相结合。有效地将战略和创业、创新三个要素整合到一起，是未来研究的基本方向。

(3) 吉林大学经济学院李政教授从创业型经济视角研究了创新与创业的融合问题。他指出，二者不仅要在微观上融合，更应该从宏观层面和国家层面进行融合，这样的融合才具有更大的战略意义。他认为：创业型经济，对中国的现实有非常重大的意义，因为创业型企业和新创的企业对经济发展的作用越来越显著，发展创业型经济对于转变经济发展方式、提高创新能力、调整结构、解决就业等重大问题，都有很重要的作用；而要实现这些作用，离不开创新。

2. 实践上的融合性

在创新与创业耦合关系方面，李娜娜和张宝建(2017)选取了 2007—2015 年 9 年间世界上典型的 25 个国家数据进行分析，发现科技创新与创业存在很强的相关性，即存在耦合互动发展关系，如图 1-3 所示。

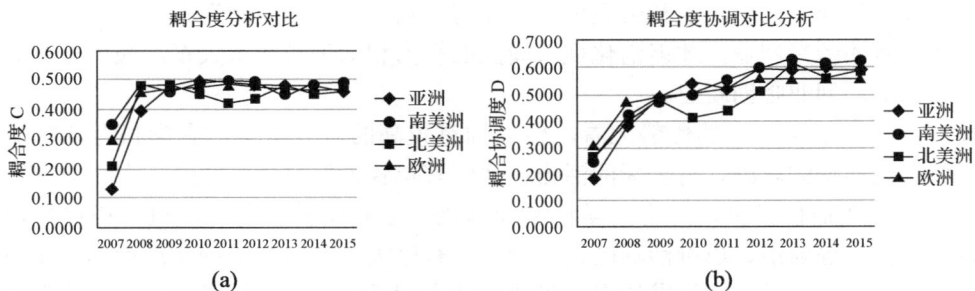

图 1-3　世界主要大洲科技创新与创业耦合度协调与耦合度的对比

资料来源：李娜娜和张宝建(2017)

图 1-3 显示：2007－2015 年亚洲、南美洲、北美洲和欧洲的耦合度和耦合协调度均呈现上升的趋势，耦合度和耦合协调度经历了 2007－2008 年的快速变化和 2009－2015 年的缓慢变化阶段。整体而言，科技创新与创业的协同效应不断增强，实现了从失调到协调的转变。

四、基于创新性的大学生创业

1. 现实背景

首先，从国家战略背景上看，席卷全球的创新经济不断印证着"科学技术是第一生产力"这一当代命题，我国适时地提出创新型国家战略。当前世界经济严重滞胀，中国经济经几年高速增长后增速不断放缓，传统市场空间几乎用尽，市场早已由供不应求转向供过于求，重复投资只会进一步加重经济负担，并且毫无生命力也经不起考验。只有投资新产业项目，建立新的经济点，创业才可能有立足之地，经得住市场考验。大学生创新是要创能够带来新产业的"新"，能够带来新就业机会的"新"，能够实现成果转化的"新"，所以创业必创新。创新要为人类社会发展、经济增长服务，这几乎是创新的一个永恒任务。但创新同时意味着对既有技术的更新和挑战，并不总会受到既有技术的拥有者——已经建立的成功的大企业的欢迎，甚至会被它们所抵制。因此，我国在推行创新战略的同时，还强调"大众创业、万众创新"，因为新创企业往往有很强的创业精神和超前的创新意识，以及开放的技术系统。因此，大学生应有使命感，有意识地将创新活动和创业活动结合在一起，从而成长为有创业理想与创新活力的"创客"，推动"大众创业、万众创新"的局面，成为社会经济持续发展的众多"增长极"，促进中国经济的转型和持续的发展。

其次，从社会就业背景看，随着经济增长放缓，大学生就业也受到威胁。就业不仅是经济问题，更是民生问题，而且涉及更关键的稳定问题。近些年大学生就业问题成了一个热点社会问题。创业成为大学生解决"就业难"的自救出路。但是，随着当前生产生活条件不断改善，全民受教育水平、物质文化生活水平不断提高，体力劳动者的供给越来越少，技术劳动者、知识劳动者的供给越来越多，在这种背景下，大学生创业如果集中于劳动密集型产业和传统老产业，不仅没有市场出路，还会面临体力劳动者用工短缺的问题。所以，大学生要充分利用自己的知识和技术技能，创智力新业，才可能在市场上找到立足点，实现成功创业。同时，从社会整体效益而言，只有通过创"新"型的业，大量建立基于知识和技术的新兴产业，才能消化现有庞大的智力和知识求职者大军，减少隐性失业。因此，在当下，创业必创新业。

最后，从大学生自身的优势上看，他们拥有较高的教育水平，有学科专业技能和知识；他们有更活跃的思维，有创新的活力；他们有年轻人的热情和闯劲，有企业家精神和创业的动力。在他们身上，融合了学科专业基础、创新精神和创业动机。在这群走在社会、科技、文化等前沿、思维活跃的人群身上，有巨大的潜力，把创业活动与创新思想结合在一起。因此，大学生应该发挥自身优势，结合创新搞创业，这样所创之"业"不是项目雷同、技术水平低下的"业"，而是在观念、技术、管理等方面有所创新的"人无我有、人有我强"的"业"，能提升创业的成功率；而且，大学生也要结合创业搞创新，不是建空中楼阁，而是明确创新的市场方向，找准创新的市场定位，实现市场化的创新，并以市场养创新，实现创新和市场发展的良性循环。同时，这对于以"山寨"著称的中国向创新型国家进行转型也有着巨大的意义。

2. 理论框架

当前我国大学生的创新心理较成熟，但在创新实践上，由于缺少稳定的创新目标或创新项目，创新活动的实际开展不容乐观。同时，大学生的创业心理和实践与国家和社会对其的预期存在较大的差距。因此，对大学生的创新创业教育应该着重于创业者成熟心理的培养和创业实践的介绍和模拟，同时，应将创新的思想贯穿于创业的各个环节，以创业为载体强化创新实践，以创新为灵魂推动创业的开展和成功。

综上所述，本书的理论框架如图1-4所示，其中创新和创业均指狭义的创新和创业。

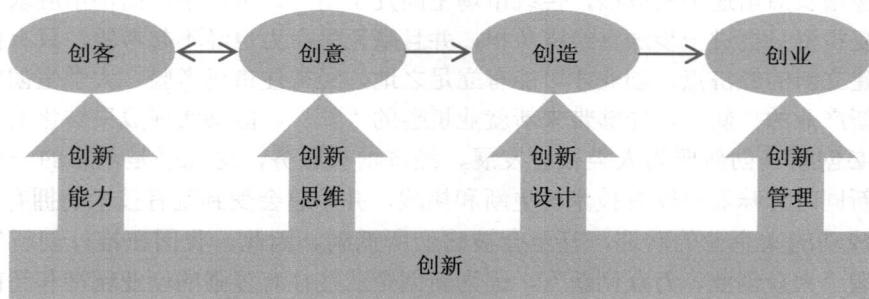

图1-4 本书的理论框架

后续的章节将围绕此理论框架展开：

第二部分"创客篇"(包括第二章和第三章)将围绕创业者自身培养和创业团队建设两个主要内容展开，通过核心概念、前沿研究、自我及团队成员评估、双创项目和比赛介绍、创新创业实践、创客空间利用等多个方面，让同学们学会成为有热情、有能力、有自信的创客。

第三部分"创意篇"(包括第四章和第五章)将围绕内外部环境扫描以及创业机会的识别和获取两个主要内容展开，通过核心概念、前沿研究、环境分析工具、创业机会来源、客户痛点分析、创新思维训练、创业机会评估、创意的概括和描述技巧等多个方面，让同学们学会形成有价值的创新性创意。

第四部分"创造篇"(包括第六章和第七章)将围绕商业模式设计和商业计划书撰写两个主要内容展开,通过核心概念、前沿研究、大学生商业模式主要类型、商业模式设计内容、商业模式创新思路、商业计划书主要内容、商业计划书评委或投资人的评价标准、优秀商业计划书案例分析、商业计划书演示和路演技巧等方面,让同学们学会如何将创意通过不断地深化、细化、创新性的设计及论证,转化成价值明确且可沟通、可演示的独特的商业模型,形成创业企业的基础。

第五部分"创业篇"(包括第八章和第九章)将围绕新创企业管理和新创企业风险两个主要内容展开,通过核心概念、前沿研究、企业初创过程模拟、新创企业在融资/人力管理/营销等方面管理的创新方法、新创企业风险来源、新创企业风险预测、新创企业风险应对等方面,针对大学生创业的特点,特别是大学生创业的短板,提供创新性的管理思路,结合案例分析,让同学们学会如何尽可能规避风险、创新地管理好自己的初创企业。

本章知识点自查

知 识 点			学习要求	自查
大学生创新概述	创新	创新的概念	熟悉	□
		优质创新的特点	熟悉	□
		创新理论	熟悉	□
	大学生创新的特征	大学生创新的心理特征	认识	□
		大学生创新的实践特征	认识	□
大学生创业概述	创业	创业的概念	熟悉	□
		优质创业的特点	熟悉	□
		创业理论	熟悉	□
	大学生创业的特征	大学生创业的心理特征	认识	□
		大学生创业的实践特征	认识	□
创新与创业的关系	基本关系	基于概念的关系	了解	□
		基于特点的关系	了解	□
	差异性	理论上的差异性	了解	□
		实践上的差异性	了解	□
	融合性	理论上的融合性	了解	□
		实践上的融合性	了解	□
	基于创新性的大学生创业	现实背景	了解	□
		理论框架	熟悉	□

案 例 回 顾

亲爱的同学,希望你是带着开篇案例"80后女孩开起冰棍厂,'想复制当年的记忆'"一文后的思考问题学习完了本章内容。现在,请你和你的同学讨论一下,说说自己的观点。最后,还有一个追加问题:你对该创业模式的可持续性有何评价?

课 后 习 题

1. 请解释创新和创业的概念。
2. 请说明优质创新和创业的特点。
3. 请分析大学生创新和创业的特征。
4. 请论述创新和创业的关系。

参考文献

第二章 大学生创业者

【学习目标】

(1) 了解创业者的类型；

(2) 掌握创业在知识、能力等方面的素质要求；

(3) 熟识创业者的精神和特质；

(4) 能正确认知和评估自己是否具备创业素质和能力，找出自己需要补充的"短板"，提升创业素质和能力。

引导案例

创新思维能力测试

第一节 理 论 基 础

一、大学生创业者的定义与类型

1. 大学生创业者的定义

创业者是指某个人发现某种信息、资源、机会或掌握某种技术，利用或借用相应的平台或载体，将其发现的信息、资源、机会或掌握的技术，以一定的方式，转化、创造成更多的财富、价值，并实现某种追求或目标的过程的人。大学生创业者就是大学生自主创业，在实现自我财富增加和自身价值的同时，追求个人富足和自身价值实现的同时，创造社会财富和吸纳劳动力增加就业岗位，同时为国家经济发展和社会进步做出积极贡献。

创业者一词由法国经济学家坎蒂隆于 1755 年首次引入经济学。1800 年，法国经济学家萨伊首次给出了创业者的定义，他将创业者描述为将经济资源从生产率较低的区域转移到生产率较高区域的人，并认为创业者是经济活动过程中的代理人。著名经济学家熊彼特(1934)则认为创业者应为创新者，这样，创业者概念中又扩充了一条，即具有发现、引入、发掘和引进新的能够赚钱、能够创造财富的产品、服务和过程的能力。

大学生创业者的内涵包括三个方面。

(1) 大学生创业者既是创新者，又是继承者。大学生创业者不论是创办新企业，还是在原有企业中实施新战略、开发新产品、开拓新市场、引进新技术或运用新资源、新技术，都是不同程度的创新活动。因而创业者首先应该是一个创新者，要具有创新思维能力，要拥有创造性的思维能力。同时，任何创新活动都要结合实际，要根据企业的既定条件、现实状况及未来发展方向趋势去开展创业活动。此外，创业活动也是创业者本人的知识、经验和文化观念的反映，创业活动也反映了创业者自身的知识、能力、价值观念，因此创业具有传承性，创业者也是继承者。

(2) 大学生创业者既是实践者，又是宣传者。创业是创建或运营经济实体，具有实践性。其生产的产品可以是有形的物质产品，也可以是无形的精神产品。都应具有满足社会和人的某种需求的特性，否则，创业就是无价值和无意义的创业，也就不能称为"创业"。创业既然是从事生产实践活动，它的行为就是一个模范、榜样。而创业过程是生产实践活动和宣传活动的统一体，创业者也就成为实践者和宣传者的统一体。

(3) 大学生创业者既是管理者，又是参与者。创业者通常在企业中居于管理者的位置，主要负责企业的日常经营活动与战略决策。与此同时，创业者又是普通的创业团队成员，具有普通劳动者的需求和特点。如希望通过诚实劳动获得收入、取得报酬，提升生活品质，获得一定的社会地位，在劳动过程中实现自我价值等。

2. 大学生创业者的类型

1) 按照大学生创业者的人格特质分类

美国心理学家约翰·麦纳对 100 位事业有成的创业者经过长达 7 年的跟踪调研，发现这些创业者存在共同的人格特质，约翰·麦纳根据特质的不同，将创业者分为四种类型：成就上瘾型、推销高手型、超级主管型和创意无限型。

(1) 成就上瘾型创业者。这类创业者的人格特质主要表现为：必须拥有成就；渴望回馈；热衷于制订计划和设计目标；具有强烈的进取心；对组织忠诚；认为靠自身的力量可以改变生活；坚信应该由自己拟订工作目标，不能受他人束缚；对事业一旦认定就不会轻言放弃，是目标非常确定的上瘾者。

(2) 推销高手型创业者。这类创业者的人格特质主要表现为：善于体察和照顾他人的感受；乐于助人；认为社会互动很有必要；需要与他人保持较好的关系；有良好的交际能力；具有很强的合作观念，相信营销对公司经营战略的实现具有重要意义。

(3) 超级主管型创业者。这类创业者的人格特质主要表现为：十分注重诚信，责任心强，他们的能力、力量源于实现目标的决心，渴望成为企业中的领袖人物；具有决断力；对集体持肯定态度；喜欢与他人竞争；渴望拥有权力；渴望出人头地。

(4) 创意无限型创业者。这类创业者的人格特质主要表现为：热衷创新，富有创意；坚信新产品的开发对实施企业经营战略具有重要意义；头脑灵活；具有风险规避的意识；有着很强的创意性和自我主张，好奇心重，拥有冒险精神。

2) 按照大学生创业者的创业内容分类

按照大学生创业者的创业内容分类，可把创业者分为以下五种类型。

(1) 生产型创业者。生产型创业者是指通过创建新企业开发新产品，是以生产技术为主，通常此类产品的技术要求比较高。比如，华为的创业就是靠高技术产品打开市场的。

(2) 管理型创业者。管理型创业者就是指具有较高综合素质的创业者，他们拥有一定的专业知识，而且了解企业管理、运营、市场、财务等管理工作，能够通过各种有效的企业管理手段，通过运用各种行之有效的管理手段带领企业发展。

(3) 市场型创业者。市场型创业者的一个显著特征就是重视市场，能够抓住市场变化机会。在中国计划经济向市场经济转轨过程中，涌现出大批的市场型创业者。海尔集团总裁张瑞敏就有一句名言："三只眼看世界。"其意思就是计划经济时期企业只要一只眼，即盯住政府就可以了；而市场经济条件下的企业则需要有两只眼，一只盯住市场，另一只盯住员工；而转型期的企业则需要具备第三只眼，也就是说盯住市场和员工之外，还要盯住政府出台的政策。

(4) 科技型创业者。科技型创业者多与高校和科研机构有密切的联系，以高科技为依托创办企业。20世纪80年代以后，为了鼓励将科技成果转化为生产力，国家出台了一系列鼓励高等院校和科研机构创办企业的政策。如今的许多知名科技企业的前身就是以前的"校办企业"和科研机构创办的"所办企业"，如北大方正、清华同方以及联想集团等。

(5) 金融型创业者。金融型创业者实际上是一种风险投资家，他们不仅为企业提供资金支持，更为重要的一点是他们还为企业提供专业特长和管理方面的经验。他们既参与制定企业经营战略和规划，又参与制定企业营销策略和资本运营以及人力资源管理方面的工作。

二、创业者的素质

先做个测试题！

当你发现你的朋友把东西遗忘在你家时，你认为采取以下哪种办法最合适？

(1) 立即给朋友送去。

(2) 通过电话或信函，约他见面，然后把东西交给朋友。

(3) 托人带给朋友。

(4) 暂时放在家里，以后再考虑如何办。

答案：

(1) 选择这个办法，说明你是一个具有大胆与冷静两种特性的人，凡事能以整体的利益为重，不会被眼前的小利所诱惑。不过，也许有时你对自己的要求过高，适当的时候记得帮自己解压。

(2) 选择这个办法，说明你是一个态度很积极的人，头脑很灵光，工作能力非常强，只是有一点小小的缺点——自信过盛。试试看先换位思考，然后再行动。

(3) 选择这个办法，说明你是一个乐天派的人，喜欢帮助他人，只是一旦他人对你有所求时，即使自己做不到也难以拒绝。选择自己可以完成的，做一点人生的减法吧。

(4) 选择这个办法，说明你是一个小心谨慎型的人，绝对不会鲁莽行事，有强烈的责任感，也因为责任感太强而产生了些压力。请特别注意，有时不妨稍稍放纵自己的想法，灵感也许会更多。

1. 基本素质

创业是一项充满挑战性的社会活动，考查创业者的知识、能力、心理素质。一个人要想取得创业的成功，必须具备基本的创业素质。创业基本素质包括创业意识、创业心理品质、创业精神和竞争意识。

1) 强烈的创业意识

要想取得创业的成功，创业者必须树立追求成功与实现自我价值的强烈的创业意识。强烈的创业意识，可以帮助创业者克服创业道路上的各种挫折困难。创业的成功往往是留给有思想准备和强烈创业意识的人。

2) 良好的创业心理品质

创业之路，是遍布荆棘之路，自主创业就等同于一个人要直面多变的市场、激烈的竞争和随时出现的各种矛盾和问题，而且还需要迅速而正确地解决它们，这要求创业者必须有强大的心理调适能力，能够持续保持一种积极正面、沉着稳定的心理状态，即有良好的创业心理品质素质。它是对创业者的创业实践过程中的心理和行为起调节作用，具有调适功能能的个性心理倾向；它与人固有的气质、性格有密切的关系，主要体现在人的独立性、敢为性、坚韧性、克制性、适应性、合作性等方面；它体现了创业者的意志和情感。换句话说创业者的心理品质一定程度上决定了创业能否成功。正因为创业之路不会一帆风顺，所以，如果创业者没有良好的心理素质、坚韧坚强的意志，一遇挫折就垂头丧气、愁眉苦脸、萎靡不振，那么，在创业的道路上是走不远的。宋代大文豪苏轼说："古之成大事者，不唯有超世之才，亦必有坚韧不拔之志。"只有具有处变不惊的良好心理素质状态和越挫越强的顽强意志，才能从小到大、从无到有，成就属于自己的一番事业。

3) 自信、自强、自主、自立的创业精神

自信就是对自己充满信心。自信心能赋予人积极向上的人生态度和进取精神，不依赖、不等待。要成为一名有所作为的创业者，必须有坚定的信心，拥有强烈的使命感和责任感；顽强拼搏，直到成功。信念是生命的力量，是创立事业之本的基础；信念是创业的精神源泉。要坚信自己具备成就事业的能力与条件，相信自己能够掌握自己的命运，成为成功的创业者。自强就是在自信的基础上，不贪图眼前的利益，敢于打破安稳的生活，勇于实践，不断增强自己各方面的能力与才干，努力使自己成为生活与事业上的强者。自主就是具有独立的人格，具有独立的思考能力，不受制于传统和世俗偏见，不受外界言论和外部环境的影响，能自主选择路径，善于规划自己的未来，并采取相应的行动。自主还要有远见卓识、有敢为人先的胆识和实事求是的科学态度，能自主掌握自己人生的方向，直至到达成功的彼岸。凭借自己的努力和奋斗，建立起自己生活和事业的基础。现代的青年人应该早立、快立理想志向，勤劳致富，创造出自己的事业。

4) 竞争意识

竞争是市场经济最重要的特征之一，是企业赖以生存和发展的基础，也是在社会站稳脚跟所不可或缺的一种精神。人生即竞争，竞争本身就是提高，竞争的目的只有一个——取胜。随着市场经济从低水平向高水平发展，竞争日益激烈。从小规模的分散竞争，发展到大集团集中竞争；从国内竞争发展到国际竞争；从纯粹产品竞争发展到综合实力的竞争。因此，创业者缺少竞争方面的意识，事实上就等于放弃了自己的生存权利。创业者只有敢于竞争、善于竞争，才能取得成功。创业者创业之初面临的是一个充满竞争的市场，如果创业者未做好相关心理准备，甚至惧怕竞争，就只能是一无所成。

2. 能力素质

创业能力是一种特殊的能力，这种特殊能力往往影响创业活动的效率和创业的成功。创业能力包括决策能力、经营管理能力、专业技术能力、交往协调能力和创新能力。

1) 决策能力

决策能力是创业者依据各方面的综合条件，具体问题具体分析地确定创业的发展方向、目标、战略以及具体选择实施方案的能力。决策是一个人各方面能力的综合表达。创业者的决策能力通常包括分析、判断能力和创新能力。大学生要创业，首先要从众多的创业目标以及方向中进行对比分析，选择最适合最能够发挥自己特长与优势的方向和路径、方法。其次，在创业的过程中，能从复杂多变的现象中探寻事物的本质，找出存在的真正问题，分析探究原因，从而达到正确处理问题的目的，这就要求创业者具备良好的分析能力。所谓判断能力，就是能从客观现实事物的发展变化中找出因果关系，从中掌握事物的发展方向。分析是判断的前提，判断是分析的目的，良好的决策能力是良好的分析能力和果断的判断能力的综合。创业实际就是创立一个充满创新的事业，所以创业者必须具备创新能力，有创新性思维，破除墨守成规，能依据现实情况的变化，及时调整新目标、新方案，不断开拓创新局面，发现新路子。可以说，不断持续创新是创业者不断发展的关键环节。

2) 经营管理能力

经营管理能力是指对人员、资金的管理能力。它涉及人员的选择、使用、组合和优化；也涉及资金聚集、核算、分配、使用、流动。经营管理能力是一种较高层次的综合能力，是运筹性能力，是创业的基础能力。创业者的经营管理能力具体包括以下几个方面。

(1) 信息收集和处理能力。收集信息、加工包装信息、利用信息的能力是创业者不可缺少的能力。创业者不但应具备从一般媒体中搜寻信息的能力，随着科技的进步发展和网络技术的普及，还应该具备从网络中获取信息的能力。

(2) 把握机会的能力。发现机会、识别鉴别机会、把握机会、利用机会、创造机会，是成功创业者的主要特点。

(3) 判断决策能力。通过市场调研，进行消费需求分析、市场定位分析、自我实力分析、竞争对手分析等过程，再根据自己的财力、交际圈、业务领域，依据"最适合自己的市场机会是最好的市场机会"的原则，做出正确决策，实现自己的创业目标。

(4) 创新能力。从别人的企业中获得启示，通过联想、迁移和创造，使自己的企业在产品、服务、管理、营销手段等方面别具一格，并使自己的企业在同业相同类型市场中占有理想的份额。

(5) 创办企业能力。创建一个新企业，应该准备什么物资、需要提供什么证明材料、需要到什么部门办理什么手续、办理流程是什么等，这些都是创业者需要具备的能力。

(6) 确定企业布局的能力。怎样选择企业地理位置，怎样安排企业内部布局，怎样考虑企业性质等，都是创业过程中不能避免的问题。

(7) 发现和使用人才的能力。一个成功的创业者，必定要会用人，不但能对雇员进行选择、使用和优化组合，而且能运用群体目标建立群体规范和价值观，形成群体的内聚力。

(8) 创业融资、理财能力。这不仅包括创业实践中的资金筹措、分配、使用、流动、增值等环节，还包括采购能力、推销能力等。

(9) 指挥、控制和协调能力。成功的创业者，要对规划、决策、实施、管理、评估、反馈所组成的企业管理的全过程，具有控制和运筹能力。

(10) 商业策划能力。创业者通过策划完整的创业计划书，解释"是什么"(What)、"为什么"(Why)和"怎么样"(How)，对管理企业、宣传企业、吸引投资都具有十分重要的作用。

3) 专业技术能力

专业技术能力是创业者掌握和运用专业知识进行专业生产的能力。专业技术能力的形成具有一定的实践性。许多专业知识和专业技巧要通过实践进行摸索，逐步不断提高、发展、完善。创业者要重视创业过程中专业技术方面的经验和职业技能的训练，对于书本上介绍过的知识和经验在加深理解的基础上予以提高，在深入理解后进一步提升、拓展；对于书本上没有阐述过的知识和经验要探索，在探索的过程中详细记录、认真分析，进行总结、归纳，形成相关理论，使其成为自己的经验特色。如此一来，专业能力就会不断得到增强。

4）交往协调能力

交往协调能力是指创业过程中所必需的行为能力，与情商的内涵有许多相同之处，是创业成功的重要保障，是创业的关键能力。创业者通过创业实践活动，可提高以下综合能力。

(1) 人际沟通能力。创业者不但要与消费者、顾客、本企业员工打交道，还要与供应商、金融和保险机构、同行业其他企业打交道，更要与各种管理部门打交道。因此，创业实践活动，可提高人际沟通能力。

(2) 谈判能力。一个成功的企业，肯定会有许多的商务谈判，谈判内容可能涉及供、产、销和售后服务等各个环节，创业者必须善于把握谈判对手的心理和现实需求，运用"双赢原则"，即双方在谈判中实现共赢，使自己的企业获利。

(3) 宣传能力。在激烈的市场竞争中，在社会上树立良好的企业形象，是创业成功的重要条件之一。创业者应善于运用大众舆论和各种信息渠道，宣传自己的企业，提高企业知名度。

(4) 协作能力。创业者不但要与自己的合作者、雇员合作，也要与各种和企业发展有关的机构合作，还要与同行的竞争者合作。创业者要善于站在对方的角度，理解对方、体谅对方，要善于与他人合作共事，和谐共处。

(5) 自我约束能力。创业者要善于依据本行业的行为规范，来判别、控制和评估自己和他人的行为；要善于根据自己的创业目标，约束和控制与目标相背离的行为和冲动想法。

(6) 适应变化和承受挫折能力。一个企业要想在竞争激烈、变幻莫测的市场中立足并发展，创业者就必须具有适应变化、利用变化、驾驭变化的能力；在经营过程中，有赔有赚、有成有败，创业者必须具有承受失败和挫折的能力。具有能忍受局部、暂时的损失，而获取全局、长期收益的胸怀。如果大学生现在不具备这些能力也没关系，因为大多数创业能力可以通过后天培养学习而获得，通过创业教育培养提高创业素质和能力。

5）创新能力

创新是知识经济的主旋律，是企业化解外部威胁和取得核心竞争力的有效途径，创新能力是创业能力素质的重要组成部分。它包括两方面的内涵，一是大脑活动的能力，即创造性思维、独立性思维和捕捉灵感的能力；二是创新实践的能力，即人在创新活动中完成创新任务的具体工作的能力。创新能力是一种综合能力，与人们的知识、技能、经验、心态等有着密不可分的联系。拥有渊博知识、扎实专业基础知识、熟练专业技能、丰富实践经验、良好心态的人容易形成创新能力，它取决于创新意识、智力水平、创造性思维和创造性想象等。

3. 创业素质模型

创业者与企业任职者相比，比较类似于成就与行动类、管理类和个人效能类的素质模型，但不单纯是这三类素质的组合，因此我们尝试用麦克利兰的素质冰山模型来归纳创业素质模型。

所谓"冰山模型"(见图 2-1)，就是将创业者个体素质的不同表现划分为表面的"冰山以上部分"和潜在的"冰山以下部分"。其中，"冰山以上部分"包括基本知识、基本技能，是外在表现，是容易了解与测量的部分，相对而言也比较容易通过培训来改变和发展。而"冰山以下部分"包括社会角色、自我形象、特质和动机等，是人内在的、难以测量的部分，它们不太容易通过外界的影响而得到改变，但却对人的行为与表现起着关键性的作用。

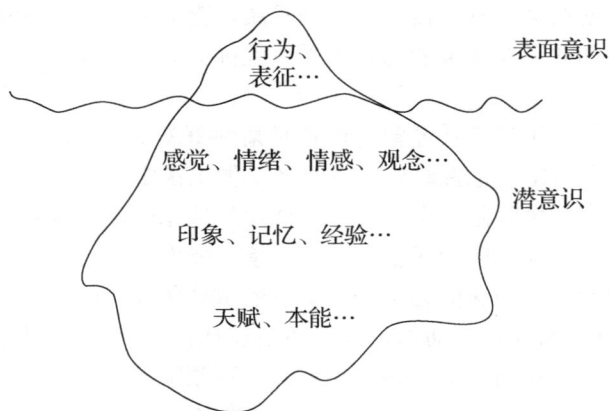

图 2-1　冰山模型

1)　表面的素质能力——知识技能

创业者需要了解企业管理、市场营销、团队管理、经济法、财务管理、会计以及创业管理的相关知识。说起来复杂，但实际就是下面八个问题。

(1) 你对即将进入的市场是否了解？你是否了解你未来的顾客和竞争对手？你有没有营销计划？

(2) 你将和谁一起创业？你在团队中扮演什么角色？如何做好这个角色？

(3) 你了解你所在地区的社会、政治、经济环境吗？你会选择什么组织类型的企业？

(4) 你是否了解企业应承担的法律责任？

(5) 你需要投入多少启动资金？从哪里获得资金？如何运作？

(6) 你能否制订利润计划？根据你对市场的判断，你能赚到钱吗？

(7) 你可以完成一份完整的创业计划书，并经得起专业人士的审核吗？

(8) 你知道如何把一份计划书变成实际的企业吗？

2)　潜在的素质能力

创业者潜在的素质能力具体如下。

(1) 动机。动机是"冰山模型"最深层的东西，也是人内心最深处的东西。每个创业者的初衷是不同的：有人希望拥有自己的事业，自主控制工作时间；有人希望通过创业来确认自己对市场的判断；有人找不到工作，为生活所迫进行创业；有人为了实现价值，主动放弃稳定舒适的工作投入创业。还有为了个人财富的积累、个人兴趣的拓展、对企业的掌控权以及种种原因，都可能成为创业者创业的动机。动机不同，对企业的战略全局影响也就不同。

(2) 特质。创业者要具备或发展自己的企业家素质特征或者是具有企业家精神的管理者素质特征，主要包括三个方面。

① 身体素质：健康的体魄和充沛的精力是一个成功创业者必备的素质。

② 语言素质：善于传播信息，善于说服他人、鼓舞他人，善于倾听并能够捕获其中关键信息，抓住最核心、最关键的要素是一个成功的企业家需要具备的素质。

③ 学习能力：企业家应该成为全才，对企业经营管理中可能遇到的问题都要解决，因而需要具备非常强的学习能力，学习组织和运用手中有限的资源解决困难。

(3) 自我概念。创业必须具有良好的心理素质，充满激情，不断地探索，相信自我。体现在创业素质中，创业者在决策能力、承受风险能力和沟通谈判能力方面，有不同的能力差异和素质表现。

① 决策能力，是指领导者或经营管理者对某件事拿主意、做决断、定方向的综合性能力。创业者要善于做决定，把握时机迅速果断地做出决定。

② 承受风险能力。风险是指个人、企业或组织能承受的最大风险，但同时风险也代表着机遇，创业者应慎重评估风险程度和个人的承受能力。

③ 沟通和谈判能力。沟通能力是个人素质的重要体现，包含表达能力、争辩能力、倾听能力和设计能力(形象设计、动作设计、环境设计)。谈判能力是指谈判人员所具备的更好地完成谈判工作的特殊能力，包括思维能力、观察能力、反应能力和表达能力。创业者要善于谈判，自如灵活地表达自己的观点、听取他人的观点，通过寻找双方都受益的方法来达到目的。

(4) 角色定位。社会角色是指个体在特定的社会关系中的身份及由此而规定的行为规范和行为模式的总和。在社会生活中，处于一定社会地位的人扮演着多种角色，集众多角色于一身，就是一个角色丛。创业者承担的角色丛有家庭成员、企业家、领导者、公民，等等。恰当的角色定位应该具有获得家庭支持的能力，协调家庭、文化和企业的能力，适应企业需要的能力，对企业的承诺能力。①家庭的支持是创业者前行的动力，是激励创业者不断前进的力量和精神支持。②协调家庭、文化和企业的能力。在创业到一定程度，创业者必须能够处理好企业、个人、朋友和家人在经济和时间上的关系和界限。③适应企业需要的能力。创业者应随时了解市场未来发展态势，不断更新产品和服务。④对企业的承诺能力。一旦建立企业，创业者就会生活在挑战和压力之下，只有努力地工作，才能对得起企业和员工。

上述几个方面的素质中，每一种基本素质都具有其独特的地位与功能，每一个要素的变化都会影响其他要素的形成和发展，影响其他要素的功能和作用的发挥，乃至更有甚者会影响创业的成功。由此可见，一个未来的创业者不仅要注意在环境和教育的双重影响下培养自己的创业素质，而且要重视其整体结构的优化，在创业实践中不断提升自我的创业素质。

4. 创业特质

创业特质是创业者自身与创业成败息息相关的性格品质，尤其是在处境艰难的情况下，这些性格特质通常具有决定性的作用。

1)　成就需求

不想当将军的士兵，不是好士兵。创业不仅能善其身，也能济天下；创业者在实现自我人生价值的同时，也推动了社会进步发展。可以说，创业是实现自身发展目标最有效的途径。纵观历史，成功的创业者大都具有敢于承担个人决策、不喜欢日常单调的重复性工作等特点。

2)　敢于冒险

市场竞争中，机会与风险是共生并存的。创业过程中处处都是挑战与风险，立志创业就必须胆识兼备、有勇有谋。敢于冒险几乎是所有成功创业者共同的特点。创业者不是孤注一掷的赌徒，他们能够正确评估风险、规避风险，他们是敢于冒险的勇士，他们可以理性看待风险并采取措施规避风险，甚至敢于承担风险。唯有如此，创业才有成功的可能。

3)　坚忍执着

对大家而言，IQ(智商)、EQ(情商)并不陌生，在创业过程中，AQ 也十分重要。AQ 即逆境商，是指人们面对逆境时的反应方式，即面对挫折、摆脱困境和超越困难的能力。创业极为挑战人的意志力。创业初期，资金短缺、竞争压力大等情况很难避免，面对困境，能否承受压力并坚持到底往往决定了创业的成败。优秀的创业者即便是身处逆境，也能力挽狂澜。

4)　自信、自强、自主

自信就是坚信依靠自己的能力能创造出未来的事业；自强就是不依赖他人独立自主，凭借自己的才能成为强者；自主就是有独立的思考能力，选择合适的道路。海尔公司从一个资不抵债、濒临倒闭的集体小厂发展为年营业额逾千亿元的全球化公司，从一柄大锤砸毁 76 台有缺陷的电冰箱到实现核心技术的突破，走的就是国人自信、自强、自主的创业之路。

5)　积极乐观

古人有"千金散尽还复来"的胸襟，创业者要相信办法总比困难多，学会看事物积极的一面，从自己能做的事情做起，从身边的小事做起。李嘉诚说过，乐观者在灾祸中看到机会，悲观者在机会中看到灾祸。创业者应保持积极的心态，及时疏解各种压力，调节自己的情绪，在困难面前不气馁不放弃，坚定自己的创新目标。

5. 创业能力形成的机理

创业是一个复杂的过程，涉及创新创业机会的识别、开发、利用以及新创企业的成长等一系列活动。提高增强创新创业能力，对于大学生快速识别、开发出创业机会，有效运用创业资源，成功实现创新创业尤为重要。

要提高创新创业能力，首先需要了解创新创业能力的形成机理和形成障碍，在这个前提下我们才能找出培养创新创业能力的正确途径和方法。

创业能力的形成是由个人的生理因素、环境条件、实践过程以及创新性创造性思维四个方面共同作用的结果。生理因素是物质基础，环境是重要条件，实践是唯一途径、标准，创新性、创造性思维是灵魂，是核心内在动力。

1) 生理因素

生理因素(脑力和体力)是人类创新创业能力形成的物质基础，潜在地决定了个体创新创业能力未来发展的类型、速度和水平。

根据皮亚杰的理论，人类个体在出生时，通过遗传就已经具备了一个认知结构。个体依据这一认知结构，不断地吸取外界信息，通过"同化"和"异化"，把这些吸收来的信息，内化为自己的东西，并用来增强和改善自己的认知结构，从一个较低水平的平衡上升到一个较高水平的平衡。

2) 环境因素

环境是人的创新创业能力形成和发展的重要条件，环境的优良或恶劣程度，显著地影响着个体创新能力发展的速度和水平。

"兽孩"现象说明，人的行为、思想、感情、语言、才能、习惯等，不仅是后天习得的，而且先天的认知结构还可以被改变。同样地，也表明认知是环境的产物。

3) 实践因素

对大学生进行创业实践的主要目的是提高大学生的创业创新能力以及培养大学生的创业精神和创新意识。俗话说得好，实践是检验真理的唯一标准。在创业实践中，大学生可以将理论知识与实践相结合，帮助大学生加深对知识的理解。不仅如此，这样还有利于大学生进行自主创新，有利于促进社会经济的发展，有利于社会经济发展过程中竞争力的提升。

4) 思维因素

创新性思维是创业活动的灵魂或核心。创新性思维是直觉思维与逻辑思维的辩证统一，是发散思维与收敛思维的优化组合，是分析与综合的有机结合。总之，创新性思维是思维的展开与整合，将思维的展开与整合对立统一于创新性思维之中。

三、大学生的创业意识与动机

1. 大学生创业意识的概念

创业意识：在创业实践活动中对创业者起动力作用的个性意识倾向，包括创业的需要、动机、兴趣、理想、信念与世界观等要素。

创业意识的内涵：创业意识是指人们从事创业活动的核心驱动因素，是创业活动中起推动作用的个性因素，是创业者素质系统中的驱动系统。

2. 大学生创业意识的特点

大学生创业意识具有以下特点。

(1) 自主性，创业意识产生于创业者的头脑，源于创业者寻求生存与发展的认识。

(2) 客观性，创业意识不是凭空产生的，它是创业者自身条件和周围客观环境在头脑中的体现。

(3) 超前性，创业的核心是创新，创新是创业的灵魂，创新是创业成功的重要保障。因此，超前的创业意识必须以创新为前提。

(4) 能动性，创业者对客观世界的认识与改造的思考结果，是创业者创业活动的基础并指导创业活动的全过程，因而创业意识具有主观能动性作用。

3. 大学生创业意识实现的动机

1) 生存的需要

首先，由于经济原因，许多的家庭越来越难以负担昂贵的学费和生活费，国家的助学贷款、奖学金制度也不能完全解决问题，只能是杯水车薪。在经济的重压下，为了顺利完成学业，为了实现学业目标，部分学生只好利用课余时间打工来保证正常的学习和生活。在平常的兼职工作中有一部分有创业头脑的人会发现创业机会，并且抓住它，开始进入创业阶段。其次，当前我国高校学生中城镇生源的独生子女占比达 95%，迫在眉睫的任务是培养他们的独立意识。目前已经有一部分学生开始独立承担自己的学习、生活费用，在他们中也产生了一定数量的创业先行者。这部分创业者通常为了保证正常的学习，从事一些不需要投入大量精力与时间的行业，对经济回报没有过高的要求。

2) 积累的需要

按照奥尔德弗的 ERG(existence、relatedness、growth)理论，人的需求分为生存、相互关系和成长。这三种需求并不一定按照严格的由低向高的顺序发展，可以越级。当代大学生随着年龄的增长，对于相互关系和成长的需求会越来越强烈。一部分大学生为了增加自己的实践经验、提升自己的实践能力、丰富自己的社会阅历，或者为了自己以后的发展或实现自己的某个目标做好经济上的准备，在各方面条件、时机合适的情况下也会利用课余时间走上创业的道路。这个类型的创业者通常是为了锻炼自己，承受失败的能力较强，对于失败做好了充分的心理准备。同时由于压力较小，他们也更容易失败和半途而废。

3) 自我实现的需要

心理学研究表明：25～29 岁是创造力最为活跃的时期，这个年龄段的青年正处于创造能力的觉醒时期，对创新充满了渴望和憧憬。他们思维活跃、创新意识强烈，同时所受的约束和束缚较少，按照 ERG 理论对成长的需要也更为强烈。另外，由于大学生周围的学术环境，他们往往更有机会直接接触一些新的科技发明和科研新成就，或者他们中的一部分人本身拥有具有自主知识产权的科研成果，为了尽快实现人生目标，他们中的一些人会转变成功观念走上创业之路。

4) 就业的需要

当前，我国的大学生就业形势相当严峻，一方面表现为缺乏劳动力需求，另一方面表现为大学毕业生的薪资福利待遇不高。在这样的社会环境下，如果找不到合适的工作，有一部分大学生会选择创业。

四、创业精神

1. 创业精神的内涵和表现

1) 创业精神的内涵

从管理学的视角上来说，创业者与企业家的内涵是一致的。创业精神往往被人们称为企业家精神，它是创业者在市场竞争中不断开拓进取创造新价值的精神概述。德鲁克提出创业精神其实更多地表现为一种创新性的活动或者行为。创业者通过这种行为对原有的资源进行重新整合，从而促进新财富的产生。

德鲁克认为创业精神应该是社会所必需的一种创新精神，并且认为正是因为拥有了这种创新精神才会推动社会的发展。他又在他的著作中论述道，企业家们觉得在经济生活中，变革是最基本的一种状态，虽然企业家一般无法制造变革，但是他们一直关注并且追寻变革的脚步，在变革的过程中寻求机会，并且利用机会进行变革，这就是企业家及他们所拥有的创业精神。

创业精神是一个创新的过程，在这个过程中，新产品或新服务被确认、被创造，最后被开发来产生新的财富创造。换句话说，创业精神的本质在于创新，在于为消费者创造新满足、新价值。

2）创业精神的表现

创业精神是创业者在创业过程中的重要行为特征的高度凝练，主要表现为勇于创新、敢当风险、团结合作、坚持不懈等。

(1) 创新精神。德鲁克认为，企业家精神中最重要的是创新。他认为，创业者不仅仅单纯指在经济活动中从事创新活动的人，无论他是工人、农民、政府高官或者是学生，只要他在创新，那么我们都可以称之为创业者。这种对于创业者的理解虽然有夸大的成分，但是这也在一定程度上代表了德鲁克的观点，即强调创新的意义所在。

(2) 冒险精神。在创新的过程中不可避免地要遇到挑战和承担风险，所以创新精神的内涵中必然包括了承担风险和挑战不确定性的冒险精神。不仅奈特在研究中强调了创业者的这一特征，熊彼特、卡森等学者都对创业者的创新精神中的冒险特征给予了认可。

(3) 合作精神。单枪匹马可以成就一番事业，但是团结所有有利于成功的力量，成功的概率必然会增大。在创业精神中个人英雄主义不能占据主导地位，团队意识、合作精神是其价值核心。这也就是米尼斯所认为的个人在创业活动中经常要通过某一团队的资源去实现价值创造的过程。在这种团队合作的过程中其实也是符合我们所说的创业者通过组合不同的要素形成一个新的生产关系，从而达到价值创造的过程。将不同的人组合到一起，实现不同人的优势资源的整合，从而实现价值最大化的目标，是创业精神的一个重要体现。

(4) 坚持不懈。创业者首先是一个从业者，如果没有对事业执着追求的敬业精神，又如何能够迎接创业的挑战？西姆巴特认为创业精神蕴含着一种力量，这种力量是源源不断、蓬勃向上的，这种力量是源于对成功、利润的孜孜以求和坚持不懈。

2. 创业精神的特征

1）科学性

创业者进行创业活动是遵循一般规律的。从本质上来说创新不是凭空捏造，而是将创业者的知识基础，运用科学的思维、方式进行新组合的行为。随着时代的发展进步，在如今这个信息不断涌现的社会中，若缺乏以科学为前提的工作方法，仅仅依靠使蛮力、不怕苦的垦荒精神是不太可能成功的。有科学背景的创业者才能够在时代的浪潮里成功到达胜利的彼岸。

2）创新性

创新是一切创业活动的根源，是创业精神的价值核心。创业者对于成就事业、取得成功的愿望激发了创业者的创新意识，在创业的过程中敢于开拓创新，专注于寻找出一种新的资源组合方式，从而创造出所追求的价值。创业者把变化当作机会的土壤，只有在变化中才可以寻找到创新的灵感。因此，经济社会的发展过程就是创业者不断在变化中寻求创新价值的过程。

3) 冒险性

从心理学角度看，有冒险精神的人都是具有突破精神的人，创业者的冒险是他们在进行创造性活动的过程中，需要向不确定的结果进行冲击的一种心理素质。人们无法准确地预知未来，但是人们可以通过自己的活动努力朝着自己希望的方向前进。在这个创造的过程中，创业者不断地通过信息的收集以及处理，调整前进的方向，在未知的领域中搜寻成功的机会。创业者在创业过程中风险与获得是成正比的，没有冒险就谈不上创新，不具备冒险性的创新不是真正意义上的创新，重复他人做过的事情只是复制他人的行为。当然，创业者在冒险的过程中也要逐渐从失败中吸取经验教训，因为失败意味着错误的次数又少一次，就更接近成功了。同时我们应该注意的是，创业者不应随机冒险，要在可以掌控的范围内进行冒险。

4) 主观能动性

人的自觉能动性，又称人的主观能动性，是人类特有的能力与活动，它包括互相联系着的三个方面：第一，人类认识世界的能力以及人们在社会实践的基础上能动地认识世界的活动，突出地表现为我们通常说的"想"；第二，人类改造世界的能力以及人们在认识的指导下进行着能动地改造世界的活动，即通常我们所说的"做"；第三，人类在认识世界和改造世界的活动中所具有的精神状态，即通常所说的决心、意志、干劲等。我们所说的企业管理者以及商人都是为了自身利益的满足而进行经济活动的，创业者在经济活动中虽然也将取得经济收益作为其主要的目标，但是他的创新活动并不单纯地是为了创造财富，而是为了自我实现，这种自我实现作为一种内在驱动因素，使得创业者不断挑战自我，在创业的活动中实现自我发展目标，达到精神上的追求。

5) 坚韧性

创业者在创业的过程中可能会遇到各种各样的麻烦和困难，只有以坚定的信念为基础，在逆境中控制自己的方向，在逆境中成长，才能获得不断挑战困难的勇气与力量。

第二节 实 战 训 练

一、大学生创业者的自我评价

知彼知己，百战不殆。创业者要成功，首先要了解自己，通过创业测评系统，对我们的创业素质有一个全面的了解。

1. 审视自己的创业动机和心理素质

创业过程充满挑战，创业道路充满艰难险阻，始终与风险相伴，创业的开始意味着长期而艰苦工作的开始，有成功的喜悦，也会有失败的悲痛。如果缺乏良好的心理调适能力，是很难承担这种艰辛的工作和较高的风险的。

创业动机和目标直接影响创业的成败和难易程度。一般大学生的创业动机可分为以下四种类型。

(1) 被迫型。创业者的社会关系不是很多，手中资源也有限。这类人主要包括未找到合适工作的大学毕业生。他们多是白手起家，搜寻机会。从小企业开始创业，不断积累，逐步成长。

(2) 主动型。创业者自身有一定的专业知识基础、资源市场或资金，利用这些创业的有利条件，理性创业，充分准备，成功的概率会比较高。

(3) 资源型。创业者曾在党政军团、行政事业单位掌握过一定权力，处于管理者地位，或者在企业中有过一定的工作经验，在企业中掌握了不少的资源，有着一定的市场资源、项目资源、资金资源、信息资源或人脉资源等，他们抓住适当的时机，开始创业。这些创业者，由于起步较好，起点较高，资源丰富，成功概率很高，且大多数都能达到相当大的规模。

(4) 随机型。创业者自身或家庭有良好的条件，没太大压力，赚了钱更好，赔了也无所谓，无论是否盈利，对于创业者自身并无太大影响，只是把创业当成一种寻求快乐的生活方式。

知识拓展

测一测

你适合创业吗？　　　　　创业素质自我甄别

2. 测试自己创业的基本素质和条件

在创业开始之前，创业者需要评估自己的优势和劣势，看看自己是否具备创业的素质和能力。对此，已有许多相关研究成果，创业者可参考相关内容进行自我测试。创业者可通过认真思考和回答以下问题，来初步判断自己是否有创业的基本素质和能力。

(1) 你适合创业吗？作为创业者或者小企业的领导者，在如何拓展业务、如何定位市场、如何管理财务和员工等各种细节上，经常需要做出决定，而这些决定是在压力环境下要求你迅速独立完成的。创业需要热情、需要理念，更需要能力。你的策划和组织能力如何？你的决策和综合管理能力如何？你的创业风险(包括资金风险、竞争风险、团队分歧风险、核心竞争力缺乏风险)规避能力如何？

(2) 你的创业冲动能强到长时间保持创业激情吗？运营一个企业有时能把你的意志耗尽。尽管有些企业主感觉自己被肩上的重担压垮了，但是强烈的创业激情和坚强的意志，却能够使其创业成功，并且在遇到经济衰退等困难的时候帮助他顽强地生存下来。因此，检查你选择自主创业道路的原因，确认这些原因在今后创业的道路上无论碰到什么困难，都将激励你勇敢走下去，至少你的创业冲动能够强到使你长时间保持创业的激情。

认真检查你个人拥有的技能、经验和意志。因为有可能在相当长的一段时间内，企业的业务没有进展，有可能会出现与员工发生思想激烈碰撞的现象，不理解你、不支持你的现象也可能会经常发生，这将会使你感到郁闷、孤独，你准备如何承受？

(3) 你的身体和精神状态适合创业吗？创业过程充满挑战，意味着长期而艰苦工作的开始。同时，创业也意味着创业者需要更加努力、自觉地工作，将失去很多休息时间。身体健康是承受创业高强度体力和精神压力的前提，你的身体健康状况是否允许你从事这样的工作？因为在创业过程中，有时会令人非常兴奋和愉快，有时会给人带来烦恼和颓丧，你有没有这样的心理准备？

(4) 家庭成员支持你创业吗？和谐稳定的家庭是事业成功的基础，创业之初对你的家庭生活影响很大，能否成功你的家庭支持也很重要，你确信你的家庭会支持你吗？

(5) 你准备承受创业初期的风险了吗？创业始终伴随着风险。在确定了创业目标后，创业者接下来要考虑的问题是创业的风险有哪些？我创业最坏的结果是什么？我能否接受？我能否从坏结果中走出来？

二、大学生创业意愿的提升方法

1. 大学生创业意愿自身的提升方法

1) 提升自身的适应能力

社会适应能力是大学生在大学校园生活环境中为达到与所处环境的和谐状态而必须具备的一种综合能力，主要由认知能力、独立生活能力、学习能力、人际交往能力、应对挫折能力和实践能力等方面构成。通过查阅已有成果及调查研究发现，大学生在社会适应能力方面存在着诸多不足。例如，认知能力较差，不能正确评价自我和他人；缺乏有效的学习方法和自主学习的能力；人际沟通不够，实践能力水平不足等。

要提高大学生适应环境的能力，应从学校教育和大学生自我教育两个方面入手，主要包括：强化认知训练，提高大学生的认知能力；加大"三自"教育力度，提高大学生的独立生活独立自主能力；重视学习方法方式的训练培养，提高大学生的学习能力；加强人际沟通，提高大学生的人际交往能力；优化心理适应的辅导，进行必要的心理调适，提高大学生应对挫折的能力；加大实践性教育的力度，提高大学生的应变能力；等等。不断提高大学生社会适应能力，促使大学生健康人格的养成，从而最终促使大学生顺利适应新的社会角色。

2) 调整自身的心理态度

调查显示，对于大学生是否应该创业，大部分的学生持认同和积极支持的态度，数量占样本的 93.78%，其中有 38.87%的学生表示积极支持。对于自己是否考虑过创业，73.27%考虑过，10.11%正在创业或者已经成功创业。对于大学生创业前景的预测，过半数的学生表示还不错，但存在一定难度，而 20.38%的学生认为难度很大，只有 12.43%的学生对大学生创业是充满信心的。

从大学生对于创业的基本态度来看，大学生对于创业的难度有比较客观的认识，对于创业过程中的困难具有比较理性的认知。但创业的困难和创业前景的不确定性并没有很大程度上影响大学生对于创业的认同和支持。

大学生是否会进行创业实践，同在大学期间是否自觉地关注创业，并进行相关知识的学习具有紧密的联系。大学生是否自觉地关注并参与学校所提供的创业教育和实践，也是衡量当前高校创业教育普及与否、成功与否的重要因素。

对于大学生创业心理能力的调查，主要涵盖了抗挫折能力、合作能力、沟通能力、应变能力和学习能力。通过对调查结果进行分析显示，具有不同创业倾向的学生的创业心理能力存在显著性差异，创业倾向性越强其创业心理能力越高。而参加过创业课程学生的创业心理意识(自主性、冒险性、创新性、自我效能感和成就动机等)、创业心理能力(抗挫折能力、合作能力、沟通能力、应变能力和学习能力)均明显高于未参加过创业课程的学生。

从调查结果来看,一方面,大多数学生对大学生创业持支持态度,充分表明了大学生对于通过创业实现自我发展目标的认同。另一方面,大多数学生对创业所面临的困难有较为客观、全面、清晰的认识,对自己毕业后是否进行创业持保留态度。

3) 锻炼自己的领导能力

创业是极具挑战性的社会活动,特别是在大学生就业形势如此严峻的社会背景下,创业精神和创业素质的培养对大学生就业和创业都具有重要的意义和作用。创业能否成功,与创业者的领导素质关系极大。

领导能力是协调技术和工作活动的综合能力。在创业过程中,创业者的领导能力通常体现在以下四个方面。

(1) 活力创业者。有巨大的个人能量,对于行动有强烈的偏爱,干劲十足,不屈服于逆境,不害怕变化,坚持学习,积极挑战新事物。

(2) 鼓动力创业者。有激励和激发员工的能力,能够带动周围的人,善于表达自己的构想与主意。

(3) 锐力创业者。有竞争精神、自发的驱动力、坚定的信念和主张,还有坚定的意志与注意力,以及清除那些碍手碍脚因素的勇气。

(4) 实施力创业者。提交结果,能够将构想和结果联系起来,而不仅仅是口头说说就了事,有把构想变得切实可行的行动计划并直接参与和领导计划的实施。

4) 认知创业的风险的承受力

创业就要面对很多风险,创业者要有能力去衡量和评估风险,包括计算可能的成本和收益、成功的机会以及风险可规避性等各种可能性的比较。有些人认为创业者就是赌徒,这种认识是错误的。创业者对风险的承担是在对风险进行衡量和评估后的理性抉择,是指对适当风险的承担,而非轻率。

要获得成功,创业者就必须树立自信心,相信自己具备实现目标的能力。对于创业者来说,自信是不可缺少的品质,尤其是在创业期间,只有自信的创业者才能顶住压力,最终取得创业成功。执着对待自己向往的事物或工作,对自己的创业目标和信念不轻言放弃。经历一次次失败而决不放弃,是创业者的主要行为特征。

5) 提升解决问题的决策能力

对处境的各方面做出快速而细致的权衡,可以提高决策水平和能力。决策者应该是积极、向上的,优柔寡断可能会让你错失良机。

6) 提升对待事物的好奇心与敏锐观察能力

好奇心强是创业者的一个重要特征。比尔·盖茨具有惊人的好奇心和创造力,在不到20年的时间里,从一个毛头小子一跃成为世界首富,把过去的石油大王、钢铁大王远远抛在后面,谱写了知识经济时代的神话。创业者具有极强的好奇心,对世界充满好奇,尤其对创业过程中的各种不确定性保持好奇心,这是创业的动力。有了好奇心,才会多问几个为什么,好奇心可以促使你发现问题,才会有对现有知识的创新动力。

此外,诚实可靠、持之以恒、主动性等也都是创业者要积极提升锻炼的能力。

2. 大学生创业意愿外界的提升方法

1) 搭建多元化的创新创业实践平台，提升学生实践能力

搭建校内外素质训练拓展平台、创新创业实训平台和校内外孵化平台，形成多元化的实践平台体系，是创新创业教育的重要组成部分，对促进大学生创新创业能力提高有着不可替代的作用。

首先，搭建校内外素质训练拓展平台。组建各类创新创业学生科技类社团，吸引更多学生参加社团，参与创业活动；举办多层次多种类型的创新创业大赛和社会实践活动，如"挑战杯"创业计划大赛、"互联网+"创新创业大赛、大学生创新训练计划等活动；利用大学生社会实践，鼓励学生参与社会兼职、项目调研、市场调查等。通过创新创业能力训练，鼓励学生开展创新创业理论研究和实践活动，能够促进学生创新创业能力的有效培养。

其次，构建校内外创新创业能力实践训练平台。整合校内外资源，构建校内外创新创业实践平台，学校实验室、训练中心等面向全体学生开放，鼓励学生跨学科组建创新创业团队或工作室；以"人才互用、资源共享"为基础与校企合作共建创新创业实践基地，鼓励学生参与企业项目研发、技术改造。

最后，建设校内创新创业孵化培育平台。组建校内创业园或创业孵化基地，选拔有创业想法意愿的学生组建创业团队，为学生免费提供创业场所、资金扶持和技术指导，以实现推动和鼓励创新创业成果转化。推动企业、政府与学校共建创新创业实践基地，为学生提供多层次全方位孵化培育平台。

2) 组建专业化的创新创业教育师资队伍，为创新创业能力培养提供保障

组建一支理论与实务相结合、创新与创业相结合、校内与校外相结合的创业教育教师团队，是促进学生创新创业能力培养的重要保障。

一方面，选派优秀教师参加创新创业师资培训，使他们掌握开展创新创业教育所必须具备的教学理念和理论知识，提高他们的业务能力水平。安排部分教师深入企业一线挂职、兼职，提高高校创业教师的实践能力和师资质量。

另一方面，学校聘请一些企业高管、政府职能部门相关的具有丰富创业经验的专家和优秀的创业校友担任学生创业导师，对有创业意愿的学生进行"一对一"指导帮扶，确实帮助学生降低创业风险，把握创业时机，实现大学生成功创业。

三、大学生创业潜质测评技术

1. 心理测评技术

1) 能力测评技术

能力是直接影响活动效率，使活动得以顺利完成的个性心理特征。能力总是和人的活动联系在一起的。每一种职业活动都需要特定的能力组合。能力倾向素质直接关系个体职业生涯。能力测验相比人格测验、投射测验更加稳定，对于受测者的工作表现和发展潜力有很好的预测效度。

吉尔福特在他的三维结构理论中提出，智力活动就是人在头脑里加工(即操作过程)客

观对象(即内容)，产生知识(即结果)的过程。操作过程包括认知、记忆、发散式思维、聚合式思维和评价；内容可以是视觉、听觉、符号、语义或行为；结果可能是单位、类别、关系、系统、转换或蕴含。

瑟斯顿在群因素论里指出，智力因素包括计算、词的流畅性、言语意义、记忆、推理、空间知觉和知觉速度。世界上应用最广的测验《特殊职业能力测验》(DAT)，包括八个分测验：表达、数字能力、抽象推理、文书速度与正确性、机械推理、空间关系、拼写、言语运用。

美国就业服务中心编制的《一般能力倾向成套测验》(GATB)包括九个分测验：智力、言语能力、数字能力、空间能力、形象知觉、文字知觉、动作协调、手指灵活、手臂灵活。

美国教育与工业测验服务中心的《职业能力安置量表》(CAPS)包括八个分测验：机械推理、空间关系、言语推理、数字能力、言语运用、字词知识、知觉速度与准确性、手指速度和灵活性。

北京北森测评技术有限公司设计的能力测验包括九个维度：言语理解、言语推理、数学运算、数字推理、图形推理、空间能力、抽象推理、资料分析、思维策略。研究表明：言语能力、数学能力、逻辑推理能力是人们能力的核心成分，而机械推理、空间关系、手指灵活相对来说没有那么重要。

2) 职业兴趣测评

职业兴趣测评用于测验不同人的工作生活兴趣，可以按照人、概念、材料这三大基本内容要素分类，而社会上的所有职业、工作也是围绕这三大要素展开的。基于这一理论设计的职业兴趣测验可以在个体兴趣与职业之间进行匹配。著名的霍兰德职业兴趣测验量表共六个部分。

(1) 您心目中的理想职业(3个自选题)；

(2) 您所感兴趣的活动(60个选择题)；

(3) 您所擅长的活动(60个选择题)；

(4) 您所喜欢的职业(60个选择题)；

(5) 您的能力类型简评(12个选择题)；

(6) 统计表。

根据统计表的数据，可以测出创业者的兴趣爱好。

3) 职业锚测评

职业锚测评，通过对你过去行为的分析和未来目标的探索，帮你对自己有一个明确的认识和真实的定位，从而帮助你在面临职业选择时，做出与自己价值观、内心真实自我相匹配的职业决策。当判断分析创业角色定位方面是否清晰时，可以采用这种测试方法。

职业锚测评量表

下面有40条描述情况的语句，根据你的实际情况回答，从"1~6"中选择一个数字给每条语句打分，数字越大，表示这种描述越符合你的实际情况。例如，"我梦想成为公司的总裁"，你可以做出以下选择：

选"1"代表这种描述完全不符合你的想法；选"2"代表你偶尔这么想；选"3"代

表你有时这么想；选"4"代表你经常这么想；选"5"代表你频繁地这么想；选"6"代表这完全符合你的想法。

(1) 我希望做我擅长的工作，这样我的内行建议可以不断被采纳。

(2) 当我整合并管理其他人的工作时，我非常有成就感。

(3) 我希望我的工作能让我用自己的方式，按自己的计划去开展。

(4) 对我而言，安定与稳定比自由和自主更重要。

(5) 我一直在寻找可以让我创立自己事业(公司)的创意(点子)。

(6) 我认为只有对社会做出真正贡献的职业才算是成功的职业。

(7) 在工作中，我希望去解决那些有挑战性的问题，并且胜出。

(8) 我宁愿离开公司，也不愿从事需要个人和家庭做出一定牺牲的工作。

(9) 将我的技术和专业水平发展到一个更具有竞争力的层次是成功职业的必要条件。

(10) 我希望能够管理一个大的公司(组织)，我的决策将会影响许多人。

(11) 如果职业允许自由地决定自己的工作内容、计划、过程时，我会非常满意。

(12) 如果工作的结果使我丧失了自己在组织中的安全稳定感，我宁愿离开这个工作岗位。

(13) 对我而言，创办自己的公司比在其他的公司中争取一个高的管理位置更有意义。

(14) 我的职业满足来自我可以用自己的才能去为他人提供服务。

(15) 我认为职业的成就感来自克服自己面临的非常有挑战性的困难。

(16) 我希望我的职业能够兼顾个人、家庭和工作的需要。

(17) 对我而言，在我喜欢的专业领域内做资深专家比做总经理更具有吸引力。

(18) 只有在我成为公司的总经理后，我才认为我的职业人生是成功的。

(19) 成功的职业应该允许我有完全的自主与自由。

(20) 我愿意在能给我安全感、稳定感的公司中工作。

(21) 当通过自己的努力或想法完成工作时，我的工作成就感最强。

(22) 对我而言，利用自己的才能使这个世界变得更适合生活或居住，比争取一个高的管理职位更重要。

(23) 当我解决了看上去不可能解决的问题，或者在必输无疑的竞赛中胜出，我会非常有成就感。

(24) 我认为只有很好地平衡了个人、家庭、职业三者的关系，生活才能算是成功的。

(25) 我宁愿离开公司，也不愿频繁接受那些不属于我专业领域的工作。

(26) 对我而言，做一个全面管理者比在我喜欢的专业领域内做资深专家更有吸引力。

(27) 对我而言，用我自己的方式不受约束地完成工作，比安全、稳定更加重要。

(28) 只有当我的收入和工作有保障时，我才会对工作感到满意。

(29) 在我的职业生涯中，如果我能成功地创造或实现完全属于自己的产品或点子，我会感到非常成功。

(30) 我希望从事对人类和社会真正有贡献的工作。

(31) 我希望工作中有很多的机会，可以不断挑战我解决问题的能力(或竞争力)。

(32) 平衡个人生活与工作，比达到一个高的管理职位更重要。

(33) 如果在工作中能经常用到我特别的技巧和才能，我会感到特别满意。

(34) 我宁愿离开公司，也不愿意接受让我离开全面管理的工作。

(35) 我宁愿离开公司，也不愿意接受约束我自由和自主控制权的工作。

(36) 我希望有一份让我有安全感和稳定感的工作。

(37) 我梦想着创建属于自己的事业。

(38) 如果工作限制了我为他人提供帮助或服务，我宁愿离开公司。

(39) 去解决那些几乎无法解决的难题，比获得一个高的管理职位更有意义。

(40) 我一直在寻找一份能最小化个人和家庭之间冲突的工作。

2. 情景模拟测试

1) 情景模拟测试的概念及特点

情景模拟测试也是人才测评中应用较广的一种方法，它主要测试应试者的各种实际能力。情景模拟测试设置一定的模拟情况，要求被测试者通过扮演角色，去处理各种事务及解决各种问题。考官通过对大学生创业者在情景中所表现出来的行为，测评其素质潜能，考查被测评者的工作胜任能力。

情景模拟测试具有针对性、直接性、可信性三个主要特点。

(1) 针对性，由于模拟测试的环境是拟招岗位或近似拟招岗位的环境，测试内容又是拟招岗位的某项实际工作，因而具有较强的针对性。

(2) 直接性，实测者将创业行动计划清单中所需的行动，进行胡乱排序，加上凌乱的信息、便条，堆积在应试者面前，让应试者现场解决。这样的测试，不仅测试内容与创业行动有直接关系，而且使考评人员能够直接观察应试者的工作情况，直接了解应试者的基本素质及能力，所以更具有直接性。

(3) 可信性，由于模拟测试接近实际现实工作，考查的重点主要是应试者分析处理工作内容的能力，加之这种方式又便于观察了解应试者是否具备拟任岗位职务的素质，因此模拟测试比笔试和其他面试形式更具有可信性。

总体来说，比较其他考试形式，情景模拟测试的特点主要表现在针对性、直接性、可信性三个方面。针对性表现在测试的环境是仿真的，内容是仿真的，测试本身的全部着眼点都直指创业对创业者素质的实际现实需求。有一点要说明的是，有时表面上所模拟的情境与实际工作情景相似性不大，但其所需要的能力、素质却是相同的，表面的"不像"并不妨碍实质上的"像"。模拟测验也有一定的局限性，主要表现为测试的规范化程度很难平衡，效率较低，同时，对考官的素质要求较高。

2) 情景模拟测试的作用

情景模拟测试的特点决定了它在判断分析创业者素质中有着不容小觑的作用。这种作用主要体现在以下三个方面。

(1) 为考查应试者的综合业务能力提供依据。综合业务能力测试帮助创业者较为全面地认识自己的决策能力、风险承担能力和沟通谈判能力，这是其他测试手段无法达到的测试效果。

(2) 帮助拥有创业愿望的应试者了解自身特点。模拟测试重视对业务能力的考查，考核的标准是依据实际工作的要求拟定的。

(3) 为创业者在创业之前进行了培训。情景模拟测试模拟了创业中可能出现的问题，让创业者在模拟测试中进行了初步的体验，为将来进入创业实战进行了培训。

3）情景模拟测试的主要方式

情景模拟测试的主要方式具体如下。

(1) 文件处理的模拟。这一项目是比较常用的情景模拟方式。它以日常文件处理为依据，编制若干个(15～20 个)待处理文件，让被测者以创业者身份对文件进行处理，这些待定文件是企业主经常要处理的会议通知、请示或批复、电话记录和备忘录等，要求被测者在限定时间内处理完毕。

(2) 工作活动的模拟。这个测试项目可以采用以下两种形式进行：一种是上下级对话形式，模拟接待基层工作人员的情景，由被测者扮演上级，测评员为下级，或向上级领导汇报或请示工作。针对创业者，可以设置创业者向评审员阐述创业计划书，或者进行商务谈判的场景。另一种是布置工作的测试。要求被测者在浏览一份上级文件或会议纪要后，以特定的身份，结合部门实际，对工作进行分工布置和安排。针对创业者测试，可以设置创业者激励下级，为开业准备布置工作等场景。

(3) 角色扮演法。事先向大学生创业者提供一定的背景情况和角色说明，模拟时要求大学生创业者以角色身份完成一定的活动或任务，例如接待来访、主持会议、汇报工作等。针对创业者测试，可以相应设置有一定挑战难度的角色扮演任务，如创业者应对营业场所被捣乱或创业者向投资方汇报业绩等场景。

(4) 现场作业法。提供给大学生创业者一定的数据和资料，在规定的时间内，要求大学生创业者依据提供的案例材料编制计划、设计图表、起草公文、计算结果等。被普遍应用的计算机操作、账目整理、文件作业都属于这种方式。针对创业者测试，可以设置创业者根据特定的资料进行利润成本分析。

(5) 模拟会议法。将若干(10 人左右)大学生创业者分为一组，就某一需要讨论的问题或需要布置安排的活动或需要做出决定的议题问题，由大学生创业者自由发表议论观点，相互切磋探讨。具体形式有会议的模拟组织、主持、记录及无领导小组讨论等。其中，文件筐测验、无领导小组讨论是近几年在借鉴国外先进测评技术基础上开发得出的面试方法。

情景模拟

如果你是本公司的业务员，你在一辆载着一车过期面包的卡车上，准备到偏远的地区把这些面包销毁，但在半路遇见了一群难民，他们十分的饥饿，难民把路给堵住了，当场还有刚刚赶来的记者，那些难民知道车里有吃的。请问，你会怎样处理这件事情？既不让记者报道我们公司把过期的面包给人吃，又让难民可以吃掉这些不会影响身体的救命面包。

注：车不可以回去，车上只有面包，不可以贿赂记者。

这种题是没有标准答案的，它主要是考查创业者的观察能力、应变能力和处事能力。虽然没有标准答案，但回答还是有优劣之分的。下面给出几个回答并作点评。

【答复一】"不劳者不食"，临时决定雇用难民到山区为公司销毁过期面包，并告知他们：

过期面包不会影响身体；

公司将支付一定的金钱或为难民申请救济以作为他们为公司销毁过期面包的报酬。将上述决定告知记者，并通过记者向社会呼吁：关注难民，关注失业人员。

点评 85 分。答题者有智慧，很灵活，有一定创意，考虑问题比较周到。不足之处："组织难民销毁面包"并不具有很强的可操作性；另外，题目中明确指明要"让难民可以吃掉这些不会影响身体的救命面包"，答题者明显疏忽了这一点。这说明答题者在信息管理能力方面有欠缺。总的来说，此人很适合外部环境变动较大的工作，建议在公关部、企划部工作。

【答复二】先让记者拍难民，然后再让记者拍我们销毁面包的场面，(当然只是销毁小部分面包，然后把其余的大部分面包倒在路边)然后用车子把记者全部拖回去。剩下的就让难民自己看着办吧。

点评 50 分。答题者缺乏社会经验，喜欢想当然，记者不太可能参与这样的作假活动。另外，用作假的手段欺骗公众说明此人价值观有问题，不可聘用。

【答复三】我会把面包给难民吃。我还要问记者：如果你是难民你吃吗？如果你是我你会看着他们挨饿吗？社会道德放在第一位是永远不过时的。

点评 60 分。答题者很果断，有较强的道义感、正义感，观察问题也比较全面，但是很难保证记者不把"某公司把过期的面包给人吃"这件事报道出去。给 60 分是因为答题者具有合格的道德品质，可以进一步培养。

【答复四】就我个人认为，此事具体的难度包括以下几点：

(1) 过期食品的发放会给记者以口实；

(2) 不良的发放与操作手段的不合理会影响企业信誉；

(3) 从人道主义的角度来说，解决难民的生存问题是每个人最起码的人道主义的体现；

(4) 从个人的角度来说，临时突发事件处理能力的具体表现。

具体解决方法，我的观点如下：

(1) 具体思路是利用此契机，化不利因素为有利因素，树立企业美誉度；

(2) 电话请示上级如何利用此次机会，遵循企业制度。在获取同意的情况下；

(3) 和记者做好沟通，将食品发放给难民，虽是过期食品但不影响身体，即解决了难民吃的问题，又解决了食品的销毁问题，一举两得，如果沟通有效，还可以形成好的报道，必要时可采取行贿的手段，大肆宣传；

(4) 事后继续申请总部，再拿出一定的费用做好救济工作，处理好与媒体的关系，在此地区做好广泛的宣传，培养公司的美誉度，以及市场的前期培育；

通过此事和地方政府建立关系，为将来在此地区产品的推广提前培育合作的平台；

(5) 此事件具体的处理基础是向上级真实地请示与汇报和良好的沟通以及费用的预测，要综合考虑投入与产出比，最终目标是化不利因素为有利因素，培育公司的美誉度。

点评 70 分。对问题的分析比较全面，答题比较沉稳，思路清晰。不足之处：回答没有新意，且审题不清。(题目规定"不可以贿赂记者")

【答复五】坦率地告诉记者和饥民，面包是过期的，但是食用后不会影响身体健康，并当众吃一个。然后，看着记者："尊敬的记者先生，正如您看到的：面包是过期的，不过仍然可以食用。不过即便如此，公司也不能将过期的食品提供给公众。因为，这样的行为，若传出去将影响公司的声誉，而我本人也将被公司辞退。"此时意味深长地看着记者，看他的举动。他多半会提出情况紧急要灵活应变之类，于是，你就表示赞同，然后邀请记者协助你分发面包。

点评 85 分。答题者很老练，考虑问题比较周到，"把球踢给记者并拉其下水"，这是很有创意的主意，而且可操作性强。此人适合管理和公关岗位。

【答复六】告诉记者和饥民，面包是过期的，但是食用后不会影响身体健康，并当众吃一个。然后，让饥民吃面包。此时记者如果拍照，就让他去拍。但一定要打听清楚记者是哪家报社的。回到公司，向上级汇报此事，并立即要求公司"辞退"自己。向各大媒体诉说自己为了让饥民不挨饿而被公司辞退的事情(事情的经过当时在场的记者可以证明)，引起社会的关注和讨论。(舆论导向自然是向着被"辞退"者的)公司高层出面，宣布重新聘请被"辞退"者，并奖励他和辞退他的业务主管，理由是两人做得都对。这样公司"严格要求质量"和"回报社会"的良好形象就确立了。

点评 90 分。答题者创意十足。能在短短的时间内想到过程如此复杂的计划实在不容易。很适合到企划部。

结合情景答案，分析自己的行为。

四、大学生创业者创业素质的培育

大学生创业者要培育自己的创业素质，可考虑从以下四个方面着手。

1. 发展广泛的兴趣

兴趣是人们力求探寻某种事物或从事某种活动的心理倾向。古往今来，凡有成就者从小就对自己的事业有强烈的、浓厚的兴趣。孔子说"知之者不如好之者"，浓厚的兴趣会使个体产生积极的学习态度，自觉主动克服困难，排除各种干扰，从而有所成就。正如爱因斯坦说，"爱好是最好的老师"。确实如此，对事物的兴趣可以引发个体对它的专注，从而获得知识并从中获取智慧。但一个人如果只有单一的兴趣则是不可取的，只专注某一方面或几个方面，就犹如只采到知识的花瓣而未采到智慧的花朵一样，难以形成"综合就是创造"的物质基础。擅长创造的人对世间发生的一切新鲜事物，都会有浓厚的兴致，往往能从中获得创新的启发。

重点兴趣的培育可使人获得较深的专业知识，发挥知识结构的马太效应；广泛兴趣的形成可以拓宽人的知识面，发挥知识的关联性效应，避免因知识结构狭窄带来的圆桶短边效应。贝弗里奇在《科学研究的艺术》一书中总结了许多科学家的经验，得出结论："成功的科学家往往是兴趣广泛的人。他们的独创精神可能来自他们的博学，多样化使人观点新鲜，而长时间地钻研一个狭窄的领域，则易使人愚蠢。"

2. 树立强烈的自信心

强烈的自信心以及追求目标实现的必胜信念是事业成功的基础前提，是人行为的内部核心驱动力，也是创新创造性思维生生不息的源泉。创新人才的成长过程便是一个逐步发掘自身生命潜力的过程。其实，一个人所能做的事情，比自己想象的和已经做过的事情多得多，其实一个人的潜力可以很大。一个具有强烈自信心的人，通常会对事物与自我做出超出自身实际的较高的评价，产生积极的幻想，从而漠视一切困难与失败，不断扬弃自我，超越自我。如果自信心不足或者自卑的人，那么即使天赋再高，也不会产生创新的动力与行动。大量的事实证明，坚定的自信者富于胆识，最有希望成功。只有具备了坚定的自信，才能使人以昂扬的斗志去拼搏、奋斗、创新，才能引导创业的成功。

3. 锻炼坚强的毅力

毅力，即坚韧性，是指人的坚决果断、不达目的誓不罢休的精神状态。毅力的强弱与创新人的自信程度及必胜的信心密切相关。创新者没有在一定的时间里对某一目标持续专注的热情与不达目的不罢休的决心，是不可能达到真正意义上的成功的。通过心理学家的调查研究，在跟踪比较中发现：那些成功者与失败者的智力差别不大，但成功者与失败者在两种非智力因素上却存在巨大的反差，即志向与毅力。

4. 培养敢于标新立异的非凡勇气

善于创新者对传统持创造性转化的态度，不是推翻一切传统的创造成果，而是立志推出高于传统、好过传统、美过传统的新事物，在创造创新活动领域，不被传统观念约束和限制，大胆追求，标新立异。但标新立异是需要勇气的，具备这种勇气的人，才能大胆坚持自己的想法，大胆地向约定俗成的常规挑战，不惧权威，才能有所创新。科学发展史中，这方面的例子比比皆是。

五、大学生创业者创业素质的训练方法

1. 创新思维训练的方法

1) 头脑风暴法

头脑风暴法是指以集思广益的方式，在一定时间内采用极快速度的联想作用，大量产生各种主意。这是团体训练方式，因而个体能在小组中充分发挥才智与创造力，如小组讨论比单独思考更易发挥创造力，并且竞争状态下个人创造力易被激发，所以这是一种十分有效的训练方法。其特点和要求包括自由奔放、严禁批判、以量为主、相互激励等。

2) 反向构思法

反向构思法是从相反的方向出发引出问题，展开思路，得出新观点，是科学技术研究中应用广泛的创造性思维方法之一。在运用反向构思法时，可以从已有事物的相反功能去设想新的创造，称为功能性反转；也可以从已有事物的相反结构去设想新的技术创造，称为结构性反转；还可以改变已有事物的因果关系来引发新的创造性设想和思路，称为因果关系反转。

3) 类别变动法

类别变动法是用来克服思维定式的影响，以提高思维的变通性。在创造性思维过程中，思维定式是主要障碍之一。克服思维定式的有效方法是进行"生""熟"转化与"顺""逆"转化。当遇到陌生事物难以发现新关系时，可以帮助学生在思想上将其转化为熟悉的事物，消除其陌生因素从而引导新思想迸发出来；相反，面临熟悉的事物时有意保持一种认识上的陌生感，使熟悉的认识对象陌生起来，这样往往会引发学生产生异想天开的想法和见解。

2. 形象思维训练的方法

在教育实践中，结合不同的学科进行不同的训练，能促进学生对视、听、嗅、触等方

面形象的陶冶，发展表象系统，提高对事物的敏感性，从而促进形象思维，培养创造力。

形象思维训练有以下两种方式。

1）图像法

图像法是一种运用符号以求转移创造性思维的方法。抽象符号或图像的使用是人类思维的一个巨大进步，也是人类创造性思维能力的一次飞跃性发展。因为符号和图像能把复杂的事物表现得通俗易懂、简明扼要，可以看出事物之间新的关系，可以自由地进行脱离现实的构思或进行新的组合。

2）联想法

联想法是把已经掌握的知识与特殊的思维对象联系起来，从其相关性中获得启发的思维过程。联想思维方法能够克服两个概念在意义上的差别，并把它们联结起来。经常进行自由联想可以增强想象力，扩展思维空间，为进一步的创造或创新奠定基础。

3. 直觉思维训练的方法

在学习过程中，直觉思维表现为有时会提出奇怪的问题，有时是大胆的猜想或一种应急性的回答等。大学生感觉敏锐，想象力极其活跃，当出现突如其来的新想法、新观念时，要及时捕捉这种创造性思维的产物，要善于发展自己的直觉思维。

1）大胆设想法

大胆设想法是指彻底冲破现存事物和思想的束缚，对当前还没有但有可能产生的事物进行大胆设想的创新方法。它可以是海阔天空的畅想，甚至可以是想入非非，这样便于扩大想象的范围，捕捉创造想象的火花，激发灵感的产生。大胆构思、探索和对比，将形象思维与逻辑思维有机地结合起来，既要异想天开，又要脚踏实地。

2）还原法

还原法又称回溯思维法，是对已有的结论或事物的结果应用还原和回溯的思考方法，对其产生的原因进行考虑，暴露出其中谬误，以排斥旧的偏见，建立新的学说和观点。这种由果推因的思维方法在科技发明中得到了广泛的应用。

本章知识点自查

知 识 点		学习要求	自查
理论基础	大学生创业者的定义与类型	定义和类型	熟悉	☐
	创业者的素质	基本素质、能力素质、素质模型、特质及能力形成的机理	熟悉	☐
	大学生的创业意识与动机	概念、特点、动机	熟悉	☐
	创业精神	内涵、特征	熟悉	☐
实战训练	大学生创业者的自我评价	审视创业动机和心理素质	认识	☐
		测试基本素质和条件	了解	☐
	大学生创业意愿的提升方法	自身的提升方法	掌握	☐
		外界的提升方法	掌握	☐

续表

知 识 点		学习要求	自查
大学生创业潜质测评技术	心理测评技术	了解	☐
	情景模拟测试	了解	☐
大学生创业者创业素质的培育	发展兴趣	掌握	☐
	树立自信心	掌握	☐
	锻炼毅力	掌握	☐
	培养勇气	掌握	☐

（注：左侧最外列为"实战训练"，中间列依次为上述知识点）

课 后 习 题

1. 关于创业者素质你具备了哪些？

2. 如果你愿意，你将从哪些方面、通过什么途径来培养创业者素质？

3. 举例说明你能够发现的年轻人身上存在哪些创业者的特征。

4. 你是否经常有很多创业的点子，没有付之于行动的问题在哪里？

课 后 训 练

1. 思维定式测试。

(1) 有六个普通的杯子在桌子上排成一排。头三个里面有水，后三个是空的。要求只移动一个杯子，使杯子的排列由"水、水、水、空、空、空"变成"水、空、水、空、水、空"的排列，怎么办？

(2) 一辆满载货物的汽车要通过一座铁桥，通过时发现货物高于桥洞1厘米。请问，在不卸货重装的情况下，能让车通过吗？

2. 有这样一个著名的试验：把六只蜜蜂和同样多的苍蝇装进一个玻璃瓶中，然后将瓶子平放，让瓶底朝着窗户，结果发生了这样的情况：蜜蜂不停地想在瓶底上找到出口，一直到它们力竭倒毙或饿死；而苍蝇则在不到两分钟之内，穿过另一端的瓶颈逃逸一空。

请分析这种现象的原因。

参考文献

第三章 大学生创业团队

【学习目标】

(1) 了解创业团队的特征、价值与社会责任;

(2) 掌握构建创业团队的原则、程序与策略,掌握创业团队的管理技巧和问题应对技巧;

(3) 认识到创业团队的独特价值,培养团队意识和责任感。

引导案例

创业团队乃创业之本

第一节 理 论 基 础

一、团队的定义和内涵

1. 团队的定义

根据通识定义,团队(team)是由员工和管理层组成的一个共同体,它合理利用每一个成员的知识和技能协同工作,解决问题,达到共同的目标。1994 年,管理学家斯蒂芬·罗宾斯首次提出了"团队"的概念。他认为,团队就是由两个或者两个以上的,相互作用、相互依赖的群体,为了特定目标而按照一定规则结合在一起的组织。随后,团队合作的理念被广泛地运用于生产、生活、营销、管理等方面。

在《现代汉语词典》里关于"团"字的解释中,已经点出了团队的要旨:

(1) 结成球形的东西,也专指抽象的事物,如一团和气。

(2) 会合在一起:团聚,团结。

(3) 工作或活动的集体组织。从文字构成来看,团有才字,队有人字,优秀团队聚集人才。也就是说,团队应该是人才的聚集之地。

在管理科学和管理实践中,"团队"一词的定义为一个组织在特定的可操作范围内,为实现特定目标而组建的相互合作、一致努力的由若干成员组成的共同体。对于团队概念的进一步深入分析,则可以表述为团队是由两个或两个以上、相互依赖的、承诺遵守共同的规则、具有共同愿景、愿意为共同的目标而努力的,具有互补技能的成员组成的群体,通过相互的沟通、信任、合作和承担责任,产生群体的协作效应,从而获得比个体成员绩效总和大得多的团队绩效。

当前,国内外学者已经从不同角度研究了"团队"概念的不同含义,这给我们全方位理解团队范畴提供了基础。罗宾斯认为,团队是一种为了实现共同目标而由相互协作的个体所组成的正式群体。这一定义突出团队与群体不同,所有的团队都是群体,但只有正式群体才能是团队。并且正式将群体分为命令群体、交叉功能团队、自我管理团队和任务小组团队。他又对团队和普通群体的区别做了深入研究，得出四个结论：一是群体强调信息共享，团队则强调集体绩效；二是群体的作用是个性的、消极的，而团队的作用往往是积极的；三是群体的责任个体化，而团队的责任既可能是个体的，也可能是共同的；四是群体的技能是随机的或不同的，而团队的技能是相互补充的。

2. 创业团队的内涵

1) 团队的形成条件及具体表现

"团体"这个术语只是一个语言工具，用以描述在一定时间和空间内以某种方式结合在一起的个体的集合。一个创业团体要成为"团队"必须要有以下三个条件：第一，具有共同的愿望与目标；第二，具有和谐、相互依赖的关系；第三，具有共同的规范与方法。社会凝聚力理论(由豪格、特纳等人提出)认为，个人的集合能否形成一个创业团队，在某种程度上要看他们在结合后的需要是否得到相互满足。个体的需要被满足，则个体间的相互作用使得团队得以形成并维持下去，需要得到满足后产生了相互的人际吸引。具体表现如下。

(1) 创业团队由一组时间和空间可确切说明的个体组成。

(2) 人际间的相互吸引赋予一群人以凝聚力，并使人群形成团体。没有凝聚力，创业团队就难以存在。

(3) 凝聚力也可称为人际吸引，凝聚力是"由创业团队成员相互积极的态度推断出来的团队性质"。

(4) 人际吸引随着个体需要的满足而发展，创业团队成员"相互积极态度的主要条件是目的的达成或各种奖励"。简言之，只要成员之间能够互相合作，相互的需要就会得到满足，使彼此和睦相处。

(5) 凝聚力可以被加强，主要因素包括创业成员间相对自愿的互动、合作或独立的任务关系、其他人的接受程度、团队的规模、身份一致性、共同的外部威胁或挫折、相似性及兼容性等。

(6) 所有创业团队行为都可以由凝聚力加以解释，人际吸引的动力学性质和吸引的决定因素决定了团队行为的产生。有证据表明，传统意义上的团队有凝聚力，能够提高生产力水平和员工的工作积极性，从而提高工作绩效及合作满意度，增强对团队规范的遵从。经过团队内部交流，能减少团队内讧发生率，使创业成员团结起来一致对外。

2) 团队成员身份的心理作用

费斯廷格曾指出，创业团队成员身份满足了人们的以下五种心理需要。

(1) 归属需要：与他人共处的需要。

(2) 自我认知和自尊需要：我们是谁，我们的个人价值和立场由我们在各种团队中的身份决定。

(3) 证实和建立社会现实性需要：团队建立了关于事物如何存在及如何运行的观念。

(4) 感到安全和相互支持以控制焦虑、减少不确定性的需要。

(5) 创业团队对其成员而言，能满足他们解决问题的需要。

3) 群体和团体的区别

参照数位国内学者关于群体与团队的区别方面的论述，综合他们差异性的观点和更进一步详细的区分，最终将群体和团队的区别归纳到九个层面上，主要表现在目标定位、身份认同、技能组合、领导作用、成员关系、沟通方式、工作态度、协作能力、工作结果上。

(1)　个体与集体目标层面。无论是群体还是创业团队，都可以将其定义为一个集体，构成集体的个体就是他们的组成单位。作为集体中的个体，个人目标往往与集体目标是不尽一致的。当然也不可避免地会发生在群体和创业团队的成员身上。不同的是，当这种情况出现时，群体成员会将个体目标置于集体目标之上，而创业团队成员则会将个体目标置于集体目标之下。

(2)　成员的身份认同层面。根据威廉姆斯的分析，创业团队和群体的成员在参与、贡献、合作和支持方面具有不同的期望值。导致这些不同期望最主要的原因之一，就是个体成员对自己身份的认同。创业团队中的个体成员具有强烈的组织归属感和使命感，而一般群体中的成员则仅仅将自己定位为一名普通的成员。

(3)　成员的技能组合层面。一般的群体在其最初组建时所考虑的各方面的因素与组建团队所考虑的因素是不同的。通常，一般的群体中成员的技能组合是随机产生的，并且在其后的工作中也往往处于一种相对静止的状态；而高效率的创业团队在其组建时就已经充分利用了成员间的互补性，在其后磨合与运营的过程中，成员的技能组合所呈现出的是一种多元并且互为补充的状态。

(4)　领导权力和作用层面。这一层面主要是讨论集体中的领导人的作用。通常，为了更好地达到组织的管理和运营目标，一般群体的领导权力更多地集中在少数的个体成员身上；但是对于创业团队而言，越是高效的团队，其组织内的领导权力越是呈现出下放的趋势，并且领导权力的作用力也因此而逐步减少和弱化。

(5)　成员之间的关系层面。包括具体的交流方式、成员间的信任度，以及发表意见的数量等几个方面。在一般的群体，成员间的交流往往是非正式的和不充分的，彼此之间了解程度较低且缺乏信任，沟通的渠道少而不畅；而创业团队成员间的沟通却是多样而充分的，并且越是高效的创业团队，其成员间的互相信任程度也就越高，也因此更鼓励发表不同的意见和建议。

(6)　成员工作的主动性层面。这一层面和前面提到的成员身份的认同与相互间的期望有很大的关系。作为一般群体中的个体，成员往往是比较被动地接受领导所安排的任务，并且在创新方面也不会产生更多的想法，或者即使有也不愿意去实施；而对于创业团队中的个体，则是一种积极主动的工作态度，并且在实际工作的过程中成员们也愿意进行不同的尝试来提高工作效率，推进更有效的运行方式。

(7)　集体的行动方式层面。这一层面主要是讨论集体统一或者协调活动时所呈现出的状态。在一般的群体中，集体行动通常是由领导者统一安排的全部个体行为的简单组合，行为没有或很少能够产生协作；创业团队的集体行动则是具有严密分工与合作的集体协作，每个成员的个体行动都是完整的集体中重要的有机成分，并且集体力量高度依赖于个体的相互支持和配合。

(8)　个体对集体的决定层面。与前面提到的领导的权力和作用具有很强的反向相关性的是，个体在集体决定方面所扮演的角色和所起到的具体作用。在一般的群体中，个体成员往往极少有机会参与关于整个集体的决策；但是，对于创业团队中的成员，每一个分子都可以参与任何影响团队的决定，并在决定中扮演重要的角色。

(9) 集体的工作结果。这一层面的表现也是衡量其是否算得上真正团队的重要依据之一。对于一般意义上的群体，其集体工作的结果通常是小于个体成绩的总和的，往往在组织内部要消耗掉大量的个体成绩，所以集体成绩最多也不过是个体结果的累积。但是，对于一个创业团队，其集体工作的结果是要大于全部个体成绩的总和的。因为与原来单独的个体角色和作用相比，个体成员所扮演的角色和作用有了本质的区别，高效的团队所产生的效果通常可以数倍，甚至是数十倍地高于单个个体工作结果的总和。

二、创业团队的构成要素

根据创业团队存在的目的和拥有自主权的大小，一般可以将创业团队分为三种类型：问题解决型团队、自我管理型团队、多功能型团队。创业团队有五大构成要素，分别为目标(purpose)、人(people)、定位(place)、权限(power)、计划(plan)，如图 3-1 所示。

图 3-1　创业团队的构成要素

1. 目标

创业团队应该有一个既定的目标(purpose)，为团队成员导航，知道要向何处去。如果团队缺乏目标，团队成员就不知道前进的方向，最后可能产生被淘汰的结果，这个创业团队存在的价值就会大打折扣。此外，还可把大目标分成小目标落实到各个团队成员身上，大家通过合作来实现这个共同的目标。同时，目标还应该有效地向大众传播，让团队内外的成员都知道这些目标。

2. 人

人(people)是构成创业团队成员的核心力量。3 个(包含 3 个)以上的人就可以构成创业团队。目标是通过人员来实现的，所以人员的组成是创业团队中非常重要的一个部分。在一个团队中可能需要由不同的人来提出想法、制订计划、执行实施，需要协调相关人员一起工作并实时跟进、监督创业团队工作的进展，评价创业团队最终的工作结果与贡献。不同的人通过分工共同完成创业团队的目标。

3. 定位

创业团队的定位(place)狭义上指创业团队在企业中所处的位置，创业团队成员选择和决定权归属问题，创业团队最终应对谁负责，创业团队所采取的激励方式等。在广义上包括个体的定位，作为成员在创业团队中扮演什么角色，是制订计划还是具体实施或评估？

4. 权限

创业团队中领导人的权力大小跟团队的发展阶段相关。创业团队发展的初期阶段领导权相对比较集中，团队越成熟，领导的权力相应越小。团队权限(power)关系包括两个方面：

(1) 整个团队在组织中拥有决定权的类型。如财务决定权、人事决定权、信息决定权等。

(2) 组织的基本特征。比如组织的规模大小，创业团队的数量多少，组织对于创业团队的授权程度，以及组织的业务类型。

5. 计划

创业团队中，计划(plan)主要指目标最终的实现，需要一系列具体的行动方案，可以把计划理解成目标的具体工作的程序。按计划进行可以保证创业团队的进度顺利。只有在计划的指引下创业团队才会一步一步地贴近目标，从而最终实现目标。

三、创业团队的构成原则

1. 规模适中的原则

在体育界，各个运动队上场的队员数量都很明确：一支篮球队需要 5 个人，棒球队需要 9 个人，足球队则需要 11 个人。但在工作场所，在不断扩大和复杂化的组织中，团队合作日益普遍，要确定每支创业团队的最佳人数则无章可循。早在 1861 年，法国农业工程师马克西米利安·林格尔曼就发现拉绳子的人越多，拉力越小。尽管总体拉力增加，但每个成员施加的平均拉力减小，这与团队合作时成员更卖力的传统理论相悖。林格尔曼将其归因于当时所谓的"社会惰性"，即一个群体或团队往往会隐藏缺少个人努力的现象，这也就是我们现在所熟悉的"搭便车"现象。究竟多少人组成的团队才能实现最高的整体效率？缪勒总结道："你要回归到基本问题。这个团队是否有明确目标、团队成员是否各得其所、团队任务是否集中。其中目标模糊不清是大忌；另一个禁忌是领导者难以掌控大局，无法组织整个过程，且制订团队目标时不可独断专行。任务必须具有一定的意义，人们才会愿意不辞劳苦地为之奔忙。"

2. 优势互补的原则

创业者之所以寻求团队合作，其目的就在于弥补创业目标与自身能力间的差距。只有当团队成员相互间在知识、技能、经验等方面实现互补时，才有可能通过相互协作发挥出"1+1>2"的协同效应。

人、财、物、产、供、销，一个创业团队的创建需要方方面面的人才。由于才能全面的人是很少的，团队必须要由具有各方突出才能的人员组成，依靠团队整合起个体各自的优势，弥补个体的不足，更好地发挥整体的作用。就像打篮球一样，个高的当中锋，个矮善运球的当后卫，跑得快的可当前锋，等等，通过发挥成员各自的优势组织成一个优秀的团队。当然，在组成团队的时候，也要考虑好各自的优势互补，同一类型的人才再好，也不可多要，否则，不但影响创业团队整体的平衡，还会引起不必要的内耗。只有一个无论是从机制上还是观念上都充满了强烈的再学习意识，善于在实践中将理论和实际相结合，善于发现他人优点，加以吸收并懂得不断充实自我的学习型创业团队，才能在发展的社会中创造出更多的奇迹。

3. 目标一致的原则

必须明确创业团队的目标、价值观和指导方针，并且把握团队整体大局，制订的目标愿景必须能够对成员产生强烈的激励作用。创业团队的目标应该根据团队及其地区现有内外环境资源及市场机会理性分析，综合评判，建立在团队可实现愿景的基础之上，目标不能定得太高，也不应太低。创业团队目标应该是团队成员利益的集中体现，不仅要合乎社会规范，具有时代性，而且要与团队成员的价值取向相统一。对于一个创业团队来说，所有的团队成员的观点一致是至关重要的。

创业团队发生变化以后，理念和目标也必须及时更新，否则，就会丧失其导向功能和动力作用。目标必须得到有效的贯彻执行。创业团队的发展靠的是成员的共同努力，得益的也将是团队的所有成员。孤军奋战，其力有限；众志成城，坚不可摧。创业过程中存在很多了不确定性因素，团队中可能因为能力、观念等多种原因不断有人离开，同时也有人要求加入。因此，在组建创业团队时，应注意保持团队的动态性和开放性，使真正完美匹配的人员能被吸纳到创业团队中来。

4. 结构明确的原则

目标决定了创业团队最终要达成的结果，但是高绩效的团队更需要领导和结构来保证稳定性和执行力。这是因为团队面临着诸多需要解决的问题，如何安排工作日程，如何解决冲突，如何开展成员培训，如何落实激励政策。所有这些都需要创业团队的领导和结构发挥作用，形成约束力和保障。

5. 及时激励的原则

有研究表明，一个人如果受到激励，就会发挥他全部潜能的 80%，没有受到激励的话，则只能发挥出 20%，可见差距之大。对于创业团队中高成就需要者来说，从努力到个人目标的实现就是最好的激励，只要他们能从工作中得到正面反馈和适度冒险，他们就得到了内部激励。

6. 顺畅沟通的原则

英国作家萧伯纳形象地说道："如果你有一个苹果，我有一个苹果，彼此交换，那么每人只有一个苹果；如果你有一种思想，我有一种思想，彼此交换，每个人就有了两种、甚至多于两种思想。"心理学家说过："我们每一个人均有与他人沟通的需要，人类可利用沟通克服孤单、隔离之痛苦。我们有与他人分享思想与感情的需要，我们需要被了解，也需要了解别人。"

电影《中国合伙人》里，三个好朋友，事业上的好帮手，由于种种原因走向分离。在最后一次吵架过程中，海归精英孟晓俊说："朋友？什么是朋友？我有演讲恐惧症，你们关心过么？你们问过我么？"团队成员本来有着良好的信任基础，能力互补，一个是团队核心竞争力，一个讲授美式思维，一个主抓经营策划。但随着团队的成长，外部环境的变化，三个人沟通不及时，渐渐出现分歧，甚至最后伤害彼此间的友谊。可见，沟通不仅对创建高效团队很重要，也是团队可持续发展的重要保证。

7. 共同信仰的原则

组建创业团队时，成员的共同志向、信仰更为重要。俗话讲志同道合，志不同则道不合，信仰问题不解决，早晚要出现大的纷争。有的团队能同甘苦，不能共患难；有的团队，做大一点了就分家，企业永远做不大。史玉柱在巨人大厦倒塌后能够迅速东山再起，一个重要原因是有一个死心塌地跟随他的好团队；希望集团兄弟四个如果一分为四，则失去了提早成为世界性大企业的有利时机。

四、创业团队组建的程序

创业团队的组建是一个相当复杂的过程，不同类型的创业项目所需的团队不一样，创建步骤也不完全相同。概括来讲，大致的组建程序如图 3-2 所示。

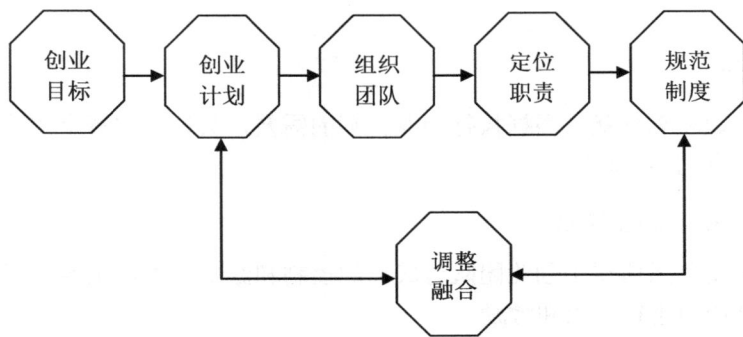

图 3-2　创业团队组建程序

1. 明确创业目标

总目标确定之后，为了推动创业团队最终实现创业目标，应将总目标加以分解，设定若干可行的、阶段性的子目标。

故事：

有一年，一支英国探险队进入了撒哈拉沙漠，在茫茫的沙海里负重跋涉。阳光下，漫天飞舞的风沙像炒红的铁砂一般，扑打着探险队员的面孔。

口渴似炙，心急如焚——大家的水都没有了。

这时，探险队长拿出一只水壶，说："这里还有一壶水，但在穿越沙漠之前，谁也不能喝。"水壶在队员手中传递，那沉甸甸的感觉使队员们濒临绝望的脸上又显露出坚定的神色。终于，探险队顽强地走出了沙漠，挣脱了死神之手。喜极而泣的众人用颤抖的手拧开了那壶支撑他们精神和信念的水。

缓缓流出来的，却是满满的一壶沙子！

探险队之所以能够走出沙漠，是一壶"水"——这样一个人人渴求的目标，使他们战胜了生理和心理方面的极限，发扬了挑战自我、坚持不懈的团队精神，最终握住了生命之手。

2. 制订创业计划

一份完整的创业计划，必然包含创业核心团队的计划和人力资源管理计划。通过创业计划可以进一步明确创业团队的具体需求，比如人员的构成、素质和能力要求、数量要求等。此外，创业团队的组建需要契合创业计划的要求，以匹配创业项目的运作。

3. 招募合适的人员

这是创业团队组建中最关键的一步。创业团队成员的招募主要应考虑两个方面：一是考虑人员成分的互补性。一般而言，创业团队至少需要管理、技术和营销三个方面的人才，只有这三个方面的人才形成良好的沟通协作关系后，创业团队才可能实现稳定高效。二是考虑团队人数的适度规模，适度的团队规模是保证团队高效运转的重要条件。团队成员太少无法实现团队的功能和优势，而过多又可能产生交流的障碍，团队很可能会分裂成许多较小的团体，进而大大削弱团队的凝聚力。一般认为，创业团队的规模控制在 3～12 人最佳。

4. 职权划分

创业团队的职权划分就是根据执行创业计划的需要，具体确定每个团队成员所要担负的职责以及所享有的相应权限。

5. 构建创业团队制度体系

创业团队制度体系体现了创业团队对成员的控制和激励能力，主要包括团队的各种奖惩制度，对团队成员进行约束和激励。

6. 团队的调整融合

随着团队的运作，团队组建时在人员匹配、制度设计、职权划分等方面的不合理之处会逐渐暴露出来，这时就需要对原有的团队人员角色进行调整融合，形成适合于新状态下的角色分配模式，这是一个动态、持续且不断变化的过程。

五、创业团队的管理

创业团队组成以后，关键就是如何对团队进行管理。

1. 创业团队精神的培育

创业成员只有在目标的认同上凝聚在一起，才能形成坚强的团队，反之也可激励团队成员团结奋进。同此，拥有导向明确、科学合理的目标对一个团队来说十分重要。要把经营目标、战略、经营观等团队符号融入每个员工头脑中，成为员工的共识。同时，必须把目标进行分解，使每一部门、每一个人都知道自己承担的责任和应做出的贡献，把每一部门、每一个人的工作与组织总目标紧密结合在一起。

1) 培育共同的企业价值观

价值观的内化是否成功，首先在于企业领导者要以身作则、言行一致。此外，还要通过各种形式向员工不断灌输企业价值观，同时建立、健全和完善必要的规章制度，特别是相应的激励和约束机制，使员工既有价值观的导向，又有制度化的规范。

2) 领导者自身的影响力

领导者是组织的核心，一个富有魅力和威望的领导者，自然会把全体员工紧紧团结在自己的周围。领导者的威望取决于他的人格、品德、思想和修养，取决于他所拥有的知识、经验、胆略、才干和能力，取决于他是否严于律己、率先垂范、全身心地投入到事业中去，更取决于他能否公平、公正待人，与员工同甘共苦、同舟共济等。

3) 激发参与热情

企业团队精神的形成有赖于员工的全员参与，只有全方位参与企业的经营管理活动，把个人的命运与企业的未来捆绑在一起的员工，才会真正关心企业，才会与企业结成利益共同体、命运共同体。为了激发员工的参与热情，领导者可以请员工提合理化建议，让员工在一定程度上参与管理，实施"从群众中来，到群众中去"的路线。也可让员工成为股东，通过建立合理有效的物质激励体系，彻底摆脱员工给企业打短工的消极心理，使企业与员工之间形成荣辱与共、休戚相关的组织命运共同体。

4) 共同的危机和忧患意识

危机和忧患作为客观事实，是团队精神形成的外在压力。拥有危机和忧患意识的团队可以更好地适应激烈的市场竞争。不管我们承认与否，没有压力的企业是不存在的，世界500强每年排名的变化就说明了这一点。"我们的公司离破产只有 12 个月"，这是微软公司总裁发出的声音。

5) 良好的协调和经常性的沟通

沟通主要是通过信息和思想上的交流达到认识上的一致，协调则是取得行动的一致，两者都是形成集体的必要条件。企业中的各种例会、内部刊物、有线电视、内部联网、电话、文件传递、汇报总结、非正式接触等，都激活了组织信息的上下、左右各个方向的流动，从而形成团队的沟通渠道。

2. 创业者的产权安排

产权是经济所有制关系的法律表现形式。它包括财产的所有权、占有权、支配权、使用权、收益权和处置权。在市场经济条件下，产权的属性主要表现在三个方面：产权具有经济实体性，产权具有可分离性，产权流动具有独立性。产权的功能包括激励功能、约束功能、资源配置功能、协调功能。以法权形式体现所有制关系的科学合理的产权制度，是用来巩固和规范商品经济中财产关系，约束人的经济行为，维护商品经济秩序，保证商品经济顺利运行的法权工具。

创业者在安排产权的问题上应遵循以下原则：拥有完整的法人财产权利，有利于凝结创业团队，有利于获取创业需要但自己未直接掌握的关键资源，有利于关键人员掌握企业剩余的控制权和索取权，有利于提高创业活动的效率等原则。

3. 创业团队的绩效评估与激励

绩效评估，又称绩效考核、绩效评价、员工考核等，是一种正式的员工评估制度，也是企业人力资源开发与管理中一项重要的基础性工作。旨在通过科学的方法、原理来评定和测量员工在职务上的工作行为和工作效果。

常用的绩效评估方法，总体上分为结果导向性的绩效评估方法、行为导向性的绩效评估方法、特质性的绩效评估方法和其他绩效评估方法。

绩效评估的目的是调动企业成员工作的积极性，激发他们工作的主动性和创造性，以提高组织的效率。创业者应从企业自身的特点出发，设计带有激励属性的绩效评估体系来激励组织成员。第一，通过制定公平、科学的绩效评估体系来直观地激励员工；第二，要充分考虑到员工的个体差异，实行差别激励，制定个性化的激励措施；第三，将物质激励与精神激励相结合；第四，增加技能培训，提高员工综合素质。

4. 创业团队风险规避

新企业创办和实施过程中总会遇到一些问题。企业可能尚未成立就四分五裂，也可能在成立初期夭折，或者陷于长期烦恼的分裂冲突与争权夺利中无法自拔，这些问题即使不会摧毁一个企业，也必定会严重地损害其发展潜力。这就是所谓的创业团队溃散。创业团队溃散达到一定程度时会成为创业的最大风险。

1) 团队风险因素

对于创业团队风险因素，归纳起来通常有以下几个方面。

(1) 过分追求民主，没有形成创业团队的领袖。

(2) 创业团队盲目自信。

(3) 团队中有畏惧心理的成员占多数。

(4) 新创团队过于相信他人。

(5) 成员因为性格、个性、兴趣不合，导致磨合出现问题。

(6) 团队成员之间缺乏共同的创业目标、利益、思路、纲领、规则等。

(7) 团队成员中有些不适应企业发展的需要。

(8) 没有明确的利润分配方案，缺乏物质激励。

2) 规避风险的注意事项

从管理角度来看，创业团队风险是系统性风险，是可以控制的。为此，在团队组建后，要保持创业团队的稳定性、规避团队风险，需要注意以几点。

(1) 创业团队要有一致的创业思路和共同的目标愿景，认同团队将要努力的目标和方向的同时，还要有自己的行动纲领和行为准则。

(2) 要有正确的理念。要坚信组织能够健康发展下去，不要一开始就想着失败。

(3) 要保证团队成员间通畅的沟通渠道，进行持续不断的沟通。

(4) 及时协调立据。任何事情都不可能在最初计划周全，事情是随时都有可能变化的，合作运营过程中，遇到新问题新矛盾一定先沟通清楚立下字据再行动。

(5) 以法律文本的形式确定一个清晰的利润分配方案。

扩展阅读：防止创业团队散伙的十大绝招

(1) 在理念上要正确。

(2) 持续不断地沟通。

(3) 发现小人钻空子，坚决开除。

(4) 就事论事。

(5) 换种环境换个心境。

(6) 丑话说在前面。

(7) 及时协调立据。

(8) 不要太计较小事。

(9) 不要轻易地考验对方。

(10) 一直向前看。

第二节　实　战　训　练

一、大学生创业团队成员的选择

随着大众创业、万众创新时代的来临，"团队成员"这个词正在逐步地进入到我们的视野中来，团队成员时代，资源共享、合作双赢、抱团取暖的新型公司发展模式正在逐步地替代传统的单打独斗式的大学生创业团队运营模式。

关于选择团队成员的重要性，真格基金创始人徐小平曾这样说过：团队成员的重要性超过了商业模式和行业选择，比你是否"处于风口上"更重要。既然团队成员对公司创业、发展如此重要，我们该如何选择团队成员呢？

在大学生创业团队初始组成时，不管何种类型的大学生创业团队，都必须在创业前慎重选择成员。

1. 大学生创业团队选择成员的要求

大学生创业团队选择成员的要求具体如下。

1) 志向远大，有抱负，有理想

新的时代，最大的危机是没有危机感，最大的陷阱是满足。老鹰是老鹰，小鸡永远是小鸡。因为小鸡没有老鹰要飞向蓝天、遨游太空的远大志向，因此小鸡永远只能在地上跑，它永远飞不上蓝天。

如果，你选择了一个没有理想、没有抱负，一心只想着解决温饱问题就满足的人做了你的团队成员，那么你的创业，你的公司未来的发展随时有可能戛然而止。因此，一定要选择拥有远大志向、远大理想的人作为你的团队成员，这是成大事者的必备。

2) 勇于实践而不是夸夸其谈

语言上的巨人，行动上的矮子。整天夸夸其谈，谈得天花乱坠，但是不去行动等于零，什么事也做不成。其实，有的事并不难，难的是你不去做。

3) 有奉献、牺牲精神，舍得付出

创业是一个艰辛、持久、漫长的过程，需要团队成员之间精诚团结，也需要团队成员拥有一颗奉献、牺牲，舍得付出的心。如果团队成员自私自利，只考虑收获，不考虑付出，创业很难成功。

4) 宽容大度，彼此理解和信任

宽容是什么？宽容是一种理解，是一种体谅。团队成员之间抱着一种信任、理解、宽容的态度对待其他的团队成员，这样合伙事业才能够走得长远。彼此猜疑、互相拆台，合伙事业如何能够走下去呢？

5) 易于沟通

团队成员之间要不断沟通，有什么事要说出来，不应在背后下套或指指点点，产生猜忌。多沟通可以化解误会，消除猜疑，这样合伙事业才能不断前行。

大学生创业团队成员的性格、个性、兴趣特长都影响大学生创业团队的稳定性。在创业初期，大家同甘苦、共患难，怀着满腔热情工作。在这种情况下，大学生创业团队成员在性格上的差异、个性上的差异、兴趣爱好上的差异和处理问题的不同态度就容易被掩盖，从而表现出不同的行为方式。而一旦大学生创业团队发展到某个阶段的时候，由于个性冲突导致的矛盾就会激化，使大学生创业团队出现裂痕，严重的还会导致大学生创业团队分裂。

所以，选择大学生创业团队成员时，尽量选择性格、个性、兴趣特长相近的成员，才易于沟通。

6) 彼此坚定地支持对方

高绩效团队的一个最显著的特点就是团队成员之间相互信任。对于背景、专业和观点不同的团队成员来说，塑造相互信任的氛围很重要。在一个高绩效的团队中，只有每个人对其他人的人格和能力都深信不疑，形成相互信任的氛围，团队成员之间才能亲密无间地合作，成员之间才能彼此交换信息，共同研究解决问题的方案，从而实现团队的共同目标。

以上，是大学生创业团队选择成员的六项标准，大家在创业初期成立公司或者实施股权激励或者吸收新的成员加入公司时要综合全面把握，深刻理解上述六项标准的内涵，才能选择出适合你自己的优秀的团队成员。

2. 选择大学生创业团队成员时要注意的问题

在大学生创业团队初始组成时，其选择的成员除了符合一定的要求外，选择时还要注意一定的问题。

1) 团队成员加入团队的目的

根据马斯洛的需求层次理论，我们知道人的需求大体上可以分为 5 个层次：生理需要、安全需要、社交的需要、尊重的需要、自我实现的需要。大学生创业团队成员基于哪个层次的需要而加入大学生创业团队，对其在组织中的行为方式起着决定性作用。例如，对一个目前还缺乏基本生活保障的人来说，他更注重组织的获利能力，更迫切地想赚钱养家糊口，这就可能导致大学生创业团队短期逐利行为。而基于自我实现需要的成员，更注重大学生创业团队的未来发展，想把事业做大，充分发挥自己的能力，大学生创业团队对他来说是实现抱负的最好舞台，因此他更注重组织战略目标的确定和执行。

2) 团队成员的知识结构的合理性

在一个大学生创业团队中，成员的知识结构越合理，创业越可能成功。纯粹的技术人员组成的公司容易形成技术为王、产品导向的情况，从而使产品的研发与市场脱节；全部是市场和销售人员组成的大学生创业团队缺乏对技术的领悟力和敏感性，也容易迷失方向。因此，在大学生创业团队的成员选择上，必须注意人员的知识结构，技术、大学生创业团队管理、市场、销售缺一不可，并充分发挥个人的优势。

仍然以《西游记》中唐僧带领的取经团队为例加以说明，在这个团队中，德者、能者、智者、劳者互相配合，相互促进，最终保障了取经大业的圆满完成。

唐僧——一个以普度众生、广播善缘为坚定信念的得道高僧，一只蚂蚁都不舍得伤害的德者。

孙悟空——会七十二般变化，火眼金睛能看穿妖魔鬼怪的伪装变化，一个筋斗十万八千里，是取经队伍中的能者。

猪八戒——大智若愚，取经队伍中的智者。

沙和尚——牵马挑担，烧火做饭，任劳任怨，取经团队中的劳者。

因此，我们可以看出在唐僧带领下的取经团队，各成员优劣互补、各有所长，这是取经成功的关键因素。

因此，大学生创业团队成员的组合也要做到优劣互补，用别人的长处弥补自己的不足，取长补短，最终达到 1+1>2 的效果。

3) 团队成员的价值观念

在一个大学生创业团队中，成员的价值观念和道德品质决定了今后大学生创业团队文化的形成。甚至可以说，大学生创业团队文化的最初源头就是大学生创业团队创始人自身价值观念和道德品质的体现。有的人诚信为本，有的人利益至上；有的人"天下兴亡，匹夫有责"，具有极强的社会责任感，有的人"事不关己，高高挂起"，只求独善其身。一个人的价值观念很难改变，因此，在大学生创业团队形成之前，必须通过深入的交流和充分的了解，使价值观念相近、个人素质较高的人一起组成大学生创业团队，这样创业成功的可能性更大。

总之，如何选择团队成员，这是公司运营、发展首先要解决的问题。团队成员选择得好坏，直接决定你的创业梦想能否实现，能否达到你所追求的创业目标，也决定着你的创业团队能不能一起走下去的问题。团队成员之间的关系对公司初创时期的走向至关重要。合得好，走得远，创业成功，大家是兄弟，是朋友；合得不好，兄弟变敌人，朋友变仇人。其实团队成员不仅仅对大学生创业影响巨大，对公司未来的发展也影响巨大。

二、大学生创业团队的建设阶段

大学生创业团队建设的状况我们称为"大学生创业团队成熟度"。根据不同的成熟度，大学生创业团队建设可以分为四个阶段，以下说明每个阶段的团队特征、团队管理目标以及该阶段应该使用的方法。

1. 从混乱中理顺头绪的形成期

1) 团队特征

大学生创业团队成员由具有不同动机、需求与特性的人组成，此阶段缺乏共同的目标，彼此之间的关系也尚未建立起来，人与人的了解与信任不足，尚在磨合之中。整个大学生创业团队还没建立规范，或者对于规范尚未形成共同看法。这时矛盾很多，内耗很多，一致性很少，花很多力气，产生不了相应的效果。

2) 团队管理目标

立即掌握大学生创业团队，快速让成员进入状态，降低不稳定因素的风险，确保创业的顺利进行。

3) 使用方法

此阶段大学生创业团队关系方面要强调互相支持，互相帮忙，此时期人与人之间关系尚未稳定，因此不能太过坦诚。例如刚到公司的员工，领导问他，你有何意见没有？他最好回答，我还需要多多学习，请领导多指点。如果他认真地指出缺点与问题，即使很实际，也许会得不到肯定与认同。此阶段的领导风格要采取控制型，不能放任，目标由大学生创业团队领导设立(但要合理)，清晰、直接地告知想法与目的，不能让成员自己想象或猜测，否则容易走样。此时期也要快速建立必要的规范，不需要特别完美，但需要能尽快让大学生创业团队进入轨道，这时规定不能太多，否则不易理解，并会导致绊手绊脚。

2. 开始产生共识与积极参与的凝聚期

1) 团队特征

经过一段时间的努力，大学生创业团队成员逐渐了解大学生创业团队领导的想法与组织的目标，互相之间也经由熟悉而产生默契，对于组织的规矩也渐渐了解，违规的事项逐渐减少。这时日常事务都能正常运作，大学生创业团队领导不必特别费心，也能维持一定的生产力。但是组织对大学生创业团队领导的依赖很重，主要的决策与问题，需要大学生创业团队领导的指示才能进行，大学生创业团队领导一般非常辛苦，如果其他事务繁忙，极有可能耽误决策的进度。

2) 团队管理目标

挑选核心成员，培养核心成员的能力，建立更广泛的授权与更清晰的权责划分。

3) 使用方法

在成员能接受的范围内，提出善意的建议。如果有新进人员，必须尽快使其融入大学生创业团队之中。部分规范成员可以参与决策。此时期的领导重点是在可掌握的情况下，对于较为短期的目标与日常事务，能授权部属直接进行，只要定期检查与维持必要的监督。在逐渐授权的过程中，要同时维持、控制，不能一下子放太多，因为一方面成员的自身能力并不会突然达到高标准；另一方面，回收权力时会导致士气受挫。配合技能培训是此时期很重要的事情。

3. 大学生创业团队成员可以公开表达不同意见的激化期

1) 团队特征

大学生创业团队领导经过努力，建立开放的氛围，允许成员提出不同的意见与看法，甚至鼓励建设性的意见冲突。目标由大学生创业团队领导制定转变为大学生创业团队成员的共同愿景，大学生创业团队关系从保持距离、客客气气，变成互相信赖、坦诚相见。规范由外在限制，变成内在承诺。此时期大学生创业团队成员成为一体，愿意为大学生创业团队奉献智慧与创意。

2)　团队管理目标

建立愿景，形成自主化大学生创业团队，调和差异，运用创造力。

3)　使用方法

大学生创业团队领导必须参与团队具体工作，并以身作则，容许差异与不同的声音。初期会有一阵子的混乱，许多大学生创业团队领导害怕混乱，于是又重新加以控制，会导致不良的后果。大学生创业团队领导可以借助建立共同愿景与大学生创业团队学习的时间，有效地渡过难关。此时期能否转型成功，是团队长远发展的关键。

4. 品尝甜美果实的收割期

1)　团队特征

由于过去的努力，组织形成强有力的大学生创业团队，所有成员都有强烈的组织感和大学生创业团队精神，组织爆发前所未有的潜能，创造出非凡的成果，并且能以合理的成本，高度满足受众的需求。

2)　团队管理目标

保持成长的动力，避免大学生创业团队老化、目标滞后、与市场脱轨等行为发生。

3)　使用方法

运用系统思考，纵观全局，并保持危机意识，持续学习，持续成长。

进入 21 世纪，面对的挑战是前所未有的，大学生创业团队要面对世界级的大学生创业团队的冲击，因此建立坚强的大学生创业团队将是紧迫的任务。如何将过去上层下令、下级办事的工作模式，转变为以大学生创业团队愿景为核心的团队运作模式；如何将过去家长式的领导风格，转变为有效的领导方式；如何将被动与机械化的组织转变为具有弹性与学习能力的组织，将会是我们面临的共同的挑战。期望每一个新世纪的大学生创业团队及团队领导，都能对现代大学生创业团队管理中人的作用进行深度分析，从而得出大学生创业团队管理的必要性，为中国创建杰出的大学生创业团队，创造辉煌的成果，在历史上写下精彩的一页。

三、大学生创业团队的管理方法

1. 团队沟通的方式和策略

1)　团队沟通的方式

为了维持大学生创业团队的正常运作，或者说良性运作，大学生创业团队领导与队员应共同努力做到相互之间良好的团队沟通。有效沟通是大学生创业团队管理中的艺术方法，每一种对人的团队管理都是如此。高谈阔论，教训大学生创业团队成员，以自我为中心的领导方式已不适用于现代社会的大学生创业团队和大学生创业团队管理模式了。早在霍桑访谈试验中，梅奥已注意到，通过亲善的沟通方式不仅可以了解到员工的需求，更可以有效改善上下级之间的关系，从而使员工更加自愿地努力工作。倾听是一种有效的沟通方式，具有成熟智慧的大学生创业团队管理者会认为倾听别人的意见比表现自己渊博的知识更重要。适时地赞誉别人也是大学生创业团队管理中极为有效的手段，采用"与人为善"的大学生创业团队管理方式，不仅有助于营造和谐的工作气氛，而且可以提高员工的满意度，使其能继续坚持不懈地为实现团队目标而努力。

沟通不良几乎是每个大学生创业团队都存在的老毛病，大学生创业团队的机构越是复杂，越是难以顺畅建立沟通渠道，其沟通越是困难。往往基层的许多建设性意见未及时反馈至高层决策者，便已被层层扼杀，而高层决策的传达，常常也无法以原貌展现在所有人员之前。这便引起沟通的持续恶化，也就是说，往往高层还在煮酒论英雄，而底层的士气已经灰飞烟灭。

我们在调查客户改善沟通质量的过程中发现，虽然大学生创业团队的情况千差万别，但导致沟通不良的关键还是在于观念和体制。其实观念与体制的改变(或是改革)都并非难于登天，只要团队领导愿意花三分时间思考，花七分时间实践。一般来说，大学生创业团队如果想要进行行之有效的沟通，并取得一定的成果，可以采取以下三种方式。

(1) 多样化的沟通方式。企业团队的沟通最常见的是书面报告及口头传达，但前者最容易掉进层层汇报、文山会海当中，降低沟通的效率性，而后者则易为个人主观意识所左右，无法客观地传达沟通内容。

大学生创业团队开始为沟通不良所苦恼时，就应该采取不同以往的沟通方式进行改良。比如沟通效率过低，就应考虑设立专门沟通的部门，省去不必要的审批环节；如果沟通欠缺建设性，就应该反省团队内部教育是否滞后不前。

(2) 等距离沟通。高质量的沟通应建立在平等的根基之上，如果沟通者之间无法做到等距离，尤其是主管层对大学生创业团队内部员工不保持一视同仁的态度，期间所进行的沟通一定会产生相当多的副作用。非等距离的沟通模式下，反馈内容更容易受到主观臆断的影响，获得上司宠爱者自是心花怒放，怨言渐少，但与此同时，其余的员工会产生对抗、猜疑和放弃沟通的消极情绪，沟通工作就会遭遇很大抵抗力。

保持同等的工作距离，不要和直接上司或大学生创业团队成员产生私人感情，这便是沟通平等化、公开化的重要所在。

(3) 双向沟通更重要。大学生创业团队成员间的立场难免有不能共通之处，只有善用沟通的力量，及时调整双方利益，才能够使双方更好地相互协作发展，互为推动。在国内许多大学生创业团队，沟通只是单向的，即只是团队领导向下传达命令，团队成员象征性地反馈意见或死板地实施命令。这样的沟通不仅无助于决策层的监督与团队管理，时间一长，必然会打击员工的归属感与积极性。所以，单向的沟通必须变为双向的沟通。

双向沟通的方式有许多种，但实施的关键是领导尊重大学生创业团队员工的意见表达，切忌公开批评。即使员工所提建议不能被采纳，也要肯定其主动性。如果建议可行，则要公开表扬，以示鼓励。

2) 团队沟通的策略

与有"问题"的大学生创业团队成员在沟通和相处方面都会有一定的困难，但作为团队管理者，必须在可能的范围内，尝试了解他们的性格，并进行差异化的创业团队管理，而且要牢记这项工作是非常需要时间和讲究方法的，不可操之过急，否则将会适得其反。

性格是一个人个性的核心，它直接影响到人的行为方式，进而影响到人际关系及工作效率。因此，在大学生创业团队管理过程中，根据成员的不同性格采用因人而异的团队管理方式是提高大学生创业团队管理水平的重要手段。俗话说，"人心不同，各如其面"。人与人之间性格存在很大的差异性。一般来说，有几类人的性格较为突出，也比较难沟通。下面的这些介绍，可以为大学生创业团队的管理者提供借鉴。

(1) 脾气暴躁，常与人结怨者。某君自卑感很重，他在工作中表现很认真，也很执着。但不顺利时，他总认为是别人故意刁难他，为此经常大发雷霆，甚至到领导那里"投诉"，造成办公室火药味浓重，人际关系紧张，直接影响了其他人的工作情绪。

当这类情绪激动、怒气冲冲的大学生创业团队成员来到办公室"投诉"时，团队领导首先应让他们坐下来，然后仔细聆听他们的谈话，不要发言。因为他们在激动时所说的话往往是杂乱无章的、未经组织的，让他们把事情的经过说完。不必试图改变一个脾气暴躁的人，也不要敷衍他们，更不能从中转换话题。虽然任何一个大学生创业团队的纪律都不会要求改变团队成员的不良性格，但团队领导需要做的是，告诉他们，动辄发脾气的人感情上通常不够成熟，要教会他们学习控制自己的情绪，并强调团队不赞成以乱发脾气的方式来解决问题。也可以尝试着给他们安排一些在人际关系上有所发展的工作，鼓励他们多参与同事们的活动，让他们知道他们是跟大伙儿同一阵线的，没有人愿意也没有人能阻碍他的工作。

(2) 自尊心极重，感情脆弱者。这类人多是一些职位较低的年轻女性，她们大部分刚踏出校门，对纷繁复杂、竞争激烈的社会不太适应。团队管理者几句提醒她们的话，听在她们耳中，就像被老师当众责骂，心中极为不安，无形中产生了一股压力。由此对工作丧失信心和兴趣，甚至产生跳槽的念头和行动。具有这类性格的大学生创业团队成员，一般表现比较拘谨，他们总喜欢板着脸紧张地工作，谈到工作进度时总是诚惶诚恐，对上级说话时语调总是战战兢兢。

对待此类大学生创业团队成员，说话时措辞要小心谨慎，尽量避免从个人角度出发。多强调"我们"和"团队"。在批评他们工作中的问题时，多顾及他们的自尊心。一丝温和的笑容，一句关切的问候，都会增加他们对工作的安全感和自信心。在平时例行的工作检查中，不妨把握机会称赞他们的表现。再三的鼓励或许让团队领导都感到自己唠叨，但对他们来说却是很受用的，而且有种被团队重视的感觉。同时，应该让他们明白，在工作发生错误时，可能是多种原因造成的，不一定与个人能力有关。因此，不必为失败感到沮丧和丧失信心。

(3) 消极悲观，缺乏自信者。大学生创业团队召开会议、讨论某项新建议时，有人提出反对是正常的。但更多时候领导可能会发现，在团队里有这样一类人，他们不管提出的建议是什么，从不进行深入的思考，总是一味地阻挠和反对。这不仅会阻碍创业团队的变革，更会破坏大学生创业团队创新的氛围。因此，团队领导必须深入分析他们反对的真正原因。有些人只是因为他们自身消极悲观，缺乏信心，担心失败。如果发现某位大学生创业团队成员一贯努力工作，对大学生创业团队忠心耿耿，而且还颇有绩效，只是有些缺乏信心，可以适当地给予他机会，培养他的自信心。

例如，可以找他谈谈大学生创业团队的新计划，让他负责计划实施。起初，他可能犹犹豫豫，面露难色。此时可以请他不要对任何事都采取否定的态度，可以尝试着提出积极且有建设性的意见。如果他怀疑该项计划的可行性时，就鼓励他找出可行的方法，并且全力帮助他实施，让他体验变革的乐趣并由此获得成就感。当然，同样不要企图使消极、悲观的人一下子变得积极、乐观。大学生创业团队领导只能让他了解自己是个乐观进取、凡事采取积极态度的人，尤其是接洽一项艰巨的工作时，更应以肯定且乐观的态度对待。如果他一向尊重创业团队领导，多少也会被其感染而产生信心。

(4) 溜须拍马，阿谀奉承者。在许多工作岗位，常可见到溜须拍马、阿谀奉承者，他们经常称赞大学生创业团队领导，且附和你所说的每一句话。如果有这种大学生创业团队成员，就必然有爱戴高帽子的上司。

尽管各位大学生创业团队管理者都会表示出自己是明智、有自知之明和不介意受到来自大学生创业团队成员的批评的管理者，但人们总是喜欢被表扬。

有些大学生创业团队管理者认为，只要自己不为他们的吹捧而迷惑，他们的表现也不差，就可以任由他们继续奉承下去。但事实上，团队管理者放任不管的态度，更使他们默认了这种规律，不仅会强化他们的这种行为，还会使他们轻视团队管理者，使其对团队管理者的尊重感降低。对待这种大学生创业团队成员，在与他们沟通时，无须太严肃地拒绝他们的奉承，也不要任由他们随意夸张。当他们卖弄奉承的本领时，团队管理者可以说："你最好给自己留一点时间，考虑新的计划和建议，下次开会每个人都要谈自己的意见。"

(5) 善于表现，急功近利者。大学生创业团队成员中，总不乏雄心万丈、积极进取之人，甚至能感觉到有些团队成员的目标直指团队管理者的职位，许多团队管理者会因此而产生忌才心理。但是，不能忽视这些急功近利者。因为这种人往往为了个人利益不择手段，影响其他大学生创业团队成员的工作情绪和进度，造成紧张的人际合作关系。

与急于表现自己的下属沟通，切忌采用单刀直入的方式，免得让其产生忌才的错觉，而不接受创业团队管理者提出的任何建议。也可以认真聆听他的建议，适当称赞他的表现，表示对他有某种程度的赞赏。得到称赞后，他一定会进一步表现自己，那时团队管理者可以漫不经心地告诉他："凡事都得按部就班，这样才会对其他团队成员比较公平。如果其他人比你更急时，你能否容忍他像你现在这样牵着别人鼻子走吗？"这样像平常轻松说笑般的语调既不伤害他的自尊心，也让他设身处地为其他人想一想。

(6) 郁郁寡欢，自以为怀才不遇者。这种大学生创业团队成员常为自己的才华不能受到重视而终日叹息，工作积极性低。对待这种创业团队成员，千万别用类似"你有多少才能呢？像你这样的人，随便可以找到很多。"等打击性语言，这种语言会使他们缺乏工作热情，感到被轻视，变得更加郁郁寡欢。交代给他们的任务，事后一定要认真过问。如果做得好，别忘记称赞两句。要使他们对工作热情，有被尊重、重视的感觉。尽管他们在大学生创业团队里只不过是些小角色，但也可以偶尔邀请他们参加重大会议，鼓励他们踊跃发言，并经常给他们提供参与的机会。如果他们感觉到机会面前人人均等，就会更加努力工作。

总之，与有"问题"的大学生创业团队成员在沟通和相处方面都会有"困难"，但作为团队管理者，必须在可能的范围内，尝试了解他们的性格，并对不同团队的成员采取差异化的管理方式。还要牢记这项工作是非常需要时间和讲究方法的，不可操之过急，否则，会适得其反。

2. 团队的激励策略

故事：

有一位喜欢安静的老人独自生活了很多年。他非常习惯于这种生活，可是有一天这种生活被一群孩子的来临打乱了。社区的一群孩子每当放学后都到这位老人的房子周围玩耍。他们大声地尖叫、说笑。老人被他们的吵闹声弄得寝食难安、坐卧不宁。不久，这位聪明的老人想出一个办法。他走出家门对那些孩子们说："如果你们每天都到这儿来玩，我就每人给 5 元钱。"那天，每个孩子真的都得到了 5 元钱。在这以后，越来越多的孩子聚集到老人的房子周围玩耍。可是有一天老人没有出来，自然所有的孩子都没有得到钱。第二天，老人还是没有出来。心急的孩子们终于敲开了老人的家门，对老人说："既然你不再给我们钱，我们以后再也不到你这儿来玩了，并且告诉我们的朋友都不到你这儿来玩了。"老人和孩子们都胜利地笑了。

1）薪酬是激励的原动力

上面这个精彩的故事告诉我们什么道理？为什么仅仅 5 元钱就起到这样大的作用呢？这个故事告诉我们：金钱具有一种左右人们行为的潜在力量，对金钱的喜欢是每个人潜意识中都有的东西。薪酬对创业团队成员极为重要，它不仅是创业团队成员的一种谋生手段，而且它还能满足成员的价值感。更何况，薪酬是衡量一个人社会价值的基础体现，因此，它在很大程度上影响着一个人的情绪、能力和积极性的发挥。当一位大学生创业团队成员处于较低工资的岗位时，他会积极表现，努力工作，一方面是为了提高自己的岗位绩效，另一方面也是为了争取更高的岗位级别。但长期处于较低工资的岗位会损害员工的工作积极性。当今的社会，大学生创业团队领导用物质来激励大学生创业团队成员不但不是一件不光彩的事，反而能产生很好的实际效果。金钱在社会中具有重要的流通作用，通常金钱的多少是衡量一个人成功与否的重要标志。聪明的大学生创业团队管理者愿意用看得到、能用到的金钱来激励创业团队成员工作的积极性。

2）学会让大家一起分享

只有一个人能得到某项奖励或是认可时，就意味着其他人都是失败者。偶尔，某个人会比其他人更为突出，这时没有谁会嫉妒他所得到的褒扬——但这种事并不多见。大学生创业团队管理者如果非要从一批非常出色的团队成员中挑出一个人来，这时常常会挫伤其他团队成员的积极性，并导致他们工作表现的恶化。

许多团队领导者采取轮流得奖的办法来解决这一问题，尽可能地使每个人至少在一段时期里都能够得到一定的认可。但如何才能真正解决这个问题呢？

首先，一有良好的工作表现出现就予以认可，不要等固定的奖励周期。雇员就像戏剧演员一样，喜欢盛大而耀眼的奖励。鼓励大学生创业团队成员对各自的工作相互表示认可，尤其是来自同事的认可，其意义不仅与来自经理的认可相当，有时甚至更有作用。当然，两者都有的话是最好不过了。

其次，对特别杰出的大学生创业团队成员，团队管理者应采取恰当的行为。因为这样的大学生创业团队成员，团队成员们公认他是最出色的。有时，大学生创业团队管理者应该事先向团队成员公布获奖者提名名单，让团队成员们也得到评价的权利，这样更显公正。

但总的来看，在大学生创业团队成员对所有出色的工作者都能给予认可时，不要采用这种只让一人独得奖励的方法。在成员的合作关系中，不应该鼓励手下的团队成员互相竞争是十分重要的管理原则，"只让一人独得"的奖励方式正好犯了这个大忌。它不仅不能促进合作，相反却很容易使团队成员互相保密，拒绝向别人提供帮助。

很多大学生创业团队最常见的认可手段是严格的工作评估条件。不知是什么原因，人们普遍认为严格限制得到高分的人数会有好处。这种想法很不现实。真正应该做的是，设定一个需要全力以赴才能达到的高标准，然后尽力使所有的大学生创业团队成员都能达到这个标准，这样每一个团队成员都会十分出色。

3) 提高下属的士气

大学生创业团队的团队管理者们都知道，提高团队成员的士气，营造一个良好的团队氛围对于大学生创业团队来讲十分重要。难以想象一个团队成员士气低落的创业团队将如何取得成功。

在有些大学生创业团队中，很多团队成员的资质都非常好，但却没有把他们的长处完全发挥出来，导致其很难为团队创造更大的价值。原因是什么呢？因为他们身上缺乏 5E 元素。所谓的 5E 元素，就是精力(Energy)、兴奋(Exciting)、热情(Enthusiasm)、努力(Effort)、活力(Ebullient)，甚至是开支(Expenditure)。大学生创业团队管理者应能够把大学生创业团队成员身上的这些 5E 元素激发出来，让团队成员为团队创造更多、更大的价值。

怎样才能激发大学生创业团队成员的士气，让团队成员身上的 5E 元素发挥出来从而为团队创造更大的价值？对此，成功的大学生创业团队都有其独特的方法，每个大学生创业团队的具体做法也不一样。但是总结起来，这些大学生创业团队一般会从以下几方面去努力。

第一，大学生创业团队应有能鼓舞和激励团队成员的远景目标。团队的远景目标要能够召唤并驱使员工向前，它能激发员工内心有意义的价值，并能鼓舞他们追随大学生创业团队领导。

第二，让大学生创业团队成员了解自己工作的价值。没有什么比意识到自己所做的工作毫无价值更让人士气低落的了。不管是处于技术岗位、团队管理岗位或行政后勤岗位，都有其独特的价值。团队管理者应让团队成员充分了解自己岗位的价值，使团队成员意识到自己是在做有意义的工作。

第三，给大学生创业团队成员以一定的自由度，让团队成员进行自主团队管理。大学生创业团队成员在一种被动执行上级指令的状态下工作很难发挥出创造性，团队成员也会很快觉得工作比较刻板与乏味，从而丧失工作热情与积极性。因此，上级给团队成员适当的团队管理权限，而不是事必躬亲或事无巨细都安排好，能够让团队成员感觉到自己是工作的主人，而不是被动的只会执行命令的机器，这样才能够充分发挥团队成员的主观能动性，使团队成员对工作充满热情。

第四，要鼓励创新。大学生创业团队成员的工作模式和工作内容总是一成不变，就会使其感到缺乏新鲜感，从而逐渐形成惰性，即使是很简单的工作，也可能做得力不从心。所以，应鼓励团队成员在做好本职工作的基础上不断创新，从而对原有工作进行改善。团队成员在一种持续改进工作动力的驱使下，会更积极努力地工作。当然，这种创新不一定是彻头彻尾的创新，也可以在原有工作的基础上，对部分工作的方法、内容等进行创新，继承原有的合理的部分，摒弃原有的效率低下的部分，从而提高工作的效率，增加工作的成果量。

第五，建立一种相互信任、融洽沟通的氛围。大学生创业团队是一个整体，团队的各个部门、各个岗位都是团队生产链条上不可缺少的一环，因此要想实现创业团队的总体目标，必须要协调各个部门、各个岗位的力量共同完成任务，沟通就显得尤为重要。而要进行顺利的沟通，前提和基础就是要互相信任。大学生创业团队成员只有在信任的基础上才能与领导层融洽沟通，团队管理者应当信任创业团队成员，团队成员也应信任团队管理者。大学生创业团队成员之间也应相互信任，在相互信任的基础上进行融洽的沟通。

第六，大学生创业团队应重视人性化团队管理。团队成员不是工作的机器，他首先是人，有人的各种需求。大学生创业团队领导应了解团队成员的需求，团队成员的生活，团队成员的兴趣、爱好等。适当尊重和满足团队成员的需求，如定期举办一些活动等，让团队成员不仅有工作上的紧张，也有身心上的放松。

当然，激发大学生创业团队成员的士气，开发团队成员的潜能，除了以上所说的几个方面，还有其他一些方法。总之，大学生创业团队管理者应有不断地提高团队成员的士气，让团队成员身上的 5E 元素充分发挥出来的意识，让团队成员的潜力充分发挥出来，从而更好地为大团队创造价值。

4)　巧用"鲶鱼效应"

有专家研究发现，大学生创业团队基本上由三种人组成：一是不可缺少的干才；二是以创业团队为家辛勤工作的人才；三是终日东游西荡、拖团队后腿的废才。

团队怎样管理这三种人呢？下面的"鲶鱼效应"将给人以启发。

鲶鱼效应：

挪威人的渔船返回港湾，鱼贩子们都挤上来买鱼。可是渔民们捕来的沙丁鱼已经死了，只能低价处理。

渔民们哀叹起来："上帝，我们太不幸了！"

只有汉斯捕来的沙丁鱼还是活蹦乱跳的。

商人们纷纷涌向汉斯："我出高价，卖给我吧！"

商人问："你是用什么办法使沙丁鱼活下来的呢？"

汉斯说："去看看我的鱼槽吧！"原来，汉斯的鱼槽里有一条活鲶鱼在鱼槽里到处乱窜，使沙丁鱼们紧张起来，加速游动，因而它们才存活了下来。

其实用人也是同样的道理。如果一个大学生创业团队人员长期稳定，就会缺乏新鲜感和活力，产生惯性。受到启发，一位团队老总请来一条"鲶鱼"，让他担任部门的新主管，团队上下的"沙丁鱼"们立刻产生了紧张感。

"你看新主管工作的速度多快呀！""我们也加紧干吧，不然就被炒鱿鱼了。"这就产生了"鲶鱼效应"，整个大学生创业团队的工作效率不断提高，利润自然是翻着筋斗上升。

大学生创业团队领导想要激发团队成员的奋斗意志，首先就是要建立危机意识。若是团队成员没有危机意识，就会安于现状，而团队当然更不会发展。不能一直缅怀团队光荣的历史，大家不能总是"吃老本"。所谓"生于忧患，死于安乐"，就是这个道理。

5) 帮助下属做职业规划

对大学生创业团队成员来说，事业的发展与规划是一个不断寻求工作与生活质量满意的动态平衡过程。对组织来说，一种最有长期效应的激励措施就是帮助团队成员规划和发展他们的事业。通过事业发展与创业团队管理，能使团队成员的需要和利益相容于组织的目标和利益，并且帮助团队成员明晰化自己的工作目标。一方面，作为大学生创业团队管理者，要善于将团队成员的绩效与对组织的贡献联系起来，增强团队成员对组织的归属感和自豪感，这有助于培养团队成员从组织大局考虑问题的思考方式；另一方面，主管还要听取团队成员对工作绩效的自我评价，这样有助于提高团队成员对工作本身的认识。从维持团队成员的事业和家庭的平衡发展看，双方讨论团队成员对业余时间的支配和发展家庭关系问题，还能满足团队成员提高生活质量方面的要求。从大学生创业团队成员事业发展的途径看，能使团队成员的事业发展途径多样化，他既可以沿垂直的组织等级阶梯向上发展，也可以在平行的相关职位上发展，还可以通过进入"专家组"，作为"核心分子"来发展。从对组织发展的风险防范角度看，由于双方讨论的问题都是未来导向性的，就使组织变革和大学生创业团队成员的工作转换都处于相对平衡的状态，从而可以避免突然变化给双方带来的损失。

3. 创业团队的报酬分配

创业团队的报酬分配要注意以下五点。

1) 形成分享财富的理念

大学生创业团队的分配理念和价值观可以归结为几条简单的原则。首先，与帮助团队创造价值和财富的人一起分享财富。其次，吸引到风险投资的团队，其最终目标往往是获得 5~10 倍于原始投资的报酬。从美国大学生创业团队 IPO(initial public offering，首次公开募股)的经验来看，创始人一般可以获得 100 万~300 万股，价值 1200 万~4500 万美元。由此我们就很容易理解为何寻找好的创业机会、建立优秀大学生创业团队并采取分散型持股方式实行财富共享远比拥有公司多少股权份额重要。最后，成功的创业者往往不只是创建一个大学生创业团队。因此，当前的大学生创业团队可能并非其创业团队，最重要的事情是取得这次创业的成功。做到这一点之后，将来还会有很多商机。

2) 综合考虑大学生创业团队与团队成员的个人目标

如果一个大学生创业团队不需要外部资本，就可以不考虑外部股东对报酬问题的态度和影响，不过还是需要考虑其他一些有关事宜。例如，如果一个创业团队的目标是在未来5~10 年获得大量资本收益，那么就需要针对如何完成这一目标以及如何保持大家的长期敬业精神来达到这个目标等两个方面来制定报酬制度。

3) 规范制定报酬

创业带头人要建立起一个氛围，让每一个大学生创业团队成员都觉得自己的付出应该对得起所得的报酬。每一个关键创业团队成员都必须致力于寻找有关合理制定报酬制度的最佳方案，使它能够尽可能公平地反映每位创业团队成员的风险、责任和相对贡献。

4) 实施合理的分配方案

关于如何分配的问题，目前还没有任何有效的公式可以套用，也没有简单而行之有效的答案。在制订方案时，需要衡量各大学生创业团队成员的贡献大小，可以重点考虑以下五个方面。

(1) 创业思路。对创业思路提出者的贡献应当予以充分考虑。尤其是提供对原型产品或服务极为重要的特定技术、商业机密，或是对产品、市场进行了调研的当事者。

(2) 商业计划。准备制订一份优秀的商业计划往往需要花费很多的时间、精力和资金。因此，也应该适当考虑商业计划书制定者的贡献。

(3) 敬业精神和风险。一个把大部分个人资产投入到团队的团队成员，不仅要在创业团队失败时承担巨大的风险，还将牺牲一定的个人利益，投入大量的时间和精力并接受较低的报酬。因此，应充分考虑员工的敬业精神和所承担的风险。

(4) 工作技能、经验、业绩记录或社会关系。大学生创业团队成员可能为团队带来工作技能、经验、良好的工作记录或是在营销、金融和技术等方面的社会关系。如果这些对于新创大学生创业团队而言是来之不易且至关重要的，那么就必须予以考虑。

(5) 岗位职责。大学生创业团队成员在不同的岗位上为团队做贡献，而岗位所需技能和工作强度各不相同，应该考虑为不同的岗位分配不同的权重。在衡量每一位团队成员的贡献率时，需要充分考虑上面列举的各项因素，创业团队成员不仅要自己协商，达成对各项贡献价值的一致意见，而且还应该保持充分的灵活性，以适应今后的变化。

5) 综合考虑分配时机和手段

报酬分配制度往往会在大学生创业团队发展的第一阶段就被制定出来并加以实施，不过这还应该按个人在创业团队整个周期内的业绩来定。大学生创业团队可以综合采用月薪、红利和额外福利，可以用作反映业绩变化的一种措施。但是运用上述手段的能力，在一定程度上取决于大学生创业团队发展的程度。

以现金报酬为例，我们把现金留着用于大学生创业团队发展，还是作为报酬分给员工，这期间存在一个平衡问题。因此，在大学生创业团队成立的初期阶段，薪金往往需要维持在较低的水平甚至不发薪金，其他红利和福利等则先不作考虑。薪金、红利和福利都要占有现金，而在大学生创业团队盈利之前，现金往往优先用于支持创业团队的经营和发展。就算创业团队在获得盈利之后，现金的支付仍然会制约创业团队的成长。只有在创业团队顺利实现盈亏平衡后，薪金的提高才会促进创业团队的竞争力。至于红利和额外福利，可能还是保持在最低水平比较好，直至大学生创业团队持续多年获利，才可以考虑进一步加以提高。

总之，大学生创业团队，初入社会不久，在团队沟通、团队激励、团队薪酬分配等方面都要更不成熟一些，只有深刻领会大学生创业团队沟通、团队激励的特点才能够更好地进行团队管理。

本章知识点自查

知 识 点		学习要求	自查
理论基础	创业团队的概念	定义和内涵	熟悉	☐
	创业团队的构成要素	目标、人、定位、权限和计划	熟悉	☐

续表

知 识 点			学习要求	自查
理论基础	创业团队的构成原则	规模适中、优势互补、目标一致、角色分配合理	熟悉	☐
	创业团队组建的程序	明确目标、制订计划、招募人员、划分职权、构建制度体系、调整融合	熟悉	☐
	创业团队的管理	精神培育、产权安排、绩效评估与激励、风险规避	熟悉	☐
实战训练	创业团队成员的选择	选择成员的要求	认识	☐
		要注意的问题	了解	☐
	创业团队的建设阶段	形成期、凝聚期、激化期、收割期	掌握	☐
	创业团队的管理方法	沟通的方式和策略	掌握	☐
		激励策略	掌握	☐
		团队的报酬分配	掌握	☐

课 后 习 题

一、单项选择题

1. (   )在 1994 年首次提出了"团队"的概念。

    A. 彼得·德鲁克   B. 哈罗德·孔茨

    C. 约瑟夫·阿洛伊斯·熊彼特   D. 斯蒂芬·P. 罗宾斯

2. 团队是具有(   )的人为达到共同目标而组织起来，各成员相互沟通，保持目标、手段、方法高度一致，从而充分发挥各成员的主观能动性。

    A. 共同信念   B. 共同目标   C. 共同价值观   D. 共同经历

3. 高效团队中的领导往往担任的是(   )角色。

    A. 指挥官   B. 教练   C. 监督员   D. 塑造者

二、多项选择题

1. 下面四个组织，属于团队的是(   )

    A. 龙舟队   B. 旅行团   C. 足球队   D. 候机旅客

2. 团队的构成要素是(   )。

    A. 人   B. 目标   C. 权限   D. 定位

3. 团队与群体的区别体现在(   )。

    A. 目标定位层面   B. 工作态度层面

    C. 技能组合层面   D. 沟通方式层面

4. 根据团队存在的目的和拥有自主权的大小可将团队分为(   )。

    A. 问题解决型   B. 自我管理型   C. 多功能型   D. 现实型

三、简答题

1. 请解释团队的概念和内涵。
2. 请说明创业团队的构成原则。
3. 请分析组建创业团队的程序。
4. 举例说明大学生创业团队沟通和激励的技巧。

参考文献

第四章 创业环境

【学习目标】

(1) 熟悉创新环境的概念和维度，理解创业环境和创业者之间的关系；
(2) 能够根据自身的实际需要建立创业环境评价指标，并进行量化分析；
(3) 掌握主要的环境分析工具，并能够较熟练地运用；
(4) 了解调查问卷对应研究市场现状及动态的意义和作用，能够设计较科学的问卷，并进行基础的统计分析。

引导案例

我国创业生态环境——基于 GEM 数据分析

第一节 理 论 基 础

一、创业环境的概念

创业环境是指在创业者创立企业的整个过程中，对其产生影响的一系列外部因素及其所组成的有机整体。由于"创业"与"环境"本身是两个非常宽泛的名词，因此，创业环境便成了一个内涵十分丰富、外延十分广阔的概念，不同的学者从不同的角度进行了不同的界定。

内涵和外延是概念的两个基本逻辑特征。概念的内涵是概念对思维对象本质属性的反映；概念的外延是概念对思维对象分子范围的反映。正确地理解创业环境的概念，就是明确创业环境的内涵和外延，认识创业环境具有哪些本质属性，以及包含哪些对象。从内涵和外延的角度区分，可以将创业环境的概念分成以下三种观点。

1. 平台论

创业环境的内涵是指政府和社会为创业者创办新企业所搭建的一个公共平台。从这个角度出发研究的学者认为：创业环境是创业活动的舞台。例如，叶依广和刘志忠(2004)认为：理想的创业环境应该是一个良好的创业平台；创业环境是一个公共品，政府在塑造优良创业环境中扮演着重要角色；创业环境中要体现社会的创业关怀；优化创业环境的终极目标是"以环境造就创业"。

2. 要素论

创业环境的外延指一切影响创办新企业的政治、经济、社会等因素。大多数学者从这个角度出发，将创业环境解释为创业过程外部影响因素的集合。例如：1994 年，匹兹堡大学的格耶瓦里(Devi R. Gnyawali)博士和弗葛尔(Daniel S. Fogel)教授将创业环境区分出五种要素，即政府政策和工作程序、社会经济条件、创业和管理技能、对创业的资金支持以及对创业的非资金支持。

3. 系统论

系统论是以上两种观点的综合，将创业环境看作是融入各种创业环境要素的一个复杂系统，是由综合因素构成的整体。池仁勇(2008)指出：创业环境是指创业者周围的境况，是创业者及其企业产生、生存和发展的基础，由创业文化、政策、经济和技术等要素构成，是多层面的有机整体，是包括 6 个子系统的社会经济技术大系统，即创业者培育系统、企业孵化系统、企业培育系统、风险管理系统、成功报酬系统、创业网络系统。

二、创业环境的维度

创业环境是一个复杂的概念，通过对其进行维度划分，可以化繁为简，有益于进行更深入、综合的理解。结合以上对创业环境概念理解的不同观点，创业环境可以进行如下的维度剖析。

1. 平台论视角：环境功能维度

叶依广和刘志忠(2004)从平台论(创业环境内涵)的视角，对创业环境的功能进行了如下维度划分。

1) 鼓励创业，塑造创业型社会

创业环境的首要功能是形成一种鼓励创业的环境导向，发展创业型经济，塑造创业型社会。该维度下的子维度包括：通过教育鼓励创业；通过宣传手段鼓励创业；通过舆论鼓励创业；通过文化鼓励创业。

2) 支持创业，提供创业机会

创业环境还要能够在多个方面支持创业，发展一个能够孕育创业机会的社会环境。该维度下的子维度包括：通过人才支持创业；通过金融支持创业；通过技术支持创业；通过信息支持创业；通过项目支持创业；通过建立开放式创业网络支持创业。

3) 服务创业，降低创业门槛

创业环境通过降低创业门槛来服务创业。该维度下的子维度包括：开辟创业绿色通道，提供优良的"一站式"服务；建立创业辅导的体制和机制，如以孵化器、创业中心等多种途径直接帮助创业者度过创业初期的难关，走上稳健发展的征途；大力发展创业投资体系，开辟"创业板"市场，使创业走上市场化、规模化、国际化的理想平台；大力发展"第三部门"，完善中介服务体系，组建创业者协会等组织，增强创业者自我管理、自我服务的能力。

4) 保护创业，提升创业水平

创业环境应该能够直接为创业成果和创业过程提供保护，让创业者免受不安定因素的影响，从而提高创业水平。该维度下的子维度包括：通过宣传手段鼓励创业；维护社会诚信，建立诚信社会；建立社会化创业者市场退出通道，缓解创业者后顾之忧。

2. 要素论视角：资源要素维度

从要素论角度对创业环境进行研究的学者较多，也得出了较多的维度模型，除上文中提到的格耶瓦里和弗葛尔(1994)的维度模型之外，苏益南(2009)根据我国实际，把大学生创业环境概括为以下五个维度。

(1) 政策环境：包括政府在新创企业设立、信贷、税收、知识产权保护、规范市场行为等方面的政策以及政府的行政服务质量等；

(2) 经济环境：包括整个国民经济的发展水平、创业企业所处的地理位置及其基础设施、创业企业目标客户群体的收入和购买力情况等；

(3) 教育和培训环境：包括高校对大学生创业的支持、创业教育以及政府和社会中介机构等开展的大学生创业和商业技能培训等；

(4) 融资环境：包括创业专项扶持基金、风险投资、金融机构贷款等对创业的支持力度和获得的难易程度；

(5) 社会文化环境：包括社会公众对创业的态度和对创业失败的宽容、家人和亲朋好友的支持、媒体的舆论导向以及社会诚信状况等。

3. 系统论视角：嵌入性环境维度

环境是有层次的，形成一个分级系统。创业环境也可以根据创业活动所嵌入的系统层次，进行如下划分。

(1) 宏观环境。宏观环境是指一国或一个经济区域范围内的创业环境。在该层次，国际上著名的英国伦敦商学院和在创业教育上全美排名第一的美国百森学院共同发起成立了一项国际创业研究项目——GEM(Global Entrepreneurship Monitor，全球创业观察)，目的是发掘创业与经济增长之间的相互关系，以及评估国家创业政策，进而保持国家经济的长期增长。该项目从要素分析的视角，将创业环境划分为金融支持、政府政策、政府项目支持、教育与培训、研究开发转移、商业和专业基础设施、进入壁垒、有形基础设施、文化与社会规范 9 个维度，每年发布世界上主要国家和地区的创业环境分析调研报告。目前，全球 40 多个国家和地区的学者先后加入了"全球创业观察"项目，其中包括几乎所有工业化国家和大部分新兴工业化国家，并且 GEM 数据被各国和地区政府以及欧盟、联合国、经济合作和发展组织等国际组织作为分析和制定有关政策的基准，现已成为世界一流商业出版物的基准数据。

(2) 中观环境。中观环境是指某个区域或城市、乡镇的创业环境等。在该层次，一些组织和机构已通过深入的研究和长期的调研，形成了一些权威性的报告。如《中国创新城市评价报告》和《中国城市创新创业环境评价研究报告》。《中国创新城市评价报告》由北京立言创新科技咨询中心牵头多个城市科技管理部门联合组成课题组，基于城市管理者对创新城市建设的需要，根据城市创新的特殊性，以欧盟委员会的《欧盟创新记分牌》为蓝本，并参考了科技部的《中国区域科技创新评价报告》、国家统计局的《创新型国家进程统计监测研究》和 OECD(Organisation for Economic Co-operation and Development，经济合作与发展组织)的《OECD 科学技术和工业创新记分牌》，建立了由创新条件、创新投资、创新活动和创新影响四个模块和 32 个指标构成的评价体系，对我国 20 个主要创新城市进行评价。《中国城市创新创业环境评价研究报告》由清华大学启迪创新研究院一年一度调研评定，以"政(政府环境)、产(产业环境)、学(人才环境)、研(研发环境)、金(金融环境)、介(中介市场)"六大创新创业环境要素为关注点，分析评价中国年度百强城市体现的规律和特点，对创新创业环境发展具有代表性的城市开展专题研究，并对未来创新创业环境发展趋势做出预判。

    (3) 微观环境。微观环境是指企业的文化氛围、团队合作精神、创新精神等。

三、创业环境与创业者的关系

创业活动不能脱离创业环境。对创业环境的分析最终要内嵌于创业环境与创业者的关系中，并决定创业者的主观能动行为。人和环境是一个不可分割的整体。在人类社会发展的漫长过程中，人与环境形成了一种既相互对立与相互制约、又相互依赖与相互作用的辩证统一关系。

综合而言，在人与环境的关系研究上，有两种截然不同的立场：一是从环境的角度出发，强调环境对组织的选择性；二是从组织的角度出发，强调组织对环境的适应性。相应地，在组织理论文献中，对环境的认知也形成两种极端的观点：一种是环境决定论，即环境的特征决定了组织的特征，把环境看作组织必须去适应的一系列外部条件；另一种是战略选择论，即组织根据自身的特点选择合适的环境，把环境看作组织自身感知的"客体"。从创业者的视角而言，由于个体创业者的能力和资源限制，很大程度上受制于环境，对环境很难进行完全的主体选择；但与此同时，创业者的创新意识和企业家精神又促使其创业活动很多时候不仅是顺应环境，还涉及对现有规则的破坏和变革，因此，在创业环境与创业者关系上形成了两大更具中立性和融合性的流派：种群生态流派和资源依赖流派。

1. 种群生态流派

种群生态理论主要来自达尔文的生物进化论，即"物竞天择"，较接近于"环境决定论"的观点。该理论强调三个过程——变异、选择和存留，其中：变异指组织的变革；选择指环境选择适宜的组织；存留指被选择的组织通过一些方式将其组织形式再生产或复制而保存下来。在种群生态理论下，环境的重要性得到了最大程度的强调。20 世纪 70 年代后期，斯坦福大学汉南(Michael T. Hannan)教授和加利福尼亚大学弗里曼(John H. Freeman)教授等人将其运用于组织研究，将组织种群比作生物种群，分析组织群体的起源、发展及衰落，认为组织生存的基础是组织形式和环境特征之间的相容性，并进而将研究目标转向探讨组织类型和环境依附之间的关系，强调组织种群不是随便的一群组织，而是具有相似或相同特征的组织群体，这一判断的依据在于组织对外在物质和环境的依附模式。

根据这一观点，创业环境指创业者在进行创业活动和实现其创业理想的过程中必须面对和能够利用的各种因素的总和。但同时，该观点也探讨如何对影响创业成功的不同利益相关者关系加以管理，进而确保新创企业健康成长。陈忠卫和曹薇(2009)提出了种群生态流派下的创业环境研究理论框架，如图 4-1 所示。

2. 资源依赖流派

资源依赖理论强调组织的生存需要从周围环境中吸取资源，需要与周围环境相互依存、相互作用才能达到目的。美国社会学家扎尔德(Mayer N. Zald)、美国管理学家和组织学家汤普森(James D. Thompson)的研究较早地运用了资源依赖策略，美国斯坦福大学的费弗尔(Jeffrey Pfeffer)教授和美国卡内基梅隆大学的萨兰奇科(Gerald R. Salancik)教授则全面、综合地发展了资源依赖理论。其基本假定是：没有组织是自给自足的，所有组织都与环境进行交换，并由此获得生存；同时，组织总是努力减少自己在重要资源供应方面对其他组织的依赖性，并试图影响环境以保障所需的资源。资源依赖理论吸取了"战略选择论"的观点，包含三层含义：①组织与周围环境处于相互依存之中；②除了服从环境之外，组织可以通过其他选择，调整对环境的依赖程度；③环境不应被视为客观现实，对环境的认识通常是一个行为过程。

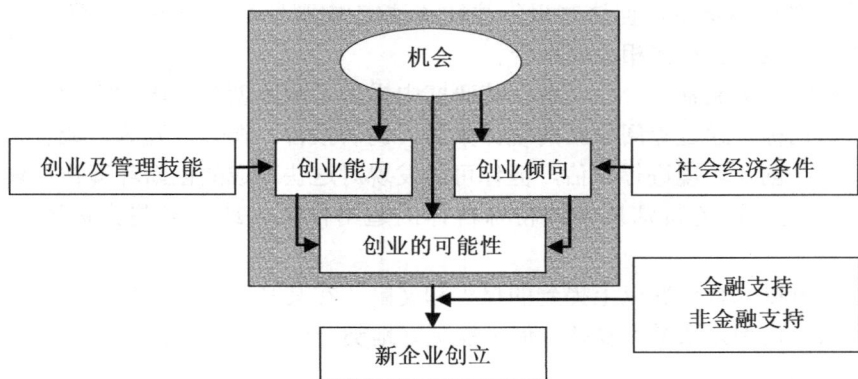

图 4-1　种群生态流派下的创业环境研究理论框架

资料来源：陈忠卫和曹薇(2009)

　　根据该观点，创业环境是创业者创立企业的整个过程中对其产生影响的一系列外部因素及其所组成的有机整体，即创业企业的战略目标决定创业资源需求；创业者在和创业环境的关系上不是被动选择，而是积极互动的——比较现有资源与资源需求之间的差距，从环境中寻找弥补资源缺口的途径。蔡莉、崔启国和史琳(2007)从资源依赖理论出发，提出了创业环境研究理论框架，如图 4-2 所示。

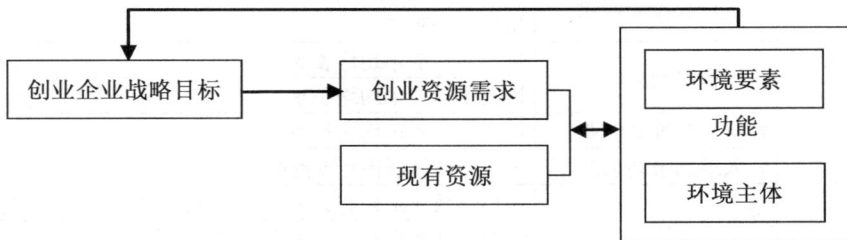

图 4-2　资源依赖流派下的创业环境研究理论框架

资料来源：蔡莉、崔启国和史琳(2007)

第二节　实　战　训　练

一、环境评价指标

　　建立创业环境评价指标体系具有重要的现实意义。英国著名物理学家汤姆逊(Joseph J.

Thomson)曾经指出："如果某事物不能测度，那么它就不那么重要。"测度我们身边的物体和事件，不仅在科学上是必要的，也是把握自然和社会现象复杂性的手段。只有基于对创业环境的有效测度和评估，创业者才能客观全面地识别机遇和挑战，并结合自身的特性积极应对。如何获得有效的创业环境评估结果呢？一般而言，有三种方法。

第一，查阅权威性的相关报告，如前面提到的《全球创业观察》和《中国城市创新创业环境评价研究报告》等，这些报告通常每年更新一次，可以为创业者提供较新近、可靠而且直接的环境评估结果。但这些报告往往关注宏/中观环境，在中微观环境层次则相对较缺少公认、权威性且直接相关的报告。

第二，查阅相关文献。一些学者在其研究中提出了测度创业环境的指标体系，你可以直接应用这些指标，通过查阅最新的统计数据、调研报告、调查研究等，或者亲自发放问卷收集数据，对创业环境进行评估。但你可能发现对这些现成的创新环境指标体系不甚满意，比如在你所关注的特殊情景或特殊群体的适用性上，或在某些指标数据的可获得性上。

第三，你可以综合借鉴以上提到的报告和文献，在其基础上自己建立一套创新环境的评价指标体系。这种方法最为复杂，但是能更好地契合你的特殊目标。

1. 指标实例

本节将根据相关学者的研究，介绍一些具体的指标实例。

(1) 基于环境功能的创业环境评价指标实例。叶依广和刘志忠(2004)认为：创业环境的功能在于鼓励创业、支持创业、服务创业、保护创业，进而形成一个创业型社会。基于此功能定位，他们建立了创业环境评价指标体系，如表 4-1 所示。

表 4-1　基于环境功能的创业环境评价指标实例——创业环境评价指标体系

一级指标	二级指标	三级指标	判定方法
与创业相关的宏观经济景气指标	经济增长拉动创业	近三年 GDP 年均增长率	%
		年通货膨胀率	%
	市场扩张刺激创业	近三年消费年均增长率	%
		近三年出口年均增长率	%
	投资活跃推动创业	近三年投资年均增长率	%
	收入增加带动创业	近三年城镇居民可支配收入年均增长率	%
鼓励创业的环境指标	教育鼓励创业	中小学教育是否有关于创业创新的内容	是或否
		创业管理教育是否进入大学课堂	是或否
	宣传鼓励创业	发布可操作性的《鼓励创业条例》手册数	册
		举办创业宣传周(月)宣传次数及参与人数	次或人
		奖励优秀创业者的人数或金额	人或万元
	舆论鼓励创业	互联网创业网站个数	个
		互联网上检索创业新闻条数	条
		专业核心期刊研究创业的文章数及其影响因子	篇数或影响度
	文化鼓励创业	个人冒险意识	强或弱
		团队合作精神	强或弱
		对收入差距的态度	接受或改变

一级指标	二级指标	三级指标	判定方法
支持创业的环境指标	人才支持创业	吸引海外留学人员回国创业的人数	人
		重点扶持国内具有潜力的创业者人数	人
		免费提供劳动力就业培训的结业人数	人
	金融支持创业	银行提供的创业小额信贷总额	万元
		政府设立创业投资基金总额	万元
	技术支持创业	研究与开发支出	万元
		技术成果交易和转让价值	万元
	信息支持创业	安排商务访问团次数或人数规模	次或人
		定期公布有效创业信息条数	条
	项目支持创业	政府为创业者直接提供的资金或政策项目数或规模	个或万元
		政府组织社会力量为创业者提供的项目数或规模	个或万元
	网络支持创业	是否开放创业网络	是或否
		投资家网络是否健全	是或否
		产业地域聚集程度高低	高或低
	政策支持创业	税收减免与优惠估计值	万元
		创业企业承担税收外各项费用的平均值	万元
		政府采购对创业企业产品的购买额	万元
服务创业的环境指标	"一站式"服务创业	审批一家新版企业所需工作日	天
		审批一家新版企业所需交纳费用	万元
	"孵化器"服务创业	创业中心有形基础设施的配套状况	好或偏差
		创业中心在孵企业数	个
		创业中心在孵企业总收入	万元
服务创业的环境指标	"创业板"服务创业	风险投资资本供给总额	亿元
		创业板证券市场的上市企业数或规模	个或亿元
	中介组织服务创业	组建分行业创业者协会	个
保护创业的环境指标	法律保护创业	知识产权保护	好或偏差
		财产和人身安全保障	好或偏差
	道德保护创业	社会信用状况	好或偏差
	社会化保护创业	建立创业失败企业的退出通道	好或偏差
	创业景气指数	中小企业开市率	%
		中小企业闭市率	%
		前两年创业企业成活率	%
	创业类型	机会拉动型创业比重	%
		贫困推动型创业比重	%
	创业企业经营状况	创业企业资产总额	万元
		创业企业销售收入	万元
		创业企业就业人数	人

资料来源：叶依广和刘志忠(2004)

该指标实例从创业环境的功能角度对创业环境进行评估，建立了立体的评价体系，并可以根据客观的统计数据对各指标进行量化和分析。

(2) 基于资源要素的创业环境评价指标实例。徐占东等(2017)认为社会、高校、政府这三大主体对大学生创业提供支持并产生影响，所以从市场环境、高校创业教育、政策扶持和创业文化四个维度研究创业环境，并开发了适合大学生创业群体的创业环境量表，如表4-2所示。

表4-2　基于资源要素的创业环境评价指标实例——大学生创业群体的创业环境量表

指　标	题　项
高校创业教育	学校组织了创业讲座、创业论坛等活动，激发了我的创业兴趣
	学校开设了创业课程，对我创业影响较大
	学校组织很多创业大赛，对我创业影响较大
	学校有创业基地等设施，我的创业项目从中受益
市场环境	目前的行业竞争很激烈
	竞争对手一直在不断地把企业做大
	目前行业利润空间很小
扶持政策	政府为大学生创业项目提供了无偿资金资助，我从中受益较多
	行业贷款等创业融资渠道通畅，我从中受益较多
	政府为大学生创业项目提供工商税收优惠等无偿服务，我从中受益较多
文化环境	政府推行大众创业、万众创新，对我影响较大
	当地文化非常鼓励个人通过努力获得成功
	当地文化鼓励创造和创新、鼓励承担风险
	当地文化很尊重创业者

资料来源：徐占东等(2017)

该量表针对大学生创业者的特点，区分出创业环境中对大学生创业者产生重要影响的主体及影响因素，进而从创业环境的要素维度对创业环境评估建立了指标，并针对每个指标设计了测量题项。该量表有助于后续形成具体的问卷，并通过问卷的发放和回收调研第一手数据进行统计分析。

(3) 基于嵌入性环境的创业环境评价指标实例。张秀娥和孟乔(2018)从政府和法制等制度角度，对一个国家的创新环境进行了分析，并选用六个不同的国际数据，对创业制度环境的测量维度、测量题项、具体描述及数据来源做了较详细的描述，如表4-3所示。

表4-3　基于嵌入性环境的创业环境评价指标实例——创业制度环境测量题项及数据来源

维度	测量题项	描述	数据来源
规制维度	商业自由	评估开创和结束一个企业所涉及的过程、实践和成本	IEF
	开办企业	评估创办一个企业所需的程序时间、成本及最低的实收资本	DB
	产权	衡量个体通过明确的法律保护私人财产的能力，反映一国或地区法律保护私有财产权的程度以及推动这些法律实施的程度	IEF
	政府政策：税收和官僚主义	评估工管政策对创业活动的支持程度，税收或法规对中小企业的支持程度	GEM

维度	测量题项	描 述	数据来源
认知维度	机会感知	能够发现和捕捉到好的创业机会的非创业成年人口份额	GEM
	能力感知	相信自己拥有创业所需的知识和技能的非创业成年人口份额	GEM
	知晓创业者	知晓最近两年有开办企业的创业者和非创业者的百分比	GEM
	腐败感知	评估一国或地区工管部门的腐败程度	CPI
规范维度	创业者的高地位	衡量一国或地区人民对成功创业者的尊重和认同程度	GEM
	媒体关注	感知到的公众媒体对成功新企业关注的频繁程度，表现为公众是否在大众媒体上经常见到成功新企业的创业故事	GEM
	文化和社会规范	评估一国或地区现有社会规范和文化鼓励或允许创业活动的程度	GEM
	不确定性规避	评估作为国家或地区文化一部分的不确定性规避的水平，表达了社会成员对不确定和不明确感到不舒服的程度	Hofstede 文化维度
有利维度	知识产权保护	评估国家或地区对知识产权的包含程度	GCI
	产权合作	评估一国或地区的商业和大学在研究和发展上的合作程度	GCI
	风险投资的有效性	评估当创业者拥有创新但具有风险的项目时，找到风险投资的容易程度	GCI
	最新技术的可用性	对特定国家或地区的最新技术的可用性的评估	GCI

注：GEM-Global Entrepreneurship Monitor，全球创业观察；DB-Doing Business，营商环境报；GCI-Global Competitiveness Index，全球竞争力指数；IEF- Index of Economic Freedom，经济自由指数；CPI-Corruption Perception Index，全球清廉指数；Hofstede 文化维度-霍夫斯泰德文化维度研究。

资料来源：张秀娥和孟乔(2018)

该指标体系对创业者及其创业活动所嵌入的国家制度环境进行了分析，应用经典"国家制度框架"的评价维度，建立了具体的测度题项，并对题项进行了描述，指出这些题项所来源的调研报告或调查研究。

2. 指标建立

指标建立过程不能是随意的。本节以夏维力和丁珮琪(2017)的研究为例，介绍创业环境评价指标建立的规范性过程。

(1) 指标海选。夏维力和丁珮琪(2017)从中国知网的 CSSCI 数据库中以"创新环境""创业环境""创新环境内涵""创业环境内涵""创新环境指标""创业环境指标"等关键词进行搜索，在梳理相关文献后，结合中国科技发展战略研究小组发布的《中国区域创新能力评价报告》中的高频指标，海选出用于评价创新创业环境的 106 个指标，分为 6 个准则层，并对每一指标进行文献频次统计。准则层及指标层的具体指标如表 4-4 所示。

表 4-4 创新创业环境海选指标

准 则 层	指 标 层	出现频次
经济基础	人均 GDP	10
	GDP 增长率	2

续表

准 则 层	指 标 层	出现频次
经济基础	高技术产业产值	4
	高新技术产品产值占工业总产值比重	6
	全员劳动生产率	2
	人均地方财政收入	5
	享受加计扣除减免税企业所占比重	6
	人均可支配收入	5
	地区 GDP	2
	第三产业增加值	3
	第三产业增加值占 GDP 的比例	4
	第三产业增加值增长率	2
基础设施环境	商品房平均销售价格	4
	公路网络密度	8
	铁路网络密度	3
	每万人平均公路拥有量	11
	每万人拥有公共汽车数	6
	货运量总计	13
	全社会客运量	4
	铁路客运量	3
	公路客运量	3
	城市用水普及率	3
	互联网上网人数	14
	互联网普及率	14
	互联网用户数增长率	15
	每万人医疗机构床位数	3
	电话用户数	12
	每百人固定电话和移动电话用户数	4
	电话用户数增长率	13
	研发机构数量	4
	人均邮电业务量	3
	每百名居民个人电脑拥有量	3
市场环境	地方财政支出	6
	高新技术产品出口额	4
	高新技术产品出口额占地区出口总额的比重	3
	高新技术产品出口额增长率	8
	进出口总额	2
	进出口总额占 GDP 比重	3
	进出口总额增长率	9
	居民消费水平	7

准 则 层	指 标 层	出现频次
市场环境	固定资产投资总额	1
	金融机构贷款总额	3
	金融机构存款总额	1
	每万人中金融从业人员数目	3
	市场中介组织的发育和法律制度环境	2
	市场中介组织的发育和法律制度环境改善程度	2
	按目的地和货源地划分进出口总额	7
	按目的地和货源地划分进出口总额占 GDP 比重	3
	按目的地和货源地划分进出口总额增长率	3
人文环境	每 10 万人口高等学校平均在校生数	10
	科技活动人员全时当量	3
	普通高等学校数	11
	人均图书馆藏书量	7
	社会保险覆盖率	3
	教育经费支出	11
	对教育的投资占 GDP 的比率	13
	对教育的投资的增长率	5
	6 岁及 6 岁以上人口中大专以上学历人口数(抽样数)	8
	6 岁及 6 岁以上人口中大专以上学历所占比例	6
	6 岁及 6 岁以上人口人均受教育年限	5
	城镇居民人均消费性支出中教育支出所占比例	4
创业水平	科技企业孵化器数量	1
	科技企业孵化器增长率	3
	高新技术企业数	4
	科技企业孵化器当年毕业企业数	2
	大中型企业研究开发人员数量	2
	民营科技企业数量	3
	民营科技企业增长率	2
	国家创新基金获得资金	4
	地方创业创新基金匹配额	4
	规模以上工业企业研发经费内部支出额中获得金融机构贷款额增长率	2
	科技企业孵化器当年获风险投资额	1
	科技企业孵化器当年获风险投资强度	1
	科技企业孵化器当年获风险投资额增长率	2
	科技企业孵化器孵化基金总额	2
	平均每个科技企业孵化器当年获风险投资额	3
	科技企业孵化器孵化基金总额增长率	2

续表

准 则 层	指 标 层	出现频次
创业水平	企业技术开发平均获得金融机构贷款额	1
	每 10 万人平均新注册企业数	2
	R&D 人员数	2
	每万名劳动力中 R&D 人员数	1
	R&D 经费投资总额	2
	高新区全年上缴税费	1
	国家级生产力促进中心数量	1
	首次技术引进数量或经费占总技术引进数量或经费的比例	1
	技术引进经费占技术引进经费与研究开发经费综合的比例	1
	地区新产品销售收入与研发经费比例	1
	版权合同登记数	1
	私企与国企数目比率	5
创新链接	作者同省异单位科技论文数	2
	每 10 万人研发人员作者同省异单位科技论文数	2
	同省异单位科技论文数增长率	4
	作者异省合作科技论文数	5
	每 10 万人作者同省异单位科技论文数	1
	作者异省合作科技论文数增长率	1
	作者异国合作科技论文数	1
	每 10 万人研发人员作者异国科技论文数	5
	作者异国合作科技论文数增长率	2
	高校和科研院所科技活动筹集的资金中来自企业的资金	3
	高校和科研院所科技活动筹集的资金中来自企业资金的比例	2
	高校和科研院所科技活动筹集的资金中来自企业资金的增长率	2
	技术市场的交易合同金额(TMA)	1
	企业牵头院所参加的市级及以上科技计划比例	1
	地区 FDI(外商直接投资)/人口总量	2
	利用外资占总投资比重	1
	规模以上工业企业平均国外技术引进金额	1

资料来源：夏维力和丁珮琪(2017)

(2) 指标筛选。夏维力和丁珮琪(2017)进一步从 2015 年的《中国统计年鉴》《中国科技统计年鉴》《中国科技论文统计与分析》《中国火炬统计年鉴》《中国高技术产业统计年鉴》《中国区域创新能力评价报告 2016》等报告中摘取相关数据，进行聚类分析，提取解释力最强的指标作为最终评价指标，最终建立的创新创业环境评价指标体系如表 4-5 所示，具体方法感兴趣的同学可以参照该文章进行学习。

表 4-5　创新创业环境筛选指标

准 则 层	指 标 层	综合权重
经济基础环境	人均 GDP	0.0796
	人均地方财政收入	0.0597
	人均可支配收入	0.0777
基础设施环境	互联网上网人数	0.0491
	互联网普及率	0.0401
	互联网网络用户的增长率	0.0412
	电话用户数的增长率	0.0419
市场环境	高新技术产品出口额的增长率	0.0502
	进出口总额的增长率	0.0446
	居民消费水平	0.0398
	按目的地和货源地划分进出口总额	0.0370
人文环境	每 10 万人口高等学校平均在校生数	0.0443
	教育经费支出	0.0445
	对教育的投资占 GDP 的比例	0.0389
创业水平	科技企业孵化器的增长率	0.0682
	规模以上工业企业研发经费内部支出额中获得金融机构贷款额的增长率	0.0504
	科技企业孵化器当年获风险投资额	0.0490
创新链接	同省异单位科技论文数的增长率	0.0416
	作者异省合作科技论文数	0.0427
	每 10 万人研发人员作者异国科技论文数	0.0596

资料来源：夏维力和丁珮琪(2017)

二、环境分析工具

通过环节评价指标的选取，我们可以从功能目标、资源要素或嵌入层次等不同角度，筛选出环境中重要的、需要深入并综合分析的要素。一些学者进而基于环境和人的不同理论视角，聚焦或整合不同的环境维度及指标，形成了多样化的环境分析工具，如表 4-6 所示。

表 4-6　环境分析工具

分析层次	分析工具
宏观：外部环境分析	PEST
	不确定性影响
中观：产业竞争风险	波特的五力模型
	战略群体分析
微观：企业资源能力分析	SWOT
	BCG

1. PEST

PEST 模型是对外部宏观环境进行分析的基本工具，包含政治(Political)、经济(Economic)、社会(Social)和技术(Technological)四大类主要的外部环境因素。通过对这四个因素的分析，企业可以从总体上把握宏观环境，评价其对企业内部战略目标及制定策略的影响。其中，分析政治法律环境的常用指标有政府的管制、税法的改变、投资政策、政府补贴水平等；分析经济环境的常用指标有宏观方面的国民收入、GDP 及其变化情况和微观方面的消费者的收入水平、就业程度等；分析社会文化环境的常用指标有居民的受教育程度、价值观念、宗教信仰、风俗习惯等；分析技术环境的常用指标有专利及其保护情况、政府对技术开发的支持度等，如图 4-3 所示。

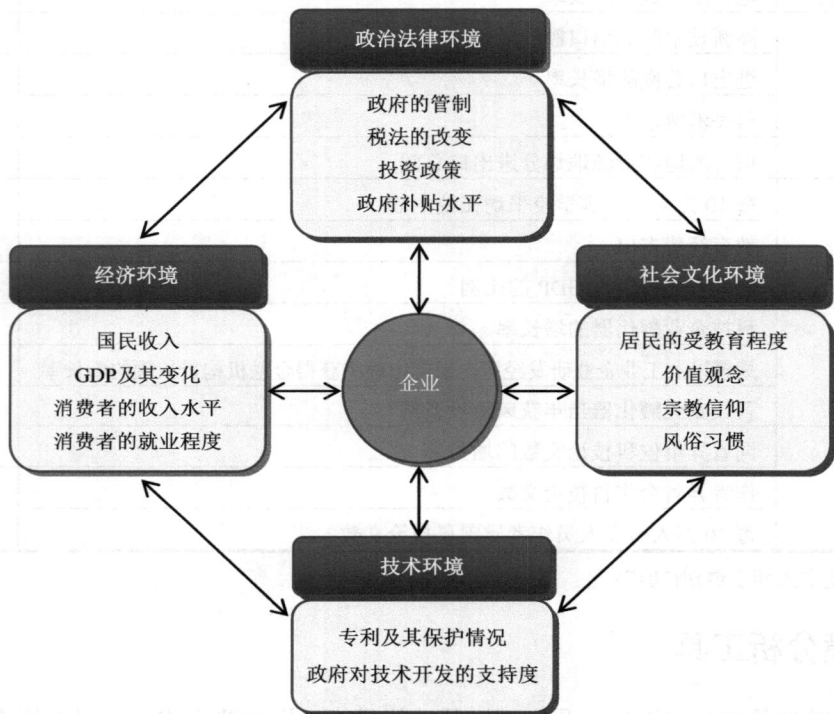

图 4-3 PEST 分析图

延伸阅读

PEST 工具应用实例

2. 不确定性的影响

不确定性指在没有获得足够的、有关环境因素的信息情况下必须做出决策，而决策人很难估计外部环境的变化。王伟毅和李乾文(2007)通过对相关文献的整理，总结了环境不确定性的三种来源。

来源一：不确定性的附着源，即决策者缺乏有关环境的政治、技术、市场、竞争和文化等自然状态知识，或关于其他相关经济主体行为的不确定性。

来源二：决策所需的信息来源和资源，即信息或者资源不足是造成不确定性的重要原因。

来源三：决策者感觉到的能力限制，即当决策者把环境或者环境构成要素视为不可预测时出现的环境不确定性，决策者在理解或预测总体环境变化对组织的影响上存在判断困难时出现的组织效应不确定性，和当决策者觉得自己没有能力预测个人决策后果或者存在风险时出现的决策回应不确定性。

在以上三种不确定性的来源中，前两种和环境直接相关，而第三种则和环境的观察者相关。这说明环境不确定性不仅来源于外部环境，同时也与决策者的能力和知识相关。因此，积极应对创业环境的不确定性，需要以训练、改进创业者的素质及机会识别能力等为重要途径之一，这是本书第三章和第五章的内容，将在相关部分重点讲解。本节则重点关注对外部环境的客观分析，围绕前两种不确定性的分析视角，介绍两种环境不确定性的分析模型。

(1) 环境不确定性的程度。"不确定性的附着源"即环境自身的特性。从这个意义上说，美国学者邓肯(Robert B. Duncan)将环境不确定性定义为决策需要考虑的环境构成要素的数量和变化，认为在考察外部环境对组织状态的影响时应将重点放在总体或任务环境的不确定性水平上，并将环境不确定性划分为复杂性和动态性两个维度。其中：环境复杂性是组织活动范围的变化和异质性，反映了外部环境组成要素的差异和竞争激烈程度；环境动态性指环境变化的速度，可能表现在技术、顾客需求、产品需求或者原料供应的变化上，这些领域中的变化越大，环境动态性越高。

根据环境的动态性和复杂性，可以把环境的不确定性按照程度的高低划分成四个层次，即低程度的不确定性、中等程度的不确定性、较高程度的不确定性和高程度的不确定性(见图 4-4)。低程度的不确定性环境处于一种简单与稳定的状况，其因素较少且变化不大，便于企业分析判断、识别机会并迅速做出决策。中等程度的不确定性环境处于一种复杂与稳定的状况，其因素较多，但变化不大，企业分析判断起来考虑的因素较多，识别机会相对难一些。较高程度的不确定性环境处于一种简单与不稳定的状况，其因素虽然较少，但变化大，不利于企业分析判断，识别机会较难。高程度的不确定性环境处于一种复杂与不稳定的状况，其因素多且变化大，使得企业分析判断难，识别机会也很难。

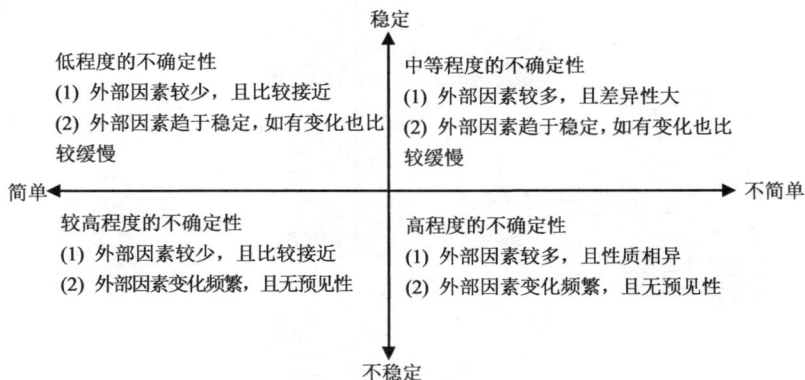

图 4-4　环境不确定性的程度划分

资料来源：杨波和张卫国(2009)

(2) 环境不确定性的来源。"决策所需的信息来源和资源"关注外部环境信息的来源维度。从这个意义上说,环境不确定性是指为企业带来机会或者威胁的事件及其趋势,主要表现为市场的不确定性与技术的不确定性。其中:技术的不确定性和潜在的科学知识与技术规范的完整性和正确性有关;市场的不确定性与消费者的需求有关。梅德强和龙勇(2010)对市场不确定性和技术不确定性设计了测度题项,如表4-7所示。

表4-7　市场不确定性和技术不确定性的测度题项

环境不确定性来源	测度题项
市场不确定性	市场需求很难预测
	顾客有时对价格非常敏感,有时又觉得价格不那么重要
	新、老顾客对于产品相关需求很不同
	顾客的产品偏好变化迅速,公司必须经常改变促销手段
技术不确定性	产品(服务)的技术更新快
	产品(服务)的技术研发投入大
	技术产业化难度大

资料来源:梅德强和龙勇(2010)

延伸阅读

环境不确定性与创业活动的关系

3. 波特的五力模型

五力分析模型是美国著名管理学家波特(Michael Porter)于20世纪80年代初提出的战略管理分析工具,对企业战略制定产生全球性的深远影响。该模型用于竞争战略的分析,可以有效地分析客户的竞争环境。其中五力分别是:供应商的讨价还价能力、购买者的讨价还价能力、潜在竞争者进入的能力、替代品的替代能力、行业内竞争者现在的竞争能力,如图4-5所示。五种能力的不同组合变化最终影响行业利润潜力变化。

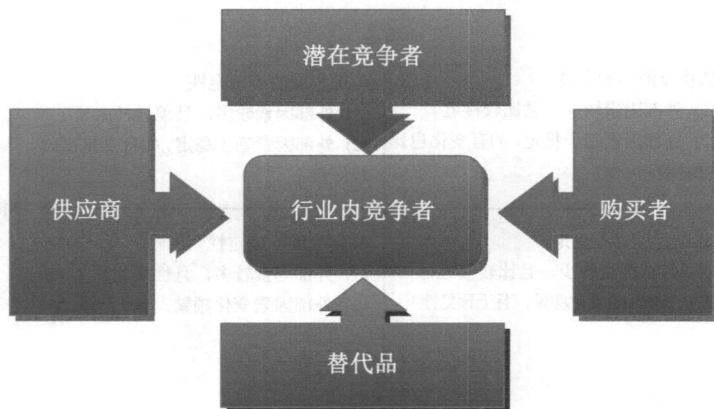

图4-5　波特的五力模型

延伸阅读

波特五力模型的工具应用实例

4. 战略群体分析

通过行业的五种力量模型可对各行业进行比较，也为选择高利润行业提供了依据。但对于已确定进入某一行业的初创企业而言，该如何决定其在该行业之中的竞争和定位？战略群体分析提供了对行业的细致刻画，有助于捕捉行业内各企业的差异，能为企业的竞争定位给出独特的分析视角。

战略群体的概念最早由亨特(Michael Hunt)于 1972 年提出，波特(1980)在此基础上将战略群体定义为某一产业中，执行同样或类似战略并具有类似战略特征的一组企业。群体内的企业采用相似的战略，不同群体的企业之间则差异明显。战略群体理论认为，行业内存在若干战略群体，群体之间被能够阻碍企业移动的移动壁垒分隔而成为稳定的结构。不同的移动壁垒对战略群体的保护能力不同，因而各群体具有不同的盈利水平。正如行业间盈利水平的差异提示企业需认真选择业务领域，群体间差异使得企业必须考虑行业内战略群体的情况，选择适合的战略群体，并更好地认识行业及其竞争状况，包括：了解战略群体间的竞争状况、了解各战略群体之间的"移动障碍"、了解战略群体内企业竞争的主要着眼点以及预测市场变化或发现战略机会。

对于战略群体划分，波特做了细致的研究。根据他的观点，可以考虑根据以下特性的组合来划分战略群体：产品(或服务)的差异化程度、各地区交叉的程度、细分市场的数目、所使用的分销渠道、品牌的数量、营销的力度(如广告覆盖面、销售人员的数目等)；纵向一体化的程度、产品的服务质量、技术领先程度(是技术领先者，不是技术追随者)、研究开发能力(生产过程或产品的革新程度)、成本定位(为降低成本所做的投资大小等)、能力的利用率、价格水平、装备水平、所有者结构、与政府或金融界等外部利益相关者的关系、组织的规模等。为了清楚地识别不同的战略群体，通常在上述特性中选择两项有代表性的特性，按照以下步骤绘制两维的坐标图。

(1) 辨析行业中将各个企业区分开的因素。
(2) 按照第(1)步选出的差别变量，把每个企业画在一个双变量图上。
(3) 把大致落在相同战略空间内的企业归为同一个战略群体。
(4) 给每一个战略群体画一个圆，使其半径与各个战略群体所占整个行业的份额成正比。

延伸阅读

战略群体分析工具应用实例

5. SWOT

美国旧金山大学国际管理和行为科学的韦里克(Heinz Weihrich)教授于 20 世纪 80 年代提出 SWOT 分析法。该方法能够客观准确地分析和研究出一个产品或一个组织所面对的整体市场环境，经常用于企业战略制定、竞争对手分析等。它包括分析企业的优势(Strengths)、劣势(Weaknesses)、机会(Opportunities)和威胁(Threats)。其中 S 和 W 主要关注于企业自身的实力及其竞争对手，用来分析内部的自身条件；O 和 T 主要关注外部环境的变化，用来分析外部环境条件。在分析时，应把所有的内部因素(即优劣势)集中在一

起，然后用外部的力量来对这些因素进行评估，进而导出四种策略，即 SO 策略、WO 策略、ST 策略、WT 策略，如表 4-8 所示。该分析工具可以帮助企业把资源和行动聚集在自己的强项和有机会最多的地方，并让企业的战略变得清晰。

表 4-8　SWOT 战略分析

SWOT 综合分析		内部因素	
		优　势	劣　势
外部因素	机会	(SO)扩展策略 发挥优势，抓住机会	(WO)防卫策略 利用机会，克服劣势
	威胁	(ST)分散策略 利用优势，回避威胁	(WT)退出战略

延伸阅读

SWOT 工具应用实例

6. BCG 矩阵

波士顿矩阵由美国著名的管理学家、波士顿咨询公司创始人亨德森(Bruce Henderson)于 1970 年首创。该方法把组织的战略事业单位或产品(服务)标在二维矩阵上，从而提供了一种分析框架，帮助理解性质不同的行业以及确立战略资源在行业分配的优先次序。波士顿矩阵认为一般决定产品结构的基本因素有两个：市场引力与企业实力。市场引力包括整个市场的销售量(额)增长率、竞争对手强弱及利润高低等，其中销售量增长率是最常用的指标，通过销售额增长百分比表示，是决定企业产品结构是否合理的外在因素；企业实力包括相对市场占有率，技术、设备、资金利用能力等，其中相对市场占有率是最常用的指标，通过以销售收入衡量的企业某类业务或产品在其所处产业的市场份额与该产业中该企业最大竞争对手市场份额之比来计算，是决定企业产品结构的内在要素，直接显示出企业竞争实力。根据这两个坐标，矩阵分成四个象限，每一个象限对应一种类型，分别为：问题类(销售量增长率高、市场占有率低的业务或产品群)、明星类(销售量增长率和市场占有率"双高"的业务或产品群)、现金牛类(销售量增长率低、市场占有率高的业务或产品群)和瘦狗类(销售量增长率和市场占有率"双低"的业务或产品群)，如图 4-6 所示。

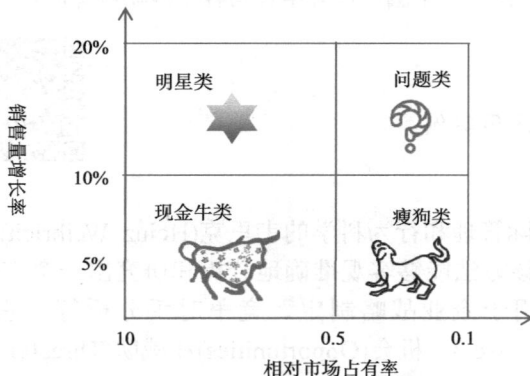

图 4-6　波士顿矩阵示意图

延伸阅读

波士顿矩阵工具应用实例

三、问卷设计及调研

你会发现：在以上的研究(见表 4-2、表 4-7)中，当某些指标缺乏直接、权威的统计数据支撑时，人们会选择设计问卷量表，自己调研相关数据。在本节，将介绍问卷设计及调研的基础性知识。

1. 问卷调查的定义及作用

问卷调查是指通过制定详细周密的问卷，要求被调查者据此进行回答以收集资料的方法。当一个研究者想通过社会调查来研究一个现象时，他可以用问卷调查收集数据，而问卷是一组与研究目标有关的问题，或者说是一份为进行调查而编制的问题表格，这些问题被打印在问卷上，编制成书面的问题表格交由调查对象填写，然后收回整理分析，从而得出结论。

2. 问卷的设计

1) 基本结构

(1) 开头部分：问卷标题、问候语、填写说明，目的是让用户第一时间了解本问卷的主题是什么，另外是通过填写说明减少用户填写中存在的少部分低级错误。

(2) 筛选部分：将不符合本问卷调查的对象筛选出去，提高问卷调查效率，最终确保问卷分析结果的有效性。

(3) 主体部分：整个问卷调查内容的核心所在。它包括了所要调查的全部问题，主要由问题和答案所组成。

(4) 背景部分：用户性别、年龄、职业等基本信息。背景部分价值体现在对用户类型的分层分析，假设对于同一个需求，不同类型的用户表现是否存在差异。

2) 问题类型

(1) 开放式问题：指所提出的问题并不列出所有可能的答案，而是由被访者自由作答。

例如："您在评价创业环境时，最关心哪些方面？"

优点：开放性问题可以让被调查者充分地表达自己的看法和理由，并且比较深入，激发自由思维，阐明应答者的观点，引出建议，故能收集到生动的资料；应答者之间的一些较细微的差异也可能反映出来，有时还可获得研究者始料未及的答案。特别适宜作探索性研究。

缺点：需花费较多时间和精力，应答者必须找到适当词语表达；要求应答者有较高的文化程度；由于许多人不习惯或不乐意用文字表达自己的看法，往往导致应答率低；搜集到的资料中无用信息较多，往往无法归类编码，难以建立有意义的变量作统计分析。

(2) 封闭式问题：指已事先设计了各种可能的答案，被访者只要从中选定一个或几个现成答案的提问方式。如：单选题、多选题、是非题、顺位题、程度测量题等。

例如："您认为以下哪个创业环境的支持对于大学生创业者而言最重要？A. 学校教育

B. 家庭影响　C. 市场环境　D. 政府支持　E. 社会文化"

优点：便于回答，节省时间；可以将不相干的回答减少到最低程度；利于提高调查表的回收率和有效率；易于进行各种统计处理和分析。

缺点：被访者只能在规定的范围内回答，可能无法反映其他各种真实的想法；它的设计比较困难，一旦设计有缺陷，被访者就可能无法正确回答问题，从而影响调查质量；对有些人，答案给了他们猜测和随便选答的机会；有时容易发生笔误。

(3) 混合式问题：是上述两种问题的折中，虽然提供选择，应答者还可以创造自己的答案。

例如："在创业环境分析工具中，您最倾向于使用哪种工具？(请只选一项)A. PEST B. SWOT　C. 波士顿矩阵　D. 其他(请注明：　　　)"

优点：如果确切的选择忽略了，答案也能提供；如果"其他"类型很多，则提示所提供回答的选择项目可能不够充足。

缺点："其他"类提供信息很少，应答者常选择提供的几种答案，较少创造自己的观点。

3) 设计的原则

问卷设计的原则众说纷纭，不一而足。本节选用钟柏昌和黄峰(2012)的观点，对问卷设计的原则介绍如下。

(1) 清晰性。本条原则要求问卷题目的描述逻辑清晰、不含糊，使用的术语应是全部被试者能够准确理解的术语，避免使用模糊的、技术性的术语及行话，避免超出被试者的知识和经验范围，否则将误导被试者，产生错误的填答。

(2) 单一性。本条原则要求在一个题目当中只调查一个问题，避免出现复合问题。如果一个题目涉及多种问题或多种情形，将使调查失去焦点，调查结果无法得出准确的推论。

(3) 中立性。问卷作为一种科学研究的测量工具，应该具有客观性。换言之，问卷中的每一个题目都应该是中性的，避免倾向性的提问(隐含或暗示期望的、偏向性的回答)。否则，将不能客观测量被试者的行为和态度，问卷的信度和效度都将大打折扣。

(4) 简单性。简单性的法则就是：为了获得必要的信息，题目越简单越好。

(5) 可靠性。有时候为了识别不诚实、不真实的回答，需要在问卷中设置必要的重复性题目或验证性题目。一般而言，一个问卷可以设计 1~2 个大同小异的题目，作为问卷有效性判断的依据之一。

(6) 间接性。在涉及隐私或敏感问题时，不宜直接发问。

(7) 排他性。任何一个封闭式问卷题目的选项都应是可以穷尽的和排他的，因此，问卷所提供的选项彼此都应该是边界独立的，是同一个维度或水平上的分类，尽量避免重复交叉的现象出现；如果无法枚举所有可能的选项，则必须增加一个"其他"选项；当遇到敏感问题时，如前所述，为避免强迫被试者做不愿做的回答，还必须提供中立的或中庸的选项。

(8) 敏感性。每个题目的陈述都应该有敏感性，以区别具有不同情况和态度的被试者，使调查获得更多有用的信息。具体而言，题目的敏感性又可分为问题(题干)的敏感性和选项的敏感性。

(9) 完整性。完整性主要指问卷调查内容应具有完备性，问卷题目能够覆盖调查研究主题的所有方面。可见，完整性直接关涉问卷的内容效度。如果说描述性研究主要针对现状做调查，那么对于解释性研究，问卷不仅要有现象的调查，更要侧重对造成这些现象的成因作探寻。为确保问卷内容的完整性，通常需要依据调查目标明确问题定义，采用层次分析方法分解问题，从上层的问题开始逐级分解，最后以最具体的问题结束，自上而下设计完整的分量表。

(10) 规范性。问卷设计要符合一般研究规范。比如，问卷的开头应该交代调查的目的、说明调查的保密性，问卷中要在适当的地方提供指导语，说明作答方法与要求，问卷的末尾要有致谢，等等。除此之外，有关态度问题的调查，大多数采用李克特五点量表法甚至更为细致的七点量表法。

除了以上原则之外，设计问卷时还应该注意避免诱导用户、问题数量要适宜、问题顺序要合理、问题间的逻辑清晰等原则。

3. 问卷的投放

投放问卷三要素：时间(投放时间范围)、地点(投放渠道)、人物(针对哪些用户进行投放)。投放渠道常见于以下两种：消息推送和 App 活动页。

1) 消息推送

(1) 短信。优点：可实现问卷的精准推送。缺点：成本高，无法获知短信反馈数据。

(2) EDM 邮件。优点：可实现问卷的精准推送，成本较低，能了解邮件的打开率、点击率、送达率等邮件反馈数据。缺点：使用邮件设备的局限性(PC 偏多，手机偏少)。

(3) 微信公众号。优点：成本低，可实现全范围的推送。缺点：有一定的局限性(局限于微信公众号内的粉丝)。

(4) App 消息推送。优点：成本低，可实现全面推送或精准推送，提高 App 用户活跃度。缺点：增加 App 卸载率，受限于移动设备的消息通知功能。

2) App 活动页

问卷内置在 App 里，其实质为活动页，那么活动页的展示可以有很多样，比如 App 启动页、首页活动轮播图、活动页列表等。相对于消息推送，App 问卷活动页属于被动调查，主动权在用户。优点：问卷有效性比较高。缺点：用户参与度较低，未能实现精准用户调查。

4. 问卷分析

目前很多问卷平台如"问卷星"可以对问卷结果进行数据筛选、交叉分析，并直接生成各种报表，也可以将数据导入 SPSS 进行更深入的统计分析。感兴趣的同学可以自行研究。

本章知识点自查

知 识 点			学习要求	自查
理论基础	创业环境的概念	平台论	熟悉	□
		要素论	熟悉	□
		系统论	熟悉	□

续表

知 识 点			学习要求	自查
理论基础	创业环境的维度	环境功能维度	熟悉	☐
		资源要素维度	熟悉	☐
		嵌入性环境维度	熟悉	☐
	创业环境与创业者的关系	种群生态流派	熟悉	☐
		资源依赖流派	熟悉	☐
实战训练	环境评价指标	指标实例	认识	☐
		指标建立	了解	☐
	环境分析工具	PEST	掌握	☐
		不确定性影响	掌握	☐
		波特的五力模型	掌握	☐
		战略群体分析	掌握	☐
		SWOT	掌握	☐
		BCG 矩阵	掌握	☐
	问卷设计及调研	问卷调查的定义及作用	熟悉	☐
		问卷的设计	掌握	☐
		问卷的投放	了解	☐
		问卷的分析	认识	☐

导 读 回 顾

亲爱的同学，通过本章的学习，你应该了解到类似于 GEM 的指标体系是如何构建的。这些指标体系可以直接借鉴类似 GEM 的成熟体系，也可以综合若干的指标体系并根据你所处的创业环境的特点进行定制化构建。但总体而言，指标体系是基于对创业环境不同维度的分解，提取出关键的测评标准并形成一个系统。

在针对不同创业环境测评指标的具体赋值上，如果类似于 GEM 的权威报告中有针对测评对象该项指标的直接、新近数据，我们可以选取这些数据；如果没有，我们可以通过构造调研问卷的方式获取一手数据。创业者正是通过这些指标体系以及其针对特定创业环境的具体赋值，对创业环境进行评估的。

但是，对通过指标体系对创业环境进行客观测评，只是被动地了解创业环境。对于创业者而言，他们还需要通过对周边环境的评估和趋势预测，结合初创企业自身的特性，进行更好的决策和管理。这就需要使用或者综合运用一些环境分析工具。同时，我们也可以将筛选的重要环境指标和环境分析工具结合，利用环境分析工具所提供的系统性的、定性的分析框架，并嵌入精细的、量化的因素分析，进行更好的创业环境分析和战略决策。

图 4-7 是本章的逻辑概念图，希望通过它，大家可以更好地回顾、理解本章的内容。

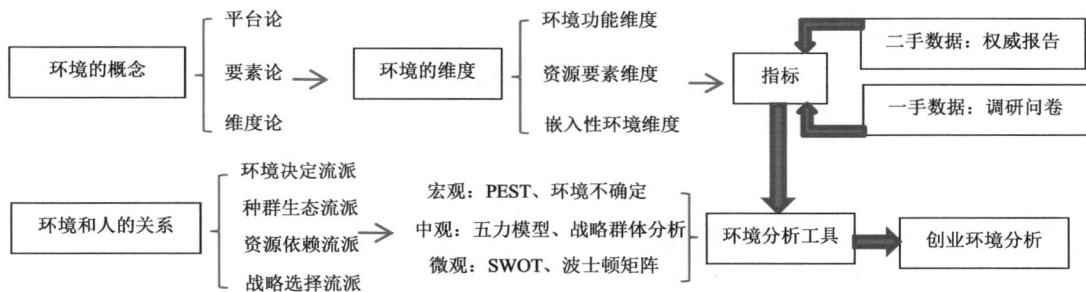

图 4-7 本章的逻辑概念图

课 后 习 题

1. 请解释创业环境的概念及维度。
2. 请解释不同流派下创业环境和创业者的关系。
3. 请说明建立环境评价指标的基本流程。
4. 试阐述主要的环境分析工具及其用途。
5. 请解释问卷调研的概念及作用。
6. 如何设计一个具有较好质量的问卷?

参考文献

第五章 创业机会

【学习目标】

(1) 了解创业机会的来源与分类;

(2) 了解识别创业机会的一般步骤与影响因素;

(3) 掌握有助于识别创业机会的行为方式。

引导案例

与其追随潮流，不如另辟蹊径

第一节 理 论 基 础

随着高校连年扩招，每年毕业生人数也连年增长，2003 年是高校扩招后本科生毕业的第一年，毕业生人数比上一年增加了 44.6%，2004 年毕业 280 万人，比上一年增长32.1%，2005 年毕业生达到了 338 万人(特别是近几年，高校毕业生每年有七八百万)。而市场需求没有明显的增加，供需矛盾仍然十分突出，就业压力大。这几年毕业生人数仍有较大增长，面对工作岗位没有明显增加的现实，毕业生们要同富有工作经验的下岗工人、劳动力价格低廉的农村富余人口进行竞争，就业形势不容乐观，就业压力仍然很大。

大学生面对当前如此严峻的就业形势，国家有关部门虽然也在极力用各种方式来缓解就业压力，但是仍然不能满足需要。这便促使毕业生们自己寻找更好的出路，那就是自己创业。国家人事部(现为人力资源和社会保障部)的官员也鼓励说：国家鼓励高校毕业生自主创业，并将为之创造一系列方便条件。所以，在这样的良好形势下，很多人都抓紧机会干起了属于自己或几个人一起的事业，走上了创业的道路。那么，如何才能创业呢？怎么创业呢？这一切都要从创业机会的识别开始。

一、创意与机会

1. 创意的概念

创意是打破常规的哲学，是破旧立新地创造与毁灭的循环，是思维碰撞，是智慧对接，是具有新颖性和创造性的想法，是不同于寻常的解决方法。创意是否具有商业价值存在不确定性。

2. 产生创意的方法

创意的产生是可以训练的。联想产生创意，头脑风暴法产生创意，洞察细微产生创意，勇于尝试产生创意。

1) 联想法产生创意

联想，是一种心理活动的方式，也是一种重要的构思方式，是充分激发人的大脑的想象力和联想力，提高创造性思维能力，从而产生有创造性的设想的方法。联想法可以驱使人们去联想那些根本联想不到的事物，从而产生思维的大跳跃，跨越逻辑思维的屏障而产生更多的新奇怪异的设想，而有价值的创造性设想就孕育在其中。

这是以丰富的联想为主导的创意方法系列，其特点是创造一切条件，打开想象大门，提倡海阔天空，反对一言不发，由此及彼传导，发散空间无穷。虽然从方法层次上看属于初级层次，但它是打开因循守旧堡垒的第一个突破口，因此极为重要。"头脑风暴法"是联想系列方法的典型代表。它所规定的自由思考、禁止批判、谋求数量和结合改善等原则，都能为产生丰富的想象创造条件。

2) 头脑风暴法产生创意

所谓头脑风暴最早是精神病理学上的用语，指精神病患者的精神错乱状态而言的，现在转化为无限制的自由联想和讨论。其目的在于产生新观念，或激发创造性设想。由头脑风暴一词可想而知，就是允许自由联想的程度以及创造者须将创造力(确切地说应是想象力、联想力)激发到某种程度。

这种集体自由联想方式就是可以创造知识互补、思维共振、相互激发、开拓思路的条件。

3) 组合法产生创意

事物由两个或两个以上的技术因素组合在一起的，这其中蕴含着一种组合的思想。运用这种思想进行创意发明的技法，称为组合法。即按一定的技术原理或功能目的，将两个或两个以上分立的技术因素通过巧妙的结合或重组，而获得具有统一整体新功能的新产品、新材料、新工艺等新技术的创造发明方法。组合的方式可分为：成对组合、内插式组合、辐射式组合、系统组合、焦点组合、模块组合等。

这是一个以若干不同事物的组合为主导的创意方法系列。其特点是把似乎不相关的事物有机地合为一体，并产生创意。组合是想象的本质特征。与类比法相比，组合法没有停留在相似点的类比上，而是更进一步把二者组合起来，因此方法层次更高。它也是以联想为基础的。

4) 移植法产生创意

移植法就是把某一事物或领域的原理、结构、功能、方法、材料等转移到另一事物或领域中去。利用这种更换载体启发发明创造的方法叫移植法。

3. 机会的概念

机会是指未明确的市场需求，或者未使用过的资源或能力。机会总是存在的，当一个机会消失了，就会产生另一个机会，当一类机会消失了，就会有另一类机会萌发，创业者要善于去创造机会并把握机会。并且对机会的创造要能从积累和行动两个角度去理解。

1) 有积累就会有机会

积累过程是成功的前提条件，而机会的出现和把握则是成功实现的必然条件。做任何事都必须要经过这两个过程才能够成功，而任何人只有经过了充分的积累之后出现并把握机会才会成功。这两个条件缺一不可。当成功的条件不具备时，我们必须要做一件事，那就是积累，不断地积累来等待机会，一旦积累到一定程度，机会出现，我们只要把握住机会，其结果就必然成功。

2) 练好自我本领

所有的机会都是留给有实力的人，也只有实力坚强的人，才有机会成为最后的赢家。因此，建立实力、培养实力，就成为所有事情的核心，也是任何人都应该要积极学习的课程。

成功者把挫折当机会，而失败者却把挫折当成一种麻烦，只会让自己远离成功。

二、商业机会与创业机会

创业机会也称为商业机会或市场机会，是指有吸引力的、较持久的和适时的商务活动空间，并最终表现在能够为消费者或客户创造价值或增加价值的产品或服务之中，同时能为创业者带来回报或实现创业目的。关于创业机会的概念学界的定义众多，总结起来创业机会通常有四种不同的定义方式。

(1) 可以为购买者或使用者创造或增加价值的产品或服务，它具有吸引力、持久性和适时性。

(2) 可以引入新产品、新服务、新原材料和新组织方式，并能以高于成本价出售的情况。

(3) 是一种新的"目的-手段"关系，它能为经济活动引入新产品、新服务、新原材料、新市场或新组织方式。

(4) 主要是指具有较强吸引力的、较为持久地有利于创业的商业机会，创业者据此可以为客户提供有价值的产品或服务，并同时使创业者自身获益。

综上所述，我们可以得出较为全面的概念：创业机会，是指在市场经济条件下，社会的经济活动过程中形成和产生的一种有利于企业经营成功的因素，是一种带有偶然性并能被经营者认识和利用的契机。

大多数创业者都是把握了商业机会从而成功创业，例如，蒙牛的牛根生看到了乳业市场的商机，好利来的罗红看到了蛋糕市场的商机。在现实生活中，这样的例子不胜枚举。但是，仅有少数创业者能够把握创业机会从而成功创业。一旦创业成功，不仅会改变人们的生活和休闲方式，甚至能创造出新的产业。随着人们对创业机会价值潜力的探索，会逐渐衍生出一系列的商业机会，从而滋生出更多的创业活动，例如互联网创业的例子。

三、创业机会的特征与类型

1. 创业机会的特征

《21世纪创业》的作者杰夫里·A.第莫斯教授提出，好的商业机会具有以下四个特征：第一，它很能吸引顾客；第二，它能在你的商业环境中行得通；第三，它必须在机会之窗存在期间被实施(注：机会之窗是指商业想法推广到市场上去所花的时间，若竞争者已经有了同样的思想，并把产品已推向市场，那么机会之窗也就关闭了)；第四，你必须有资源(人、财、物、信息、时间)和技能才能创立业务。

2. 创业机会的类型

创业者发现和把握创业机会的方式不同，创业活动的形式不同。根据不同的标准有不同的分类。从创业者发现创业机会的视角，把创业机会分为两种类型。

1) 创新型机会

创新是以新思维、新发明和新描述为特征的一种概念化过程。有三层含义：第一，更新；第二，创造新的东西；第三，改变。创新是人类特有的认识能力和实践能力，是人类主观能动性的高级表现，是推动民族进步和社会发展的不竭动力。一个企业要想走在时代前列，必须不断创新，一刻也不能停止创新。通过技术创新和产品创新，为人们带来方便。技术创新包括开发新技术，或者将已有的技术进行应用创新。产业创新主要建立在技术创新基础之上。产品创新指的是创造某种新产品或对某新产品或老产品的功能进行创新。

2) 模仿型机会

创业者看到他人创业成功后，采取模仿和学习而进行创业活动。模仿型创业具有投资少，见效快，迅速进入市场等特点。这种形式的创业，对于市场来说虽然也无法带来新价值的创造，创新的成分也很低，但与复制型创业的不同之处在于，创业过程对于创业者而言还是具有很大的风险成分。创业者如果具有适合的创业人格特性，经过系统的创业管理培训，掌握正确的市场进入时机，还是有很大机会可以获得成功的。

四、创业机会的来源

创业机会从何而来，不同的学者有不同的总结和提炼，依据不同的学者的观念，将创业机会的来源分为三个方面：第一是从创业者自身产生创业项目；第二是在生活中发现创业项目；第三是在产业中挖掘出来创业项目。

1. 从创业者自身产生创业项目

每个人都是一座宝藏，创业者从自身出发，就能够找到创业机会。主要从四个视角去审视自己。

其一是兴趣。关于兴趣，有的与生俱来，有的后天养成，都是潜藏在自身的某种特质的外在表现，可以成为生命存在的形式，也可以成为事业目标。比如，音乐家是以音符作为生命存在的形式，作家是以文字作为生命存在的形式。有了兴趣项目，便在其中流淌才智，挥洒创造力，演绎生命的精彩，幸福与成就融合为一。把兴趣变成创业的机会，成为生活的内容与生存状态。

其二是优势。优势是创业者所具有的强项、特长和某种资源。优势达到一定程度，就能有创业机会。如何确定优势呢？与别人比，自己有的别人没有，自己突出的而别人很一般。与自己比，在自己能够做好的几件事情中，选择能够做得最好的一件。

其三是眼界。目力所及要大，见识所及要多，思维所及要宽，创业机会自然产生。眼界广者其成就必大，眼界狭者其作为必小。目力所及的范围太小，见识所及的事物太少，思维所及的领域太窄，创造的能力就会被创造发生的元素之贫乏限制了。做一件事需要专注。但在专注之前，定要开阔眼界，才有对比与选择的机会，才有最好的创业机会产生。

其四是敏感。对生活中看到、听到、接触到的某些事物，去联想它的商业价值。敏感是商业意义上的聪慧和灵敏。敏感从哪里来？基础因素是来自商业历练中经验的积累，而产生的识别商业价值的眼力。直接因素是来自创业的想法长期萦绕在心头，形成的一种潜意识，这种潜意识在偶然中与某个现象发生碰撞，一个新的项目就产生了。

2. 在生活中发现创业项目

创业源于对生活的理解和把握，创业者从生活中的点点滴滴出发，就能够发现创业机会。可以从如下四个不同的视角去深入探析。

其一是发现某个产品的缺陷就是一个好的创业机会。如人们经常用不满意、不方便、不完善、不安全、不环保、不简洁、不牢靠、不便宜、不必要、不够、不及、不爽、不足这些词语评价一款产品或一项服务。这些评价的背后，反映的是未被满足的需求，创业者可以从这个视角出发，对产品或服务加以改进、完善和提高，就是一个好的创业机会。

其二是澄清事务混沌的表象，深入进去看个明白，就能够发现创业机会。经济这个事物，大到一个行业，小到一个产品，细到一项技术，只有深入进去才能看明白，由理解到通透。要么发现一个空白或看到一种趋势；要么弄清其中的某种联系找到问题的关键；要么产生灵感创造出新的模式；要么学会机智地利用行业中的潜规则。找到各种独立资源和要素的关联，在它们的关系中发现利润点。

其三是寻找隐蔽的资源，改进、提升、完善、转换成为新创业机会。挖掘的本意是探求、寻找，行为指向是天然性质的隐蔽资源。挖掘是项目发生的一个途径：面向隐蔽的资源，寻找而发现，提炼而结晶，加工而提升，使之成为有市场价值的东西。具有资源性质的东西大体可分为五个大类：自然的、文化的、历史的、风俗的、家庭的。把资源从隐蔽状态挖掘出来之后改进提升，就是一个好的创业机会。

其四是找到各种独立资源和要素的关联，在它们的关系中发现利润点就是创业机会。把项目所需资源简单地相加起来是资源整合，创业中要用资源整合的思维运作项目。体现在发现"资源之间"别人没发现的联系，在新的联系中产生新的功能；把各自"独立的利益"关联在一起产生新的利润点；把自己可借助的各种优势集中在一点上，实现某种局部市场的突破；在改变视角的前提下创造新的运作模式。

3. 在产业中挖掘出来创业项目

产业是指由利益相互联系的、具有不同分工的、由各个相关行业所组成的业态总称。尽管它们的经营方式、经营形态、企业模式和流通环节有所不同，但是，它们的经营对象和经营范围都是围绕着共同产品而展开的，并且可以在构成业态的各个行业内部完成各自的循环。在产业的关联中，在产业的跌宕起伏中找到创业机会。

其一是为那些淘金的人们供应矿泉水与牛仔裤。居住在海边的人们，根据潮涨潮落的规律，赶在潮落的时机，到海岸的滩涂和礁石上打捞或采集海产品，称为赶海。这给创业机会产生提供了一个思路：为那些追逐市场大潮的人们提供服务。市场经济潮起潮落，多少人在注视这"潮"的涌起，寻找这"潮"的信息，一旦发现他们翘首以盼的商机，就会不遗余力扑上去。我们可以紧紧地跟在这"潮"的后面，轻松地拣那些螃蟹、海蛤、贝壳，是大潮涌起的本身在创造一种需求。我们为那些急急赶潮的人们提供物资、劳务、信息、保障、服务等。

其二是进入一个成长中的产业链条中成为一个环。经济生活是一个系统，每个系统都是一个长长的链。每个链由多个环连接组成。链的特点是，每个环都不能独立动作。把一个项目比作链中的一个环，只要能够进入某个链中成为其中的一个环，你就是链中人，上推下拉想不动都不行。问题是进入哪个链？首先是与这个社会生活的永恒主题相关的需求，其次是与人类社会的困难、矛盾、问题的解决相关的事情。

其三是通过缝隙来借成熟产品的东风，同样是对优势资源的借助。有许多产品有着很长的历史，在漫长的年月里，留给老百姓不可磨灭的印象，形成了稳定的消费群体。与它的历史久远相联系，其生产工艺、销售模式是成熟的，但生产经营者和消费者对它的缺陷也司空见惯，不去用心琢磨。有的没有进行标准化生产，有的在工艺上并不讲究，有的不搞品牌推广，有的包装老套，有的在质量上存在缺欠，有的在某些功能上明显不足，也有的功能多余。这就为稳健的创业者留下空隙：在接受这个成熟的产品的同时，改进它的缺陷，强化、优化、细化某些功能。这就是从成熟产品的薄弱处入手，对其优势的借助。

其四是向前看，市场竞争似乎有新的趋势，国际上大企业间整合、重组、并购，商业巨头抢占销售终端，互联网谋划物流配送。这些现象会让我们想到企业竞争的新特点，那就是大型的企业集团之间，不同的物流配送网络之间，商业连锁系统之间的竞争，会成为今后企业竞争的新景观。新景观启发我们，在创业的开端，为了资金的安全，为了获得现代商务的历练，加入一个企业集团运行的链条，进入一个商业流通的环节，参与一个供应或配送体系等，都可以作为创业投资的切入口。

五、影响机会识别的关键因素

创业机会识别是创业领域的关键问题之一。从创业过程角度来说，它是创业的起点。创业过程就是围绕着机会进行识别、开发、利用的过程。识别正确的创业机会是创业者应当具备的重要技能。

创业机会以不同形式出现。焦点多集中在产品的市场机会上，但是在生产要素市场上也存在机会，如新的原材料的发现等。许多好的商业机会并不是突然出现的，而是对于"一个有准备的头脑"的一种"回报"。在机会识别阶段，创业者需要弄清楚机会在哪里和怎样去寻找。

在现有的市场中发现创业机会，是很自然和较容易的选择。一方面，它与我们的生活息息相关，我们能真实地感觉到市场机会的存在；另一方面，由于总有尚未全部满足的需求，在现有市场中创业，能减少机会的搜寻成本，降低创业风险，有利于成功创业。现有的创业机会存在于：不完全竞争下的市场空隙、规模经济下的市场空间、企业集群下的市场空缺等。

(1) 不完全竞争下的市场空隙。不完全竞争理论或不完全市场理论认为，企业之间或者产业内部的不完全竞争状态，导致市场存在各种现实需求，大企业不可能完全满足市场需求，必然使中小企业具有市场生存空间。中小企业与大企业互补，满足市场上不同的需求。生存市场对产品差异化的需求是大中小企业并存的理由，细分市场以及系列化生产使得小企业的存在更有价值。

(2) 规模经济下的市场空间。规模经济理论认为，无论任何行业都存在企业的最佳规模或者最适度规模的问题，超越这个规模，必然带来效率低下和管理成本的提升。产业不同，企业所需要的最经济、最优成本的规模也不同，企业从事的不同行业决定了企业的最佳规模，大小企业最终要适应这一规律，发展适合自身的产业。

(3) 企业集群下的市场空缺。企业集群主要指地方企业集群，是一组在地理上靠近的相互联系的公司和关联的结构，它们同处在一个特定的产业领域，由于具有共性和互补性而联系在一起。集群内中小企业彼此间发展高效的竞争与合作关系，形成高度灵活专业化的生产协作网络，具有极强的内生发展动力，依靠不竭的创新能力保持地方产业的竞争优势。

1. 潜在的市场机会

潜在的创业机会来自新科技应用和人们需求的多样化等。成功的创业者能敏锐地感知社会大众的需求变化，并能够从中捕捉市场机会。

新科技应用可能改变人们的工作和生活方式，出现新的市场机会。通信技术的发展，使人们在家里办公成为可能；互联网的出现，改变了人们工作、生活、交友的方式；网络游戏的出现，使成千上万的人痴迷其中，乐此不疲；网上购物、网络教育的快速发展，使信息的获取和共享日益重要。

需求的多样化源自人的本性，人类的欲望是很难得到满足的。在细分市场里，可以发掘尚未满足的潜在市场机会。一方面，根据消费潮流的变化，捕捉可能出现的市场机会；另一方面，根据消费者的心理，通过产品和服务的创新，引导需求并满足需求，从而创造一个全新的市场。

2. 衍生的市场机会

经济活动的多样化和产业结构的调整等会带来衍生的市场机会。

首先，经济活动的多样化为创业拓展了新途径。一方面，第三产业的发展为中小企业提供了非常多的成长点。现代社会人们对信息、情报、咨询、文化教育、金融、服务、修理、运输、娱乐等行业提出了更多更高的需求，从而使社会经济活动中的第三产业日益发展。由于第三产业一般不需要大规模的设备投资，它的发展为中小企业的经营和发展提供了广阔的空间。另一方面，社会需求的易变性、高级化、多样化和个性化，使产品向优质化、多品种、小批量、更新快等方面发展，也有力地刺激了中小企业的发展。

其次，产业结构的调整与国企改革为创业提供了新契机。党的十六大报告指出："要深化国有企业改革，进一步探索公有制特别是国有制的多种有效实现形式，大力推进企业的体制、技术和管理创新。除极少数必须由国家独资经营的企业外，积极推进股份制，发展混合所有制经济。"因此，随着国企改革的推进，民营中小企业除了涉足制造业、商贸餐饮服务业、房地产等传统业务领域外，将逐步介入中介服务、生物医药、大型制造等有更多创业机会的领域。

3. 成功的创业机会识别所需的条件

面对具有相同期望值的创业机会，并非所有潜在创业者都能把握。成功的机会识别是创业愿望、创业能力和创业环境等多因素综合作用的结果。

首先，创业的愿望是机会识别的前提。创业愿望是创业的原动力，它推动创业者去发现和识别市场机会。没有创业意愿，再好的创业机会也会视而不见，或失之交臂。

其次，创业能力是机会识别的基础。识别创业机会在很大程度上取决于创业者的个人(团队)能力，这一点在《当代中国社会流动报告》中得到了部分佐证。报告通过对 1993 年以后私营企业主阶层变迁的分析发现，私营企业主的社会来源越来越以各领域精英为主，经济精英的转化尤为明显，而普通百姓转化为私营企业主的机会越来越少。国内外研究和调查显示，与创业机会识别相关的能力主要有：远见与洞察能力、信息获取能力、技术发展趋势预测能力、模仿与创新能力、建立各种关系的能力等。

最后，创业环境的支持是机会识别的关键。创业环境是创业过程中多种因素的组合，包括政府政策、社会经济条件、创业和管理技能、创业资金和非资金支持等方面。一般来说，如果社会对创业失败比较宽容，有浓厚的创业氛围；国家对个人财富创造比较推崇，有各种渠道的金融支持和完善的创业服务体系；产业有公平、公正的竞争环境，那就会鼓励更多的人创业。

六、识别创业机会的一般过程

创业机会的识别的过程，是创业者对内自我剖析和对外环境把握的一个过程，有三个阶段：第一阶段是充分发掘出创业机会；第二阶段是排除受严重限制的创业机会；第三阶段是对创业机会进行排序。

第一阶段：充分发掘创业机会。从创业机会来源的不同视角，创业者结合个人与环境特征，充分发掘创业项目，之后将每个创业项目写下来。

第二阶段：排除受严重限制的创业机会。主要有 10 个方面的限制：①政策限制的。国家明确规定了有些领域是民间投资者不能进入的，有的行业的发展是在限制之列。②不环保的。这是高压线，一旦碰上，不死掉也是后患无穷、麻烦不断，除非你有解决的办法。③资源紧缺的。原料、材料、辅助材料绝对量日益减少，或者被国家和垄断组织控制着。④易燃易爆的。必定增加生产、储备、运输、销售的难度和风险，并时刻受到有关部门的监督。⑤消费能力很低的。如果你的产品和服务是面对一个消费能力极其低下的群体，又不可能在短时间内形成规模，盈利是困难的。⑥没有突出优势的。要么是技术的，要么是成本的，要么是功能的，要么是特色的，要么是地域、自然资源的，要么是经营模式的，与同类相比总要有点强人之处。⑦需要转变消费观念的。培养市场不属于创业者，尤其是涉及观念的转变，那是政府、社会、多个企业若干年时间才能办到的事情，你何苦当"冤大头"。⑧启动资金很大的。在没有前期运作过程，不能充分证明项目的优势的时候，千万不要指望私人股权资本和职业投资机构给你投资。⑨直接面对强大对手的。对方已有品牌、技术、市场和消费者认知，密集地占据你所在的地盘，与其直接对抗是不明智的，除非有某种优势为内涵的差异。⑩严重依附于人的。你的存在是建立在别的存在的基础之上，而这个"别的存在"又是自己不能控制的，终究有麻烦，不论是原料、技术，还是市场。

第三阶段：对创业机会进行排序。有两个标准：其一是市场需求；其二是自身优势。市场需求必须是直观而具体的，这就需要把标准表现为五个单项内容：正当的，恒久的，潜在的，有支付能力的，客户目标清楚的。自身优势是创业者本身具有的强项。优势作为标准，也表现为五个单项内容：专业的知识，经验的积累，拥有的资源，独有的强项，特别的兴趣。将每一个创业机会按照两个标准进行对比，符合的内容越多且分布越均衡，就是优先选择的创业机会。

七、识别创业机会的行为技巧

可以通过多种方法和技巧识别创业机会，这里主要通过对比来识别机会。

(1) 现有市场机会和潜在市场机会。市场机会中那些明显未被满足的市场需求称为现有市场机会，那些隐藏在现有需求背后的、未被满足的市场需求称为潜在市场机会。现有市场机会表现明显，往往发现者多，进入者也多，竞争势必激烈。潜在市场机会则不易被发现，识别难度大，往往蕴藏着极大的商机。

(2) 行业市场机会与边缘市场机会。行业市场机会是指某一个行业内的市场机会，而在不同行业之间的交叉结合部分出现的市场机会被称为边缘市场机会。一般而言，人们对行业市场机会比较重视，因为发现、寻找和识别的难度系数较小，但往往竞争激烈，成功的概率也低。而在行业与行业之间出现"夹缝"的真空地带，往往无人涉足或难以发现，需要有丰富的想象力和大胆的开拓精神，一旦开发，成功的概率也较高。

(3) 目前市场机会与未来市场机会。那些在目前环境变化中出现的市场机会称为目前市场机会，而通过市场研究和预测分析它将在未来某一时期内实现的市场机会称为未来市场机会。如果创业者提前预测到某种机会会出现，就可以在这种市场机会到来前早做准备，从而获得领先优势。

(4) 全面市场机会与局部市场机会。全面市场机会是指在大范围市场出现的未满足的需求，如国际市场或全国市场出现的市场机会，着重于拓展市场的宽度和广度。而局部市场机会则是在一个局部范围或细分市场出现的未满足的需求。在大市场中寻找和发掘局部或细分市场机会，见缝插针，创业者就可以集中优势资源投入目标市场，有利于增强主动性，减少盲目性，增加成功的可能。

八、有价值的创业机会的基本特征

有价值的创业机会一般具有价值性、时效性、持久性等基本特征。

首先，一定要符合未来发展的趋势，正所谓顺势而上，逆势而亡，把握行业发展趋势，方能抓准产品的设计，更好地满足用户的需求，进而创造价值。其次，公司的产品要好，因为产品是一个公司的灵魂，是创业者用于和消费者进行交换的资源，好的资源会促进交换的发生。再次，产品在市场的占有率。说的人多，做的人少，说明市场还很大。最后就是在创业路上有人给你提供指导、经验和方法，帮助你成功。

九、创业者应该考虑的具体条件

创业机会随处可见，从个人的视角，不是每一个创业机会都能够把握住。有些创业机会能够看到，但以个人当下可以整合的资源，无法把握住机会，这样的创业机会的价值潜力再大，盲目行动都会导致失败。如何能判新创业机会与个人的适应，主要从个人积累、社会网络、资金状况和创造性四个方面评价。

1. 个人积累层面

不同的教育背景和生活背景能够带来不同的创业机会，在先前经验和经历中产生创业机会。在特定产业中的先前经验有助于创业者识别机会。有调查发现，70%左右的创业机会，其实是在复制或修改以前的想法或创意，而不是全新创业机会的发现。

从专业知识中产生创业机会。拥有在某个领域更多专业知识的人，会比其他人对该领域内的机会更具警觉性与敏感性。例如，一位计算机工程师，就比一位律师对计算机产业内的机会和需求更为警觉与敏感。

2. 社会网络层面

社会网络是指社会个体成员之间因为互动而形成的相对稳定的关系体系。社会网络关注的是人们之间的互动和联系，社会互动会影响人们的社会行为。个人社会关系网络的深度和广度影响着机会识别，这已是不争的事实。通常情况下，建立了大量社会网络的人，会比那些拥有少量网络的人容易得到更多机会。

3. 资金状况方面

资金是创业过程中不可或缺的重要资源。创业之初，大多数创业者都没有充足的资金。不同的创业机会需要的启动资金的数量不同，这就决定了有些启动资金大的创业机会不好把握。而创业之初的资金大都是创业者自己或者家族的积累。创业者能够调动的现金的数量影响着其能够把握的创业机会。

4. 创造性方面

从某种程度上讲，机会识别实际上是一个创造过程，是不断反复的创造性思维的过程。在许多产品、服务和业务的形成过程中，甚至在许多有趣的商业传奇故事中，我们都能看到有关创造性思维的影子。

第二节　实　战　训　练

一、创业机会评价的特殊性

任何一个创业机会，在创业者评价和选择过程中，都有三个根本性的矛盾。

1. 能力与实践的矛盾

创业是创造性的实践活动，获得这种能力的唯一的途径是实践的历练。而创业者通常是在没有实践经验的情况下开始实践，在不具备创业能力的情况下进行创业。这便产生创业能力与创业实践的矛盾。矛盾决定了能力的获得与能力的产生总是同步进行的，进而决定了取得这种能力的费用是高昂的。创业机会评价总是在创业者不能完全把握创业机会的情况下评价创业的。

2. 功能创造与功能决定的矛盾

不论是提供物质产品还是服务产品，都是一种有效用的功能。创业者是功能的创造者，而功能的有效与否，最终决定于功能使用者的货币选票。矛盾就这样产生了，功能制造者不是功能决定者，而功能决定者不是功能制造者。这个矛盾是市场未知性的表现，决定了创业的风险性。

3. 演习和实战的矛盾

在创业初期所做的事情都具有探索的特征、实验的性质。这便产生了一个矛盾：本来属于探索的对象，却当成了确定的对象，本来属于实验的内容，却要当作真实的内容来做，对具有探索、实验性质的事情，却必须实实在在地做。这是用实战的方式进行事实上的演习，是用演习的本事去应对真刀真枪的实战。

二、创业机会评价的技巧和策略

创业者自身的特征及想法固然重要，但并不是每个想法都能转化为创业机会。许多创业者仅凭想法去创业，也对创业充满信心，但最终却失败了。不是每个创业机会都会给创业者带来益处，每个创业机会都存在一定的风险，因此，创业者在利用创业机会之前要对创业机会进行科学的分析与评价，然后做出相应的决策。评价创业机会，需要采取科学的评价方法。

从创新创业成功最大概率的角度来看，创新创业机会应该优先注重产品战略和市场战略，一般应该聚焦于产品战略或市场战略中的一种。比如，如果是技术型创业，则优先聚焦于产品战略，保持快速成长性；如果是市场机会型创业，则优先聚焦于市场战略，否则市场机会稍纵即逝，很容易丧失机会。

下面针对如何评估新创业机会，提出一套包括市场、效益、创业团队、个人、竞争优势、策略特色等六大要素的评估准则，并说明各准则因素的内涵，目的是为创新创业评估提供决策参考。

1. 市场方面的评估准则

1) 市场基础

一个好的新创业机会，必然具有特定市场基础，专注于满足顾客需求，同时能为顾客带来增值的效果。因此评估新创业机会的时候，可由市场定位是否明确、顾客需求分析是否清晰、顾客接触途径是否流畅、产品线是否可以持续衍生等，来判断新创业机会可能创造的市场价值。若能带给顾客越高的价值，则创业成功的机会也会越高。

2) 市场结构

针对新创业机会的市场结构进行六方面分析，包括进入障碍、上游厂商、顾客、渠道商的谈判力量、替代性竞争产品的威胁，以及市场内部竞争的激烈程度。由市场结构分析可以得知新创企业未来在市场中的地位，以及可能遭遇竞争对手的反击的程度。

3) 市场规模

市场规模大小与成长速度，也是影响创业成败的重要因素。一般而言，市场规模大者，进入障碍相对较低，市场竞争激烈程度也会略为下降。如果要进入的是一个十分成熟的市场，那么纵然市场规模很大，由于已经不再成长，利润空间必然很小，因此这项新创业恐怕就不值得投入。反之，一个正在成长中的市场，通常也会是一个充满商机的市场，所谓水涨船高，只要进入时机正确，必然会有获利的空间。

4) 市场渗透力

对于一个具有庞大市场潜力的新创业机会，市场渗透力(市场机会实现的过程)评估将会是一项非常重要的影响因素。聪明的创业家知道选择在最适时机进入市场，也就是当市场需求正要大幅成长之际，你已经将产能备好，等着接单。

5) 市场占有率

由新创业机会预期可达成的市场占有率目标，可以显示这家新创公司未来的市场竞争力。一般而言，要成为市场的领导厂商，最少需要拥有 20%以上的市场占有率。但如果低于 5%的市场占有率，则这项新创业的市场竞争力显然不高，自然也会影响未来企业上市的价值。尤其处在具有赢家通吃特质的高科技产业，新创业必须要拥有能够成为市场前几名的能力，才比较具有被投资的价值。

6) 产品的成本结构

由产品的成本结构，也可以反映该项新创业的前景是否亮丽。例如，由物料与人工成本所占比重之高低、变动成本与固定成本的比重，以及经济规模产量大小，可以判断这项新创业能够创造附加价值的幅度以及未来可能的获利空间。

2. 效益方面的评估准则

1) 合理的税后净利

一般而言，具有吸引力的新创业机会，至少需要能够创造 15% 以上税后净利。如果新创业预期的税后净利是在 5%以下，那么这就不是一个好的投资机会。

2) 达到损益平衡所需的时间

合理的损益平衡时间应该能在两年以内达成，但如果 3 年还达不到，则恐怕就不是一个值得投入的新创业机会。不过有的新创业机会确实需要经过比较长的耕耘时间，并经由这些前期投入，创造进入障碍，并因此保证后期的持续获利。在这种情况下，可以将前期投入视为一种投资，而较长的损益平衡时间，就可以获得容忍。

3) 投资报酬率

考虑到新创业开发可能面临的各项风险，合理的报酬率应该在 25%以上。一般而言，15%以下的投资报酬率，将不是一个值得考虑的新创业机会。

4) 资金需求

资金需求量较低的新创业机会，一般会比较受到投资者的欢迎。事实上，许多个案显示，资本额过高其实并不利于创业成功，有时还会带来稀释投资报酬率的负面效果。通常，越是知识密集的新创业机会，对于资金的需求量越低，投资报酬反而会越高。因此在创业开始的时候，不要募集太多的资金，最好透过盈余积累的方式来创造资金。

5) 毛利率

毛利率高的新创业机会，相对风险较低，也比较容易达成损益平衡。反之，毛利率低的新创业机会，风险则较高，遇到决策失误或市场产生较大变化的时候，企业很容易就遭受损失。一般而言，理想的毛利率是 40%。当毛利率低于 20%的时候，这个新创业机会就不值得再考虑。

6) 策略性价值

能否创造新企业在市场上的策略性价值，也是一项重要的评价指针。一般而言，策略性价值与产业网络规模、利益机制、竞争程度密切相关，而新创业机会对于产业价值链所能创造的附加值效果，也与所采用的经营策略与经营模式密切相关。

7）　资本市场活力

当新创业处于一个具有高度活力的资本市场，其获利回收机会相对也会来得比较高。不过资本市场的变化幅度极大，因此在市场高点时投入，资金成本较低，筹资相对容易。但在资本市场低点时，投资新创业开发的诱因则较低，好的新创业机会也相对较少。不过对投资者而言，市场低点的取得成本较低，有的时候反而投资报酬会更高。一般而言，新创企业在活络的资本市场比较容易创造增值效果，因此资本市场活力也是一项可以被用来评价新创业机会的外部环境指针。

8）　退出机制与策略

所有投资的目的都在于回收，因此退出机制与策略就成为一项评估新创业机会的重要指针。企业的价值一般也要由具有客观鉴价能力的交易市场来决定，而这种交易机制的完善程度也会影响新创业退出机制的弹性。由于退出的困难度普遍要高于进入，因此一个具有吸引力的新创业机会，应该要为所有投资者考虑退出机制以及退出的策略规划。

3. 创业团队方面的评估准则

1）　最佳团队组合

由声誉卓著创业家领军，结合一群各具专业背景成员所组成的创业团队，再加上紧密的组织内聚力与共同的价值观分享，这种所谓最佳团队组合可以被视为新创业成功的最佳保证。因此评价新创业机会，绝对不可忽视创业团队组合的成分以及团队整体能够对外发挥的程度。

2）　产业经验与专业背景

创业者与他的团队成员对于所要投入产业的相关经验与了解程度多寡，也会影响新创业是否获得成功的概率。一般可以经由产业内专家对于创业团队成员的背景经验与专业能力的评价，来获得这项信息。再好的新创业机会，如果创业团队不具备相关产业经验或专业背景，则对于投资者恐怕就不会具有任何吸引力。

3）　诚信正直的人格

创业者的人格特质也是一项会影响新创业成败的关键因素，尤其针对创业者的人品与道德观。在业界具有良好声誉，重视诚信、正直、无私、公平等基本做人处事原则的创业者，对于评价新创业机会通常都具有显著加分的效果。许多绝佳的创业机会，最后都是因为内部争权夺利而导致功败垂成，这也突显领导者人格特质对于创业成功的重要性。

4）　专业坦诚

一个好的创业者与他的团队成员，在各项经营管理与技术专业工作上，通常能够以理性客观的态度，坦诚面对各项问题，不刻意欺骗客户与投资者，不逃避事实，不否认自己的不足，并且创业团队成员也知道应该如何去做，才能克服自己的缺失。在许多创业失败个案中，都可以看到创业团队生怕别人看穿自己的缺失，因此强烈防御他人质疑，一味掩饰问题，以及推诿责任的态度，不但没有面对缺失的勇气，也没有解决问题的智能。精明的投资者经常可由访谈的过程，来判断创业团队的专业坦诚度，并作为是否支持该项创业的重要决策参考。

4．个人方面的评估准则

1）　与个人目标契合程度

创业过程中遭遇的困难与风险极大，因此有必要了解创业者的创业动机，以利于判断他愿意为创业活动付出的代价程度。一般认为，新创业机会与个人目标的契合程度越高，则创业者投入意愿与风险承受意愿自然也会越大，新创业目标最后获得实现的概率也相对较高。因此，一个具有吸引力的新创业机会，一定是一个能充分与创业者个人目标相契合的创业计划。

2）　机会成本

一个人一生的黄金岁月大约只有 30 年光景，其间可分为学习、发展与收获等不同阶段，而为了这项创业机会，你将需要放弃什么？可以由其中获得什么？得失的评价如何？在决定进行创业之前，所有参与创业的成员都需要仔细思考创业所要付出的机会成本。必须经由机会成本的客观判断，才可以得知新创业机会是否真的对于个人生涯发展具有吸引力。

3）　对于失败的底线

古人说，留得青山在，不怕没柴烧。创业必然需要面对可能失败的风险，但创业者也不宜将个人声誉与全部资源都压在一次的创业活动上。理性的创业者必须要自己设定承认失败的底线，以便保留下次可以东山再起的机会。因此在评估新创业机会的时候，也需要了解有关创业团队对于失败底线的看法。

4）　个人偏好

评估新创业机会的时候，也需要考虑新创业的内容与进行方式是否能够符合创业者个人的偏好，包括工作地点、生活习惯、个人嗜好等。

5）　风险承受度

由于每个人的风险承受度可能都不一样，因此这也将成为影响新创业机会评估的重要因素。一般而言，风险承受度太高或太低均不利于新创业的发展。风险承受度太低的创业家，由于决策过于保守，相对拥有的创新机会也会比较少。但风险承受度太高的创业家，也会因为孤注一掷的举动，而常将企业陷入险境。一个能以理性分析面对风险的人，才是比较理想的创业家，由他来执行的新创业机会相对才会比较具有吸引力。

6）　负荷承受度

创业团队的耐压性与负荷承受度，也是评量新创业机会的一项重要指针。负荷承受度与创业团队成员愿意为新创业投入工作量的多寡，以及愿意忍受的辛苦程度密切相关。一般来说，由负荷承受度较低的创业团队所提出的创业构想，成功的概率也一定会较低。

5．竞争优势方面的评估准则

1）　成本竞争力

一个好的新创业方案，通常都具有可以经由持续降低成本来创造竞争优势的能力。除了以发挥经济规模来降低成本之外，良好的品质管理、高效率的生产管理、优越的采购能力、快速的产品设计、比较高的自制率等，也都有助于降低成本。因此一项具有吸引力的新创业机会，应该能够对物料成本、制造成本、营销成本等拥有掌控与持续降低成本的能力。总之，新创业机会所呈现的成本竞争力，将是评价这项创业最后能否获得成功的重要指针。

2) 市场控制力

对于市场的产品价格、客户、渠道、零件价格的控制力，攸关企业的竞争优势，因此市场领导厂商通常都具有比较高的市场控制力。一个缺乏市场控制力的新创业机会，其投资吸引力也一定会比较低。如果一个新创业机会对于关键零件来源与价格缺乏控制力，对于经销渠道与经销商也缺乏控制力，同时订单几乎完全依赖少数一两个客户，那么这个创业面临的经营风险一定很高，要想持续获利也会非常困难。不过，如果新创业机会具有持续推进产品创新的能力，那么就比较有机会摆脱这种为他人所控制的市场困局。

3) 进入障碍

高进入障碍的市场，对于新创业开发相对比较不具有吸引力。同样的，新创业如果无法制造进入障碍，也不是一个好的投资机会。制造进入障碍的方式，包括专利、核心能力、规模经济、商誉、高品质低成本、掌握稀有资源、掌握通路、快速创新缩短生命周期等。在一个处处存在障碍的市场中，通常比较难以发掘好的创业机会。不过缺乏进入障碍的新市场，却往往容易吸引大量的竞争者，而使毛利快速下降。因此所谓具有吸引力的新创业机会，进入的应该是一个障碍还不太高的新市场，但进去以后就需要具备制造进入障碍能力，以用来保护自身的市场利益。

6. 策略特色方面的评估准则

一个具有吸引力的新创业机会，通常都需要具有某些特色，而这些特色往往能够成为新创业未来成功的策略性影响因子。以下我们列举可能影响新创业机会成功的十点策略特色，而发掘新创业是否具有这些特色，也是新创业机会评估不可或缺的工作。

1) 创业模式组合

主要评估新创业在创业者、创业团队、创业机会、创业资源四者间是否能够形成良好的搭配组合，也就是说这项创业活动是否在因缘际会与天时地利人和的情况下形成，并且将人、资源与机会之间做最佳的结合。

2) 团队优势

主要评估创业团队的专业能力、产业经验、道德意识、管理能力、决策能力等相互之间的组合，也就是发掘创业团队组成与运作是否能够为新创业带来特定的优势。

3) 服务品质

由于顾客服务品质攸关企业的市场竞争力，因此新创业的经营模式是否能在服务品质方面具有差异化特色，并且能够创造明显的竞争优势，也是新创业机会评价时的重要考量。

4) 定价策略

一个好的定价策略是采取略低于市场领导厂商产品的价格，而不是以过低的价格进行市场竞争。以低价位低毛利抢占市场，通常不是一种可取的竞争策略。因此在进行新创业机会评估时，也需要评估其定价策略是否具有能够创造优势的特色。

5) 策略弹性

成熟大型企业的最大弱点就是决策缓慢，尤其在需要调整策略方向的时候，往往要经过长期的内部折冲。反之，新创企业组织的包袱较少，决策速度与弹性相对较快，因此策略弹性将成为新创业企业发展的竞争优势。对于一项新创业机会的评估，我们当然也要看它在面临经营环境变化之际，其在经营决策方面能做出怎样快速弹性的应对。

6) 技术优势

新创业拥有的技术领先程度、技术专利、技术授权、技术联盟关系等，都可能成为一种可以创造优势的策略特色。

7) 进入时机

能掌握市场机会窗口打开的时机，采取适当的进入策略，这项新创业成功的概率自然也将会大幅提升。因此新创业机会对于市场进入时机的判断水准，也将成为一项重要的策略特色。

8) 机会导向

一般而言，凡是自动上门的机会，品质通常不高，而自己主动发掘的机会，才比较可能带来好的收获。因此凡是能够密切注意市场变化，主动发掘并实时掌握新创业机会的创业团队，他们创业成功的概率相对也会比较高。

9) 销售渠道

渠道经常是个被忽略的议题，但渠道却可能是对新创业发展产生致命影响的因素之一。技术背景创业者通常会有种错误的认知，他们以为只要产品精良，自然顾客就会上门。但实际上，许多优秀的产品却从来没有接触消费者的机会，而原因就是它们缺乏适当的销售渠道。所以新创业是否在销售渠道规划方面具有一定程度的创新优势与策略特色，也应该是评估新创业机会不可忽视的重点。

10) 误差承受力

由于所有的创业规划都属于预估，因此未来的实况必定与假设情境有极大的出入。所谓新创业规划误差承受力是指，在实现创业目标前提下，执行创业计划的弹性，以及创业团队与创业资源能够承受变动的程度。一项新创业如果对于未来情境预测误差能有比较高的承受力量，则也应该被视为是一项具有策略特色的新创业机会。

虽然前述针对新创业机会提出许多的评估准则，但由于创业本身就是一件具有高度风险特质的活动，没有一个创业机会是完美的，因此是否决定投入创业，仍然还是一件比较主观的决策。我们看到许多后来获得重大成功的新创业机会，都曾历经无数次的闭门羹，也大多属于一种主观性的决策。

三、蒂蒙斯创业机会评价体系

蒂蒙斯教授提出的创业机会评价框架是相对比较完善的，他认为，创业者从行业和市场、经济因素、收获条件、竞争优势、管理团队、致命缺陷、创业家的个人标准、理想与现实的战略性差异八个方面进行评价。

1. 蒂蒙斯创业机会评价指标

蒂蒙斯创业机会评价体系具体见表 5-1。

表 5-1　蒂蒙斯机会评价表

行业和市场	1.市场容易识别，可以带来持续收入
	2.顾客可以接受产品或服务，愿意为此付费
	3.产品的附加价值高
	4.产品对市场的影响力高
	5.将要开发的产品生命长久
	6.项目所在的行业是新兴行业，竞争不完善
	7.市场规模大，销售潜力达到 1 千万元～10 亿元
	8.市场成长率在 30%～50%甚至更高
	9.现有厂商的生产能力几乎完全饱和
	10.在五年内能占据市场的领导地位，达到 20%以上
	11. 拥有低成本的供货商，具有成本优势
经济因素	1.达到盈亏平衡点所需要的时间在 1.5 年以下
	2.盈亏平衡点不会逐渐提高
	3.投资回报率在 25% 以上
	4.项目对资金的要求不是很大，能够获得融资
	5.销售额的年增长率高于 15%
	6.有良好的现金流量，能占到销售额的 30%以上
	7.能获得持久的毛利，毛利率要达到 40%以上
	8.能获得持久的税后利润，税后利润率要超过 10%
	9.资产集中程度低
	10.运营资金不多，需求量是逐渐增加的
	11.研究开发工作对资金的要求不高
收获条件	1.项目带来附加价值，具有较高的战略意义
	2.存在现有的或可预料的退出方式
	3.资本市场环境有利，可以实现资本的流动
竞争优势	1.固定成本和可变成本低
	2.对成本、价格和销售的控制较高
	3.已经获得或可以获得对专利所有权的保护
	4.竞争对手尚未觉醒，竞争较弱
	5.拥有专利或具有某种独占性
	6.拥有发展良好的网络关系，容易获得合同
	7.拥有杰出的关键人员和管理团队
管理团队	1.创业者团队是一个优秀管理者的组合
	2.行业和技术经验达到了本行业内的最高水平
	3.管理团队的正直、廉洁程度能达到最高水平
	4.管理团队知道自己缺乏哪方面的知识

续表

致命缺陷	不存在任何致命缺陷
创业家的个人标准	1.个人目标与创业活动相符合 2.创业家可以做到在有限的风险下实现成功 3.创业家能接受薪水减少等损失 4.创业家渴望进行创业这种生活方式，而不只是为了赚大钱 5.创业家可以承受适当的风险 6.创业家在压力下状态依然良好
理想与现实的战略性差异	1.理想与现实情况相吻合 2.管理团队已经是最好的 3.在客户服务管理方面有很好的服务理念 4.所创办的事业顺应时代潮流 5.所采取的技术具有突破性，不存在许多替代品或竞争对手 6.具备灵活的适应能力，能快速地进行取舍 7.始终在寻找新的机会 8.定价与市场领先者几乎持平 9.能够获得销售渠道，或已经拥有现成的网络 10.能够允许失败

评价体系说明：

(1) 主要适用于具有行业经验的投资人或资深创业者对创业企业的整体评价。

(2) 该指标体系必须运用创业机会评价的定性与定量方法才能得出创业机会的可行性，及不同创业机会间的优劣排序。

(3) 该指标体系涉及的项目比较多，在实际运用过程中可作为参考选项，结合使用对象、创业机会所属行业特征及机会自身属性等进行重新分类、梳理、简化，提高使用效能。

(4) 该指标体系及其项目内容比较专业，创业导师在运用时一方面要多了解创业行业、企业管理和资源团队等方面的经验信息，另一方面要掌握这 50 多项指标内容的具体含义及评估技术。

2. 应用蒂蒙斯创业机会评价体系时的注意事项

1) 影响创业机会评价结果的三个重要因素

首先，评价主体的个性特征差异。由于评价者在信息处理方式和行为决策风格等方面存在显著差异，使得不同评价者在评价同一个创业机会时会出现结果差异。中创教育认为，为规避个性差异可采用"360°"的评价模式。

其次，评价主体的工作年限。蒂蒙斯在研究中指出，企业工作经验对创业者能否做出正确判断有重要影响作用，他认为"具有至少 10 年或 10 年以上的企业经验，才能识别出各种商业行为，并获得创造性的预见能力和捕捉商机的能力"。因此，工作年限超过 10 年的创业者的意见比工作年限较短的创业者和管理者的意见更值得重视，评价结果更为可靠。即对创业导师的工作经验要求比较高。

最后，评价主体的管理经验。在进行机会评价时，评价者的知识结构、专业技能会起到重要的影响作用。有高管工作经验意味着其可以掌握更多的决策经验和资源控制能力。因此，在机会评价时，对创业导师的管理经验，尤其是高级管理经验要求较高。

2) 评价创业机会的五项基本标准

无论采用何种评价体系和评价方法，都需要考虑创业机会评价的基本标准。有研究指出，评价创业机会至少有以下五项基本标准。

(1) 对产品有明确的市场需求，推出的时机也是恰当的。

(2) 投资的项目必须能够维持持久的竞争优势。

(3) 投资必须具有一定的高回报，从而允许一些投资中的失误。

(4) 创业者与机会之间必须相互合适。

(5) 机会中不存在致命的缺陷。

这五项基本标准，为创业导师应用该工具时提供了基本工作准则，以达成评价的预定目标和可靠结果。

延伸阅读

新东方的创业之路

四、客户痛点分析

董明珠格力手机二代于 2016 年 7 月 6 日已开卖，海信手机试图借助欧洲杯再度抢占市场。对于企业"拓客"来说，不论是出于跨界打击还是跨行深挖的营销动机，目的都在于精准地抓住客户的需求燃点，促成产品的成交。那该如何精准掌握客户的需求呢？

开篇之前，我们先讨论一个很无聊的问题：客户为什么要买你的产品？

答案是：客户有需求。

再问：客户为什么有需求呢？

答案：因为客户需要解决问题。

再问：有问题就会有需求吗？

答案：因为我的产品品质好，因为客户信任我的产品……

再问：最后，到底有多少客户买了你的产品？

答案：这个……

好了，现在我们来分析开启营销法门的三大法则。

法则一：抓住客户的痛点

痛点，简单来说，就是需要及时、必须解决的问题，有强烈的迫切感。如果不解决，就会很苦恼、痛苦。那在营销中如何抓住客户的痛点，确切地说，就是客户的基本刚性需求呢？我们来看下面的例子。

如：浑身红肿，瘙痒不止，是不是一个急待解决的问题？你还能正常工作？你还能愉快地出门玩耍吗？你需要减轻痛苦。所以，药品开瑞坦的广告语：过敏一粒就舒坦！24小时长效抗过敏，快用快舒坦。抗过敏，快用开瑞坦，30分钟起效。

如：夏天怕热，怕上火，是不是一个急需解决的问题？对火锅很偏爱的你，可能因为怕上火而不敢吃，而影响心情。所以，凉茶王老吉的经典广告语就是：怕上火，喝王老吉！

如：国内首款针对大姨妈的固体饮料姨夫茶推出两个月后，月流水突破 50 万元。产品的宣传语：解放你的大姨妈。一个是生理疼痛的解放；一个是心理情绪的解放，完全抓住了女生生理期不可明说的痛点。

所以，我们要做的，就是发现问题，解决问题，最后告诉消费者：我能帮你解决这个问题，如果你想解决问题，可以选择我的产品。

法则二：抓住客户的痒点

痛点是非解决不可，痒点就不一定需要。痒点更多的是消费者的潜在需求，更多地满足一种深层次的欲望，那在营销中，如何能挠到客户的痒点呢？我们来看下面的例子。

如：汽车的广告语——0 元购车，不是梦！很多收入不高的工薪族都对拥有一台汽车无限向往，一是汽车的便捷，二是心理上的优越感和炫耀感。

如：一网友提供的丰胸广告文案——不甘被"掌控"，就要"胸"怀天下。对于平胸的女士，这是一个极想解决又可以不需要必须解决的事儿，关键看你对美丽的要求程度。

如：面对疯涨的房价，房地产的广告语——房价这样涨，时间那么长，不买你悔终生！住房是刚需，房价疯涨，让你"购"不着，这买不到的感觉就是"痒"。

所以说，痛点对应的是解决消费者的刚性需求；而痒点更多的是满足消费者的欲望，给人一种在心理上更多的满足感。我们要做的就是不断地刺激痒点让消费者非搔痒不可。

法则三：抓住客户的兴奋点

兴奋点即产品的卖点，简单地说就是和同类产品相比，你的产品所体现的差异化特色。只要你把产品介绍完，一下就能抓住客户的兴奋点，打动人心。我们来看下面的例子。

如：华为手机，一听品牌没什么特色。

如果我说华为手机品牌已经赶超了苹果手机，你会不会油然而生一种民族自豪感，产生购买欲望呢？

如：蒙牛特仑苏广告语——不是所有的牛奶都是特仑苏。

牛奶有很多种，但是特仑苏可能就是不一样，你会不会因为好奇心的驱动，去购买呢？

这样关于卖点的例子很多……

这点，我想对于每个营销君来说，不必在此赘述。

看了以上三个法则，看下你的产品，根据产品特点，你该抓住客户的痛点、痒点、兴奋点哪一点进行营销，还是抓住三点共同发力组合营销呢？

延伸阅读

曾经给李嘉诚拎包的亿万富翁——段云松

五、创意的概括和描述技巧

1. 职场冲浪

(1) 了解我自己：有哪些创业能力已经具备？有哪些还有待于改善？
(2) 通过了解反映出来的问题，我将如何选择？继续努力还是放弃？或其他？

我选择_____

因为_____

2. 未来风向标

序 号	标 题	实施行动	实施时间
1.	自我分析		
2.	制定自己的行动计划		
3.	付诸实施		
4.	定期自我检查		

3. 职场演练：课外活动

活动主题：创意大比拼

了解身边、媒体上的各种经济信息，你发现了商机或激发起自己的创业灵感了吗？如果你已经有发现，那就赶快行动吧！

活动建议：

请你在自己所在的社区及周边地区仔细观察：商店经营什么，生意怎样？服务如何？十分挑剔地去观察，找出他们的不足之处。假如你去做，能在哪些方面更胜一筹？能否参与竞争获得市场份额？

本章知识点自查

	知 识 点		学习要求	自查
理论基础	商业机会的概念及特征	创意与机会	熟悉	☐
		商业机会与市场机会	熟悉	☐
		商业机会的特征及类型	熟悉	☐
	商业机会来源	自身	熟悉	☐
		社会生活	熟悉	☐
		创新	熟悉	☐
	创业者应该考虑的因素	个人积累	熟悉	☐
		社会网络	熟悉	☐
		资金状况	熟悉	☐
		创造性	熟悉	☐
	如何识别创业机会	创业机会识别过程	熟悉	☐
实战训练	创业机会的评价体系	创业评价的技巧和策略	认识	☐
		蒂蒙斯创业机会评价体系	了解	☐
	应用	客户痛点分析	掌握	☐
		创意的概括及描述技巧	掌握	☐

导读回顾

通过本章的学习，你应该了解了关于创业机会的选择及其来源，懂得了如何抓住创业机会、评价创业机会。创业机会的评价指标体系可以直接借鉴蒂蒙斯创业机会评价体系的成熟体系，也可以综合若干的指标体系并根据你所处的创业项目进行定制化构建。

下图是本章的逻辑概念图，希望通过它，你可以更好地回顾、理解本章的内容。

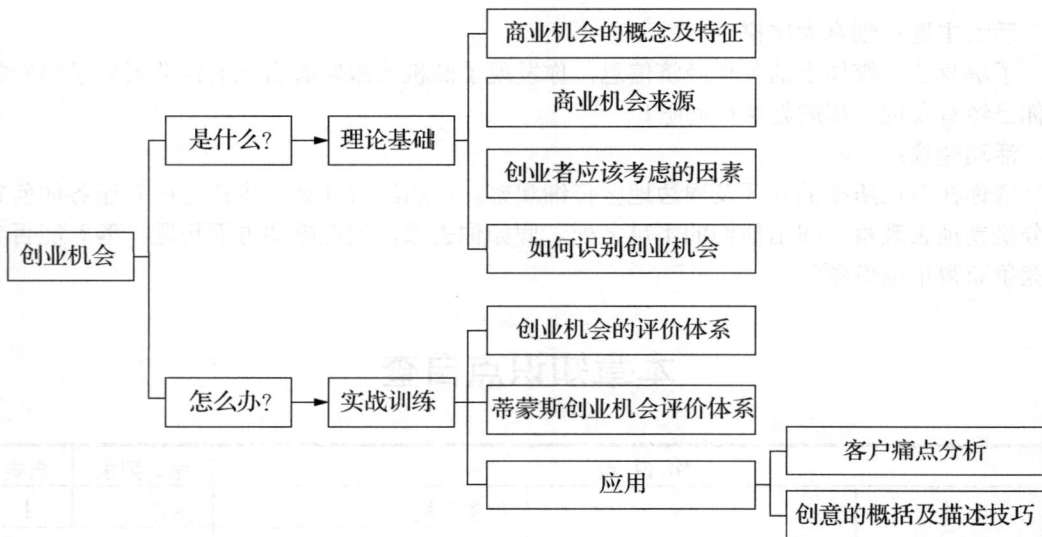

课后习题

1. 请解释创业机会的概念及来源。
2. 试阐述创业机会的评价步骤。
3. 请简单叙述蒂蒙斯创业机会评价体系。

第六章 商业模式

【学习目标】

(1) 了解商业模式的基本概念;
(2) 理解商业模式四个视角下的九个要素;
(3) 掌握商业模式九个要素涉及的内容。

引导案例

人人车——"九死一生"的 C2C 坚挺地活了下来

第一节 理论基础

商业模式日益受到企业家、创业者和理论界的重视。它不仅可以为创业活动提供指导,同样也能为既有企业的经营提供指导;它不仅是创业者创业活动的蓝图、工具,也是既有企业创新发展的重要指导工具。"今天,数不清的商业模式创新正在涌现。采用全新商业模式的新型产业正在成为传统产业的掘墓人。新贵在挑战守旧派,而有些守旧派正在慌乱中重塑自己"。

也有人认为,在技术面前,商业模式并没有多大意义。技术派的创业者往往容易忽略商业模式的价值。但是,大量的企业案例都验证了商业模式对创业和企业经营的重要性,从早期的施乐复印机发展、BETA 制式和 VHS 制式的录像机之争,到目前的等离子电视与液晶电视之争等,大量案例证明,如果忽略了商业模式,再先进的技术也没有意义。

一、商业模式的概念

商业模式这个概念最早出现在 1957 年,之后并没有引起多大的关注。直到 20 世纪 90 年代,随着互联网时代的到来和电子商务的蓬勃发展,商业模式逐渐引起了学者的关注,成为当代管理学研究和讨论的热点之一。同时,这一概念也逐渐被企业家、创业者和风险投资者津津乐道。但是,对商业模式的概念,并没有形成一个公认或统一的定义。在理论研究中,学者们往往根据自己的研究目的而给出相应的定义,迄今为止,商业模式至少有三四十个定义。同时,实业界对商业模式的理解又比较混乱,很多企业家和创业者完全根据自己的感觉理解商业模式,将商业模式和管理模式混为一谈,将网络模式等同于商业模式,将商业模式等同于盈利模式,甚至把新型业态等同于商业模式。事实上,无论怎样定义商业模式,我们只需要把握住商业模式的核心就可以设计出自己的商业模式。

商业模式是创业者的创意,商业创意来自机会的丰富和逻辑化,并有可能最终演变为商业模式。其形成的逻辑是:机会是经由创造性资源组合传递更明确的市场需求的可能性

(Schumpeter，1934；Kirzner，1973)，是未明确的市场需求或未被利用的资源或者能力。

如果锁定一个好的商业模式，成功就有了一半的保证。商业模式就是公司通过什么途径或方式来赚钱。简言之，饮料公司通过卖饮料来赚钱；快递公司通过送快递来赚钱；网络公司通过点击率来赚钱；通信公司通过收话费来赚钱；超市通过平台和仓储来赚钱；等等。只要有赚钱的地儿，就有商业模式存在。

随着市场需求日益清晰以及资源日益得到准确界定，机会将超脱其基本形式，逐渐演变成为创意(商业概念)，包括如何满足市场需求或者如何配置资源等核心计划。

随着商业概念的自身提升，它变得更加复杂，包括产品/服务概念、市场概念、供应链/营销/运作概念(Cardozo，1996)，进而这个准确且差异化的创意(商业概念)逐渐成熟最终演变为完善的商业模式，从而形成一个将市场需求与资源结合起来的系统。

商业模式是一种包含了一系列要素及其关系的概念性工具，用以阐明某个特定实体的商业逻辑。它描述了公司所能为客户提供的价值以及公司的内部结构、合作伙伴网络和关系资本等用以实现(创造、推销和交付)这一价值并产生可持续盈利收入的要素。

二、商业模式的本质

商业模式的本质是价值链，价值链是企业运营过程中一系列关键活动的组合，企业的运营过程就是由若干条不同的价值链组成的。通过对价值链的分析，不仅可以看到企业整体的价值是如何体现的，更可以看到企业内部每一项关键活动的价值。通过这种分析，能够明确企业在营销过程中创造了什么样的价值，这些价值能不能够推动企业的持续成长，保证企业在竞争中赢得持续的优势。更为重要的是，通过价值链的分析，企业可以不断修正和提升价值链中的各个环节，从而使整条价值链能够更好地联系起来，避免因为某点表现差而导致整条价值链的"断裂"。

知识拓展

商业模式新解：商业模式是一个企业满足消费者需求的系统，这个系统组织管理企业的各种资源(资金、原材料、人力资源、作业方式、销售方式、信息、品牌和知识产权、企业所处的环境、创新力，又称输入变量)，形成能够提供消费者无法自力而必须购买的产品和服务(输出变量)，因而具有自己能复制且别人不能复制，或者自己在复制中占据市场优势地位的特性。

三、商业模式的构成

商业模式概念的核心是价值创造。商业模式，是指企业价值创造的基本逻辑，即企业在一定的价值链或价值网络中如何向客户提供产品和服务，并获取利润的。通俗地说，就是企业是如何赚钱的。商业模式是一个系统，由不同组成部分、各部分间连接关系及其系统的"动力机制"三方面所组成。

1. 价值定位

创业公司所要填补的需求是什么或者说要解决什么样的问题？价值定位必须清楚地定义目标客户、客户的问题和痛点、独特的解决方案，以及从客户的角度来看，这种解决方案的净效益。

2. 目标市场

目标市场是创业公司打算通过营销来吸引的客户群，并向他们出售产品或服务。这个细分市场应该有具体的人数统计以及购买产品的方式。

3. 销售和营销

如何接触到客户？口头演讲和病毒式营销是目前最流行的方式，但是用来启动一项新业务还是远远不够的。创业公司在销售渠道和营销提案上要做具体一些。

4. 生产

创业公司是如何做产品或服务的？常规的做法包括家庭制作、外包或直接买现成的部件。这里的关键问题是进入市场的时间和成本。

5. 分销

创业公司如何销售产品或服务？有些产品和服务可以在网上销售，有些产品需要多层次的分销商、合作伙伴或增值零售商。创业公司要规划好自己的产品是只在当地销售还是在全球范围内销售。

6. 收入模式

你是如何赚钱的？关键要向你自己和投资人解释清楚你如何定价，收入现金流是否会满足所有的花费，包括日常开支和售后支持费用，然后还有很好的回报。

7. 成本结构

创业公司的成本有哪些？新手创业者只关注直接成本，低估了营销和销售成本、日常开支和售后成本。在计算成本时，可以把预估的成本与同类公司发布出来的报告对比一下。

8. 竞争

创业公司面临多少竞争者？没有竞争者很可能意味着没有市场。有 10 个以上的竞争者表明市场已经饱和。在这儿要扩展开来想一想，就像飞机和火车，客户总有选择的机会。

9. 市场大小、增长情况和份额

创业公司产品的市场有多大？是在增长还是在缩小？能获得多少份额？VC(venture capital，风投)寻找的项目所在的市场每年要有两位数的增长率，市场容量在 10 亿美元以上，创业公司要有10%以上市场占有率的计划。

创业公司在商业模式上常见的失误有：做出来的解决方案没有市场需求，产品缺乏特定的市场，产品总是免费赠送。

一个好的商业模式至少要包含以上9个基本元素中的前7个。

投资者希望能很好、很早地理解创业公司的商业模式。他们不想听创业者向客户推销式的演讲。这样的演讲通常都自然地回避了创业者打算赚多少钱的问题，以及创业者期望确认多少客户的问题。向投资人做那样的演讲只会让创业者和投资人双方都感到很恼火。

一个可行、有投资价值的商业模式是创业者需要在商业计划书中强调的首要内容之一。事实上，没有商业模式，创业就只是一个梦想。

知识拓展

2003 年，迈克尔·莫里斯(Michael Morris)通过梳理相关文献，第一次较为系统地总结了商业模式构成要素。他的研究发现，不同的研究者认为，商业模式的构成要素数量从3 个到 8 个不等，共有 25 个项目系统地总结了商业模式构成要素。这些研究中，被多次提到的要素有：价值提供(12 次)、经济模式(11 次)、用户界面与关系(9 次)、伙伴关系(7 次)、内部基础设施活动(7 次)。此外，目标市场、资源与能力、产品和收入来源也被多次提到。因而，这些要素可以被认为是构成商业模式的关键要素。

四、商业模式的特征

商业模式具有以下特征：

(1) 商业模式是一个整体的、系统的概念，而不仅是一个单一的组成因素。如收入模式(广告收入、会员费、服务费)、向客户提供的价值(在价格上竞争、在质量上竞争)、组织架构(自成体系的业务单元、整合的网络能力)等，这些都是商业模式的重要组成部分，但并非全部。

(2) 商业模式的组成部分之间必须有内在联系。这个内在联系把各组成部分有机地关联起来，使它们互相支持、共同作用，形成一个良性的循环。

五、商业模式的分类

所谓的商业模式是指企业根据自己的战略性资源，结合市场状况与合作伙伴的利益要求，设计的一种商业运行组织；这种商业运行组织一般会涉及供应商、制造商、经销商、终端商以及消费者等综合性利益。商业模式不同于单一的渠道策略，商业模式更多的是一种基于利润结构为导向的组织结构性设计，而不是简单的一种渠道铺货策略。

根据以上内容，一般将商业模式分为以下三类。

1. 运营性商业模式

运营性商业模式重点解决企业与环境的互动关系问题，包括与产业价值链环节的互动关系。运营性商业模式创造企业的核心优势、能力、关系和知识，主要包含以下两个方面的内容。

(1) 产业价值链定位：企业处于什么样的产业链条中，在这个链条中处于何种地位，企业结合自身的资源条件和发展战略应如何定位。

(2) 盈利模式设计(收入来源、收入分配)：企业从哪里获得收入，获得收入的形式有哪几种，这些收入以何种形式和比例在产业链中分配，企业是否对这种分配有话语权。

2. 策略性商业模式

策略性商业模式对运营性商业模式加以扩展和利用。应该说策略性商业模式涉及企业生产经营的方方面面。

业务模式：企业向客户提供什么样的价值和利益，包括品牌、产品等。

渠道模式：企业如何向客户传递业务和价值，包括渠道倍增、渠道集中/压缩等。

组织模式：企业如何建立先进的管理控制模型，比如建立面向客户的组织结构，通过企业信息系统构建数字化组织等。

每一种新的商业模式的出现，都意味着一种创新、一个新的商业机会的出现，谁能率先把握住这种商业机遇，谁就能在商业竞争中先拔得头筹。

商业模式具有以下特征。①商业模式具有生命性。一个世纪前，金·吉利通过赠送产品来赢得财富，创造了一种新的商业模式；而今天当各商家都用打折或买一送一的方式来促销时，这就不再是一种商业模式。②商业模式具有可移植性。如果今天我们生产剃须刀片的企业仍然通过免费赠送剃须刀来卖刀片，它就不能称为商业模式；而当新型的网络企业通过各种免费方式赢得眼球时，我们就能称这种免费形式为网络企业的新商业模式。③在企业的创办过程中，每一个环节上有多种创新形式，偶尔的一个创新也许就能改变企业的整个经营模式；也就是说企业的商业模式具有偶然性和广阔的衍生性。

3. 多边平台式的商业模式

实际上，多边平台式的商业模式是一种具有普遍性的商业模式。传统的农贸市场就是典型的多边平台商业模式。某个机构提供一个固定场所，为到这个场所交易的多个购买者和销售者提供相应的服务，以此获得利润。这个平台上至少有平台机构、销售者和购买者三方参与。在很长的时间里，这种模式并没有引起人们的过多关注，随着信息技术的发展，这种平台有了新的表现形式——基于互联网的交易，并得到了迅猛的发展。多边平台式商业模式日益成为这个时代重要的商业模式。微软 Windows 操作系统、百度、微信、淘宝、京东商城、大众点评、亚马逊、当当网等都是利用现代信息技术发展成功的多边平台经典案例。

多边平台将两个或两个以上有明显区别但又互相依赖的客户群体集合在一起，通过促进各方客户群体共同互动来为参与各方创造价值。多边平台是链接各方客户的中介，其成功的关键是必须能同时吸引和服务所有客户群体并以此来创造价值。例如，淘宝、大众点评等链接了商家、消费者、广告商、金融机构等多方参与者，能够同时满足这些参与者交易的需要、资金安全的需要、信息分析的需要，因而获得了巨大的成功。多边平台需要不断吸引更多用户的参与以使平台价值得到提升，从而吸引更多参与人加入，提升平台价值。

案例分享

B2B 电子商务模式

4. 长尾式商业模式

传统的商业观念认为，企业只能面向大众用户大批量提供少数几种产品，通过规模效应降低成本和价格，以大批量的销售获得利润。随着信息技术的发展，物流和供应链技术与管理水平的大幅提升，现在为利基市场即"长尾市场"提供种类多而数量少的产品，也能够取得与追求规模化销售、为大众市场服务的企业一样的盈利水平，甚至更高。一大批经营或涉足经营利基产品的网络企业迅猛发展起来。乐高玩具、亚马逊、孔夫子旧书网、淘宝、百度、当当网、唯品会、今夜酒店特价等都是其中的佼佼者，甚至"余额宝"也是一个非常好的长尾模式。

克里斯·安德森针对这种现象提出了长尾理论。安德森认为，虽然长尾市场是以一种网络现象突显出来的，但其起源要早于亚马逊和易趣这样的网络企业，甚至比网络还要早。"长尾"是一系列商业创新的巅峰，可以追溯到一个多世纪以前，网络知识使酝酿了几十年的供应链革命的诸多要素简单地结合在一起。长尾市场作为一种新的市场形态，与传统大众市场相比，它能够满足被大众实操忽视或放弃的、认为没有盈利的客户需求。根据长尾理论，即使全世界只有一个消费者的产品也能实现交易并获利。企业通过少数几种产品买遍天下的时代正在结束，一个小众、个性化消费的时代正在来临。长尾市场不仅仅是互联网企业的专利，它几乎无处不在：从音乐、电影、电子图书、报纸等可数字化的产品到食品、卫生清洁用品等实体产品，都存在长尾市场。这样的案例不计其数。例如，激增的微酿啤酒等酒类长尾、个性化定制的T恤等服饰类时尚长尾、网络大学出现的教育长尾、网络书店出现的图书长尾等。

在中国，存在于各地的隐形冠军、利基市场、定制企业、小众市场、独特体验等企业活动，都非常适合长尾理论。长尾市场会为互联网时代的企业家、创业者带来无限的创业机会。

安德森认为，长尾经济具有以下六个特点。

(1) 在任何市场中，利基产品都远远多于热门产品，而且由于技术的发展，利基产品的比重以指数级的速度增长。

(2) 由于技术的进步，获得利基产品的成本正在显著下降，且利基市场有能力供应空前丰富的产品。

(3) 随着需求搜索和自动推荐等技术和工具的发展，个性化的利基产品很容易被找到。

(4) 需求曲线日益扁平化，即热门大批量产品的流行度会下降，越来越多的利基产品会流行。

(5) 虽然利基产品单个销量有限，将各种类型的利基产品聚合起来，会形成一个与大众产品市场相抗衡的大市场。

(6) 基于上述五点，需求将不受供给瓶颈、信息匮乏和空间有限性的限制。

长尾式商业是基于强的平台和低成本的物流和供应链，向注重个性化消费的市场提供种类繁多而数量很少的产品和服务而形成的一种新型商业模式。

案例分享

Google

5. 免费式商业模式

近年来，免费成了一种非常流行的商业模式，各种免费模式让人眼花缭乱，免费正在颠覆人们传统的商业观念，让消费者获得了一种全新的商业体验；对企业来讲，免费已成了突破旧的发展模式、实现后来居上的赶超模式。百度绝大多数信息让用户免费搜索，绝大部分电子邮箱是免费使用的，微信免费给用户提供了一个社交场所。如果你用过滴滴打车这款 App，那么，从 2012 年至今，你可能享受过很多次免费或低价乘坐出租车的服务，甚至你可以得到免费的饮水机、咖啡机这样的实物产品，也可以到某个 4S 店吃一顿免费的午餐，等等。

有的人可能会想，这仅仅是互联网时代才有的现象。实际上，早在互联网出现以前，免费模式已经发挥了巨大的商业威力。人们熟知的吉列剃须刀就是以免费模式发展起来的，还有小孩喜欢吃的果冻，也是一种借助免费而流行起来的食品。克里斯·安德森针对这些现象又提出了免费式商业模式的概念，并获得了广泛认同。

所谓免费式商业模式，就是在某个市场上，至少有一个庞大的客户群可以持续享受到免费产品或服务，通过交叉补贴(即以其他细分客户付费的方式给免费客户提供补贴)支撑企业运营并实现盈利的商业模式。

交叉补贴有很多方式：用付费产品补贴免费产品，例如，用昂贵的爆米花来补贴不怎么赚钱的电影票，或者反过来以免费或廉价的爆米花吸引观众来看电影；用日后付费补贴当前免费，例如，移动通信公司免费赠送手机，但用户必须使用两年以上该公司的通信服务；付费人群给不付费人群补贴，例如，用户可以在百度免费得到想要的信息，广告商来替你支付了相关费用。通过交叉补贴，免费式商业模式又可以分为以下四类。

1) 直接交叉补贴模式

直接交叉补贴模式是：产品一付费，产品二免费，如图 6-1 所示。也就是说，吸引用户购买的那件商品免费，当他得到这件免费或低价的商品时，很可能或必须购买其他产品。例如，一个老奶奶在超市排长队购买 1.5 元一斤的鸡蛋时，她很可能会顺便买点其他产品。激励模式就是这种免费模式的典型。

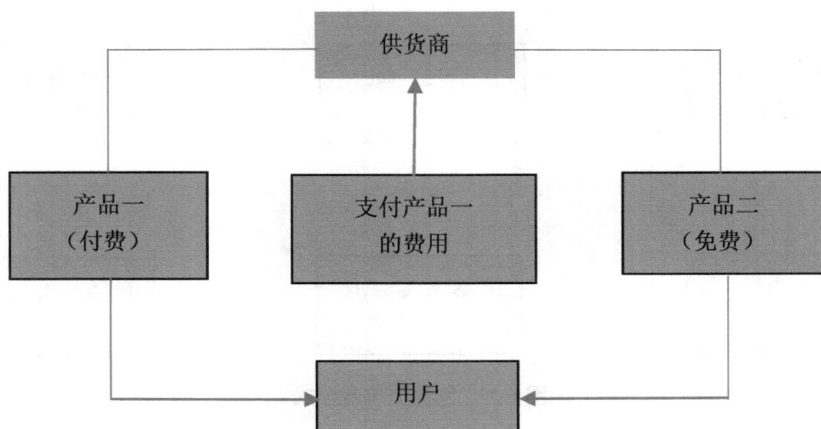

图 6-1　直接交叉补贴模式

2) 第三方市场模式

第三方市场模式是一种最常见的免费模式，如图 6-2 所示。在这种免费模式中，第三方付费来参与前两方之间的免费商品交换。人们几乎每天都会遇到这种情况。类似百度这样的平台上有很多免费的内容、产品和服务来吸引大批客户；同时，平台通过销售公关来获取收入。这种免费模式的出现带来了颠覆性的变化。例如：传统报纸正在受到互联网免费内容和免费报纸的夹击而面临挑战。

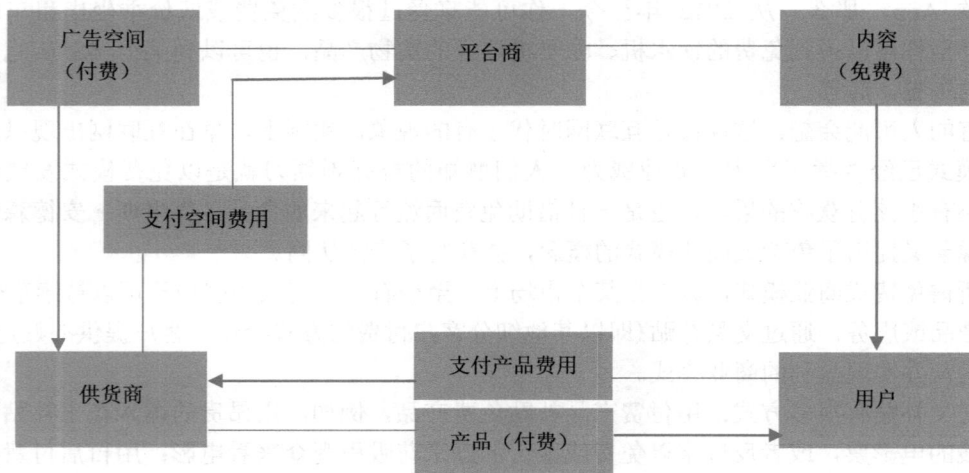

图 6-2　第三方市场模式

3)　免费加收费模式

免费加收费模式通常也称为免费增收模式，是在网络经济中最为常见的一种商业模式，如图 6-3 所示。经营者提供的服务内容形式多样，分为从免费到昂贵收费等不同等级，通常大量基础用户享受没有任何附加条件的免费服务和产品，一小部分用户会购买增值服务和产品，这部分付费用户支付的费用用来补贴免费用户。这种模式之所以能够运转，是因为给额外免费用户提供服务的边际成本几乎为零，部分免费用户可能会转变为付费用户。

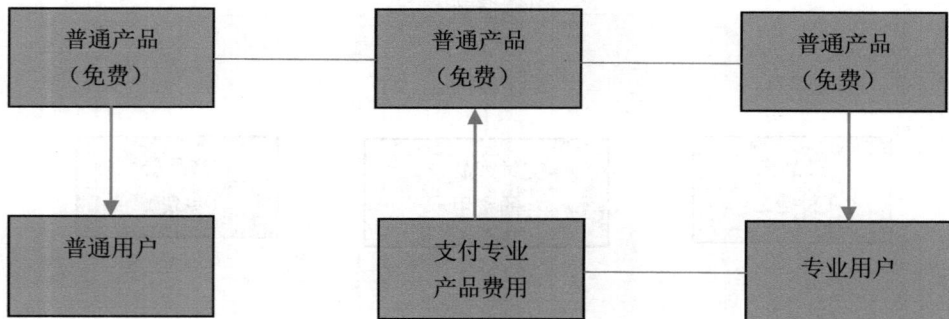

图 6-3　免费加收费模式

4)　非货币市场模式

非货币市场模式是人们选择免费赠送的，没有寄希望以任何形式获得金钱报酬的一种免费模式，如图 6-4 所示。百度百科、博客等都属于这种模式，内容提供者并不需要获得货币收入，只喜欢赢得声誉、被关注和得到认可的感觉，以及不容易被觉察的其他考虑，例如表达观点、分享快乐、帮助他人、得到满足感，或者纯粹由于个人兴趣等。

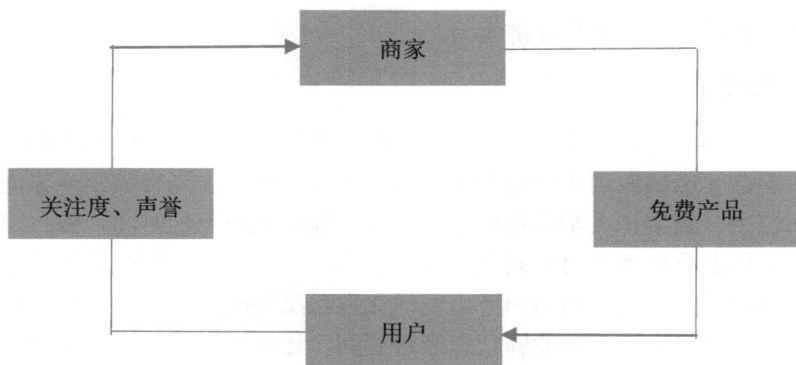

图 6-4　非货币市场模式

案例分享

四川航空

6. 非绑定式商业模式

非绑定式商业模式的概念认为，企业是受到经济因素、竞争因素和文化因素三种因素驱动形成的不同业务组成，这些业务包括产品创新型业务、客户关系型业务和基础设施型业务。这三种业务类型发展的驱动因素各不相同：产品创新型业务的职责是开发新的和有吸引力的产品和业务；客户关系型业务的职责是寻找和获取客户并与客户建立良好关系；基础设施型业务的职责是构建和管理平台，以支持大量重复性工作。非绑定式理论认为，这三种业务类型受不同因素驱动，同一组织中这些业务类型彼此之间会发生冲突，或导致不利的权衡妥协，因而主张在一个企业内分离三种业务，一个企业的业务应该聚焦于其中某一项。

案例分享

移动、电信专注于多个业务

六、大学生创业商业模式的主要类型

社会经济的迅速发展，为不同行业提供了更多的竞争机会，促使其在市场竞争中不断获取上升、进步的契机。在社会主义市场经济背景下，不同行业也吸引了众多的企业家和创业者投资。这些企业家和创业者成为青年人的榜样。尤其是大学生群体，在面临激烈的就业竞争压力下，较多大学生选择自主创业。大学生在创新创业的过程中受主观因素和客观因素的影响，对于创业方向和创业模式的选择上存在迷茫。大学生创新创业的商业模式属于管理学的内容，重点是研究创业公司和创业项目如何盈利。大学生在创新创业的过程中研究商业模式，就是研究客户关系、业务范围、合作伙伴、渠道、资源、成本以及收入等要素，这些是构成大学生创新创业商业模式的主要部分。对大学生创新创业商业模式进行创新，能够促使产品创新、组织创新、技术创新和市场创新等，促使创新的产品内容和创业项目能够在市场竞争中增强经济实力。

1. 兴趣类型模式

大学生创新创业的过程中由于个人的价值取向不同，创业的目的也不同，但是只有积极向上的创业理念才能够源源不断地为大学生提供创业动力。当代大学生崇尚个性化，做事更加张扬和自主，渴望在大学毕业后自由、自主地支配自己的时间，做自己喜欢的事，因而大学生创新创业有较多是出于兴趣。大学生在学习成长的过程中不断探求自己感兴趣的内容，并且将自己的时间、精力和潜力发挥在自己感兴趣的领域，而将这种爱好或兴趣通过创业转化为商业行为，不仅能够获得经济利润，还有了足够的资金支撑去继续自己爱好的事，并且这种兴趣型的创业行为也使大学生能够专注于自己的事，从而更好地激发自己的创新能力和创业激情。大学生的个人兴趣一旦有了市场需求，结合商业模式特点，对创业项目进行合理的规划，能充分实现自我价值。

2. 知识类型模式

大学生在学校能够广泛地接触和学习专业领域内的知识内容，这些专业知识属于课本理论知识，要真正提升自己的知识水平，还需要大学生在理论结合实践的基础上不断验证和总结这些知识内容。大学生将自己所学到的知识内容作为创业资本，可以凭借个人能力获得经济收入，这种创业商业模式就是属于知识型模式。大学生创新创业的知识型商业模式具有较高的可行性，这是因为大学生自身的文化程度较高，文化素质和知识水平也较高，运用自己所学去创业实践，风险偏低，并且不需要投入过多的资金或其他成本，这种知识型的创业投入成本少、风险小，可操作性强。例如，一些大学生具备极高的文化素质，在创业活动中，可以充分发挥自己的特长优势和智慧潜能，从事各种智力服务活动，包括翻译、家教以及广告设计等，这些均属于知识应用型创业价值表现。

3. 学习服务模式

学习永无止境。大学生在学校学习专业知识，在毕业之后、走上工作岗位之后，仍旧要学习不同领域的知识，以此不断地勉励自己和提升自己。大学生在创新创业实践的过程中，可以根据学习这一出发点，经营与学习相关的商品。学习用品成为经营商品后，能够帮助大学生获取一定的经济收入。这种商业模式较为传统化，但是稳定性和生活化特点也极为突出，属于学习服务领域的商业活动。大学生在校园内或校园周边经营学习用品，给其他学生提供了便利，也为自身的创业实践积累经验，具有双项作用。除此之外，大学生在应用学习服务类型的商业模式的过程中，还可以开打印室，方便推销考研复习资料和英语磁带等，满足消费人群的多样性需求，扩大经营范围，丰富创业内容。在这种学习服务型的商业模式中，大学生自身能够更加了解消费人群的特点和需求，属于经验导向型的经营服务。

4. 生活服务模式

大学生在学校不仅需要学习方面的服务，同时更加需要生活上的服务，两者是相辅相成、缺一不可的。在创业实践的过程中，创业大学生可以根据自己的实践经历，对当前大学生的生活需求以及消费倾向等进行分析，将创业经营对象设定为大学生的日常生活所需，并以此获得经济收入。例如，一些大学生吃腻了学校的食堂，就想吃外面的餐馆，一些大学生是外地学生，会想吃家乡的风味，针对这种情况，大学生在创新创业中可以在学校外面或校园周边开餐馆，餐馆经营的内容可以是地方小吃，也可以是风味土特产，同时为校园内学生提供外卖服务。针对校园内男生和女生的不同消费需求，在创业实践中，可以向学生推销电话卡、电子产品、化妆品等。生活服务类型的商业模式具有良好的发展前景，这是因为生活服务能够为学生提供更好的校园服务，使其生活更加便利，广受学生的欢迎，市场前景较好，大学生创业实践中对这种类型的商业模式进行不断的创新和完善，未来收入将会很可观。

第二节 实战训练

一、设计商业模式的思路和方法

1. 商业模式设计原则

商业模式的核心原则是指商业模式的内涵特性，是对商业模式定义的延展和丰富，是成功商业模式必须具备的属性。企业能否持续盈利是判断其商业模式是否成功的唯一的外在标准。一个成功的商业模式不一定是在技术上的突破，而是对某一个环节的改造，或是对原有模式的重组创新，甚至是对整个游戏规则的颠覆。商业模式设计原则包括：客户价值最大化原则、持续盈利原则、资源整合原则、创新原则、融资有效性原则、组织管理高效率原则、风险控制原则和合理缴税原则八大原则。

1) 客户价值最大化原则

一个商业模式能否持续盈利，是与该模式能否使客户价值最大化有必然关系的。一个不能满足客户价值的商业模式，即使盈利也定是暂时的、偶然的，是不具有持续性的。反之，一个能使客户价值最大化的商业模式，即使暂时不盈利，但终究也会走向盈利。所以我们把对客户价值的实现再实现、满足再满足当作企业应该始终追求的主观目标。

2) 持续盈利原则

企业能否持续盈利是我们判断其商业模式是否成功的唯一的外在标准。因此，在设计商业模式时，盈利和如何盈利也就自然成为重要的原则。当然，这里指的是在阳光下的持续盈利。持续盈利是指既要"盈利"，又要有发展后劲，具有可持续性，而不是一时的偶然盈利。

3) 资源整合原则

整合就是要优化资源配置，就是要有进有退，有取有舍，就是要获得整体的最优。在战略思维的层面上，资源整合是系统论的思维方式，是通过组织协调，把企业内部彼此相关但却彼此分离的职能，把企业外部既参与共同的使命又拥有独立经济利益的合作伙伴整合成一个为客户服务的系统，取得"1+1＞2"的效果。在战术选择的层面上，资源整合是优化配置的决策，是根据企业的发展战略和市场需求对有关的资源进行重新配置，以凸显企业的核心竞争力，并寻求资源配置与客户需求的最佳结合点，目的是要通过制度安排和管理运作协调来增强企业的竞争优势，提高客户服务水平。

4) 创新原则。

三星董事长李健熙说："除了老婆和孩子外，其余什么都要改变。"时代华纳前首席执行官迈克尔·恩说："在经营企业的过程中，商业模式比高技术更重要，因为前者是企业能够立足的先决条件。"商业模式的创新形式贯穿于企业经营的整个过程之中，贯穿于企业资源开发研发模式、制造方式、营销体系、市场流通等各个环节。也就是说，在企业经营的每一个环节上的创新都可能变成一种成功的商业模式。

5) 融资有效性原则

融资模式的打造对企业有着特殊的意义，尤其是对中国广大的中小企业来说更是如此。我们知道，企业生存需要资金，企业发展需要资金，企业快速成长更是需要资金。资金已经成为所有企业发展中绕不开的障碍和很难突破的瓶颈。谁能解决资金问题，谁就赢得了企业发展的先机，也就掌握了市场的主动权。从一些已成功的企业发展过程来看，无论其表面上对外阐述的成功理由是什么，但都不能回避和掩盖其成功融资的重要作用，许多失败的企业就是没有建立有效的融资模式而失败的。如巨人集团，仅仅因为近千万元的资金缺口而轰然倒下；曾经与国美不相上下的国通电器，拥有过 30 多亿元的销售额，也仅因为几百万元的资金缺口而销声匿迹。所以说，商业模式的设计很重要的一环就是要考虑融资模式。甚至可以说，能够融到资并能用对地方的商业模式就已经是成功一半的商业模式。

6) 组织管理高效率原则

高效率，是每个企业管理者都梦寐以求的境界，也是企业管理模式追求的最高目标。用经济学的眼光来衡量，决定一个国家富裕或贫穷的砝码是效率；决定企业是否有盈利能力的也是效率。按现代管理学理论来看，一个企业要想高效率地运行，首先要解决的是企业的愿景、使命和核心价值观，这是企业生存、成长的动力，也是员工干好的理由。其次是要有一套科学的实用的运营和管理系统，解决的是系统协同、计划、组织和约束问题。最后还要有科学的奖励激励方案，解决的是如何让员工分享企业的成长果实的问题，也就是向心力的问题。只有把这三个主要问题解决好了，企业的管理才能实现效率。现实生活中的万科、联想、华润、海尔等大公司，在管理模式的建立上都是可圈可点的，也是值得我们学习的。

7) 风险控制原则

设计再好的商业模式，如果抵御风险的能力很差，就会像在沙丘上建立的大厦一样，经不起任何风雨。这个风险指的是系统外的风险，如政策、法律和行业风险，也指的是系统内的风险，如产品的变化、人员的变更、资金的不足等。

8) 合理缴税原则

合理缴税，而不是逃税。合理纳税是在现行的制度、法律框架内，合理地利用有关政策，设计一套利于企业的纳税体系。合理缴税做得好也能大大增加企业的盈利能力，千万不可小看。

2. 商业模式设计五步法

设计和完善企业商业模式，需要借助有效的分析手段——商业模式的五大要素。它们是利润源(即企业的顾客)、利润点(即企业提供的产品或服务)、利润渠道(即产品或服务的供应和传播渠道)、利润杠杆(即生产产品或服务的内部运作)、利润屏障(即保护产品或服务的战略控制活动)五大要素。无论是设计还是完善企业商业模式，都必须遵循商业模式设计完善的五步法。

第一步，界定和把握利润源——顾客

企业利润源是指购买企业商品或服务的顾客群，它们是企业利润的唯一源泉。企业利润源及其需求的界定，决定了企业为谁创造价值。企业顾客群分为主要顾客群、辅助顾客群和潜在顾客群。好的目标顾客群，一是要有清晰的界定，没有清晰界定的顾客群往往是不稳定的；二是要有足够的规模，没有足够的顾客群规模，企业的业务规模必然受到局限；三是企业要对顾客群的需求和偏好有比较深的认识和了解。

设计商业模式的时候，需要分析顾客需求，目的就是要为产品寻找能够比较容易呈现价值的顾客群。一般来说，企业盈利的难度并非在技术与产品端，而主要还是在顾客端。有时纵然是把握好企业顾客的一点点需求，也可能产生巨大的顾客价值。

在复印机行业，施乐公司的利润源主要是大型企业与专业影印公司，因此它看不到个人客户对于影印便利的需求，所以失去开发桌上型复印机的先机。佳能在资源规模上无法与施乐竞争，因此采取差异化策略，重点对企业个人客户这一利润源进行了系统分析和研究，根据个人客户的价值需求，发掘尚未被满足的特殊顾客群，最后才导致开发简便型桌上复印机的创新构想。佳能在 1976 年推出简便型桌上复印机，这项新产品的技术创新程度较为落后，不但影印速度慢，影印品质不佳，而且提供的影印功能也极为有限。不过在顾客看来却是一项能带来重大价值的成功产品，因为它能提供经理人与个人工作者在工作上极大的方便，这些顾客不需要为影印一页文件，专程跑到影印中心，只需要简单的操作，在家中或个人办公室中即可满足影印需求。

第二步，不断完善企业利润点——产品

利润点是指企业可以获取利润的、目标顾客购买的产品或服务。利润点决定了企业为顾客创造的价值是什么，以及企业的主要收入及其结构。好的利润点是顾客价值最大化与企业价值最大化的结合点，它要求：一要针对目标顾客的清晰的需求偏好；二要为目标顾客创造价值；三要为企业创造价值。有些企业的产品和服务或者缺乏顾客的针对性，或者根本不创造利润，就不是好的利润点。

微软的商业模式是国际公认最为成功的商业模式，但回顾微软不断完善企业利润点的历史，就会发现微软并不是一开始就能够设计出具有竞争力的产品的。看一看微软开发图形操作系统就会发现，根据顾客的需求对产品持续改进是微软商业模式的竞争力之所在。当微软推出 Windows 1.0 时，这个产品比数字研究公司的 GEM 图形用户界面好不到哪儿去。评论家们甚至将它比作是对施乐 PARC 所开发产品的苍白模仿。只有在 1990 年 Windows 3.0 发布时，微软才拿出了内存管理方面的改进成果，从而可以让用户利用 286 和 386 微处理器的能力。1993 年微软又用了三年时间改进了与 Windows 95 界面类似的 NT，新产品强大的管理控制功能使得 Windows NT 在 IT 社区中流行起来。在网络浏览器业务上，微软又用了三次长期的努力才赶上网景。微软建立了伟大的商业模式，原因是微软倾听客户反映，修复了产品中的不足，微软成就的原因并不是因为它开发出了"轰动一时"的技术。微软完善了一个整合客户反馈和改进企业利润点的系统，这可以解释为何微软长期以来成为这个领域的第一号企业。

第三步，打造强有力的利润杠杆，构筑商业模式内部运作价值链

打造利润杠杆，规划企业内部运作价值链是商业模式设计与完善的重要内容，它决定了产品或服务能否为企业带来价值和带来价值的多少。企业利润杠杆主要包括以下几种：组织与机制杠杆、技术与装备杠杆、生产运作杠杆、资本运作杠杆、供应与物流杠杆、信息杠杆、人力资源杠杆等。这些内部运作活动可以清楚界定企业的内部运作的成本及其结构以及计划实现的利润目标。设计良好的利润杠杆可以使商业模式极具竞争力。

美国西南航空公司创下了连续 29 年盈利的业界奇迹。能取得这样的成功，在于西南航空始终坚持"低成本营运和低票价竞争"的策略，在自己竞争对手不注意和注重的内部价值链上下功夫，找到了属于自己的财富增长点。西南航空主营国内短途业务，由于每个航班的平均航程仅为一个半小时，因此西南航空只提供软饮料和花生米，这样既可以将非常昂贵的配餐服务费用"还之于民"，又能让每架飞机净增 7 到 9 个座位，每班少配备 2 名乘务员。在西南航空公司的大多数市场上，它的票价甚至比城市之间的长途汽车票价还要便宜。一些"巨人级"航空公司称西南航空是"地板缝里到处蔓延的蟑螂"，可以感觉到，但就是无法消灭掉。将没有竞争优势的企业内部价值链外包，是打造利润杠杆的一条有效途径。很多公司意识到在一个非常长而复杂的企业内部价值链上，他们也许只能在价值链的 3~4 个环节具有高度竞争力，但要想在所有环节上都具有竞争力是不太可能的，而一旦认识到企业内部价值中的优势环节，就应该把公司定位在那个位置，将其他部分以签约方式外包给别的公司，从而使利润杠杆更加有力。

同样的产品，由于利润杠杆不同，或者说由于企业内部运作价值链的差异，导致了产品的成本迥异，一个企业可能赚钱，另一个企业则可能亏损。这足以说明，利润杠杆决定了企业利润的多寡。

第四步，疏通拓宽利润渠道，构筑商业模式外部运作价值链

利润渠道即企业向顾客供应产品和传递产品信息的渠道，是商业模式得以正常运作必不可少的外部价值链。产品或服务的价值传递是企业把产品和服务传递给目标客户的分销和传播活动，目的是便于目标客户方便地购买和了解公司的产品或服务。

戴尔的模式是成功的商业模式，它的利润渠道本身就为戴尔创造了巨大的价值。首先，直销模式大幅降低成本，戴尔的"直销模式"实质上就是简化、消灭中间商，这样可避免庞大的渠道成本。戴尔因直销而减少了 20%左右的渠道成本。其次，直销模式加快了戴尔的资金周转速度。利用代销商销售电脑的各大电脑公司从制造到销售一般需要 6~8 周。而戴尔从收到订单到送货到客户手中的时间为 5 天，从发货到客户电子付款在 24 小时以内，戴尔的资金周转天数已降到 11 天。

1963 年，家乐福在巴黎郊区创办第一家超级市场。在 30 年内，家乐福发展成为一个年销售额 290 亿美元，市值 200 亿美元的国际连锁超市集团。其成功的关键是为客户提供了优异的渠道。在家乐福产生前，法国拥有高度分散的小商店系统，它们对客户和供应商来说是一个十分低效的渠道。客户需要花数小时采购，而分销商需要花费不菲的成本和费用运送货物到成百上千家零售店。这一渠道的多重失效和低效，激发了渠道集中的趋势。家乐福发掘到这一机会从而创造了巨大的股东价值。家乐福、沃尔玛的成功是因为它为众多商品生产企业构筑了高效的流通渠道，而这对几乎所有的商业模式都是必不可少的。

第五步，建立有效保护利润的利润屏障

利润屏障是指企业为防止竞争者掠夺本企业的目标客户，保护利润不流失而采取的战略控制手段。利润杠杆是撬动"奶酪"为我所有，利润屏障是保护"奶酪"不为他人所动。比较有效的利润屏障主要有建立行业标准、控制价值链、领导地位、独特的企业文化、良好的客户关系、品牌、版权、专利等。

二、商业模式创新

互联网的出现改变了基本的商业竞争环境和经济规则，标志"数字经济"时代的来临。互联网使大量新的商业实践成为可能，一批基于它的新型企业应运而生。新涌现的一些商业模式企业，如 Yahoo、Amazon 及 eBay 等，在短短几年时间，就取得巨大发展，并成功上市，许多人也随即成为百万甚至亿万富翁，产生了强力的示范效应。它们的赚钱方式，明显有别于传统企业，于是，商业模式一词开始流行，它被用于刻画描述这些企业是如何获取收益的。这些基于互联网的新型企业的出现，对许多传统企业也产生深远冲击与影响。如 Amazon 仅用短短几年就发展为世界上最大的图书零售商，给传统书店带来严峻挑战，新型商业模式显示出强大的生命力与竞争力。1998 年以后，美国政府也因此甚至对一些商业模式创新授予专利，以给予积极的鼓励与保护。无论对准备创业的，还是在已有企业的人，这些都激励他们在这个经济变革时期，从根本上重新思考企业赚钱的方式，思考自己企业的商业模式，商业模式创新开始受到重视。在互联网思维被赋予多重定义的时代，商业模式和传统的商业模式最大的区别在于，不再是关于成本和规模的讨论，而是关于重新定义客户价值的讨论。商业模式就是如何创造和传递客户价值和公司价值的系统。可见，客户价值以及客户价值主张的重要性非同一般。现在正处于万众创业年，众多创业企业爆发，各种各样的创新型商业模式出现在市场中。

1. 商业模式创新的逻辑与方法

商业模式创新的逻辑与方法具体如下。

方法 1：客户洞察。基于客户洞察建立商业模式。企业在市场研究上投入了大量的精力，然而在设计产品、服务和商业模式上却往往忽略了客户的观点。良好的商业模式设计需要依靠对客户的深入理解，包括环境、日常事务、客户关心的焦点及愿望。操作方法：找出你的相关商业模式中可提供服务的所有客户细分群体；选出 3 个有希望的候选人，并选择一个客户开始描述分析；通过对客户看到的是什么、客户听到的是什么、客户真正的想法和感受是什么、客户说些什么又做些什么、客户的痛苦是什么、客户想得到的是什么 6 个问题进行分析，探索商业模式。

方法 2：创意构思。生成全新商业模式创意。绘制一个已经存在的商业模式是一回事，设计一个新的创新商业模式又是另一回事。设计新的商业模式需要产生大量商业模式创意，并筛选出最好的创意，这是一个富有创造性的过程。这个收集和筛选的过程称为创意构思。操作方法：创意构思就有了两个主要阶段，一是创意生成，这个阶段重视数量，二是创意合成，这个阶段讨论所有的创意，加以组合，并缩减到少量可行的可选方案。这些可选方案不一定要代表颠覆性的商业模式，也许只是把你现有的商业模式略作扩展，以增强竞争力的创新。

　　方法 3：可视思考的价值。所谓的可视思考，是指使用诸如图片、草图、图表和便利贴等视觉化工具来构建和讨论事情。因为商业模式是由各种构造块及其相互关系所组成的复杂概念，不把它描绘出来将很难真正理解一个模式。可以把其中的隐形假设转变为明确的信息，这使得商业模式明确而有形，并且讨论和改变起来也更清晰。操作办法：便利贴的用法和结合商业模式画布略图描绘的用法。将讨论四个由视觉化思维改善的过程：理解、对话、探索和交流。针对不同需求的不同类型的视觉化，每次配一幅图像，讲一个故事。

　　方法 4：原型制作。商业模式原型可以用商业模式画布简单素描成完全经过深思熟虑的概念形式，也可以表现为模拟了新业务财务运作的电子表格形式。操作办法：不必把商业模式原型看成是某个真正商业模式草图。相反，原型是一个思维工具，探索不同的方向：哪些商业模式应该尝试选择的方向？如果增加另一个客户细分群体，会对商业模式意味着什么？消除高成本资源将是怎样的结果？如果免费赠送一些产品或服务，并且用一些更具创新性的产品或服务替代现在的收入来源又将会意味着什么？通过对这些问题的回答探索新的商业模式。

　　方法 5：故事讲述。形容一个全新的、未经考验的商业模式就如同只用单薄的文字去描述一幅画作。但是讲一个故事告诉这个商业模式是如何创造价值的，就如同用色彩来装饰画布。就这样，新概念就又变得有形起来，而不再抽象了。操作办法：设计故事，讲故事的目的，是要把一种新的商业模式以形象具体的方式呈现出来。故事的内容一定要简单易懂，主人公也只需要一位。结合观众的实际情况，可以从不同的视角塑造一位不同的主人公。从公司视角、客户视角、合作伙伴视角等去讲故事。要把故事讲得吸引人的技巧有许多，每种技巧也有其优势和劣势，适用于不同的场合和听众。在了解谁是你的听众、你会出席什么场合后，再来选择匹配的技巧。

　　方法 6：情景推测。把抽象的概念变成具体的模型。它的主要作用就是通过细化设计环境，帮助我们熟悉商业模型设计流程。这里，我们会讨论两种类型的情景推测描述。操作办法：第一种描述的是不同的客户背景，客户是如何使用产品和服务的，什么类型的客户在使用它们，客户的顾虑、愿望和目的分别是什么；第二种描述的是新商业模式可能会参与竞争的未来场景，通过情景描述探索创意。

2. 大学生创新创业商业模式的创新发展

1）　微商、网店

　　大学生应用创新创业商业模式，要对模式的基本特点和市场竞争性等进行了解，以便在创业之初，能够根据自身的特长和专业能力，选择合适的创业方向，提高创新创业的水平和成功率。大学生创新创业的过程中，一方面是要对创新项目和创业内容进行研究，结合市场情况和消费人群的特点，对项目进行不断的完善，另一方面则是对商业模式进行调查分析，使创业资源更加丰富。当今时代，互联网技术在人们的生活中应用广泛，大学生在创业的过程中可以使用智能手机进行商品营销，学生可以在朋友圈，对自己的产品进行介绍和推销，可以根据产品的特点，添加图片和文字、解说视频等，使产品介绍更加生动。在互联网时代，大学生创业更加便利，既可以在购物网站上开网店，也可以在微信朋友圈中开微店，先小范围地推广产品，再逐渐扩大经营规模。

2) 借鉴案例经验

部分大学生创新创业中对商业模式的认知度不够，对创业的意义和价值没有一个较为清晰的认识，究其根本还是因为大学生没有意识到商业模式的竞争就是企业之间的有力竞争武器。大学生创新创业的过程中，对商业模式展开深入的研究，不仅要对商业模式中的消费者、组织结构、销售渠道和经营管理内容进行充分的了解，还要在相关案例的学习和借鉴中，总结创业经验，创新和丰富商业模式的内涵。大学生创新创业中对先进的销售案例进行分析，能够为自己产品的市场推广提供经验。例如，小米手机在市场推广中主要是采用"全互联网"模式，小米不在广告上花钱，将重心放在产品研发和质量上，大学生根据这点可以得出更多的创业启示；小米网络推广以线上销售、线下配送为主，减少了中间商差价，客户能够以最实惠价格拿到产品。大学生创业实践中分析和借鉴此类优秀案例，能够使创业少走弯路。

3) 微型企业

大学生创新创业是一种敢为人先的行为，在实践过程中，大学生可以根据自身的需求和特点，在创业模式以及企业模式上进行适当的调整，例如建立微型企业进行创业尝试。在创业实践中，采用 O2O 的商业模式团队，在研发出新的产品或项目后，可以进行网络市场的营销，获得良好反馈后，再对产品进行创新和完善，扩大营销范围。这种微型企业的创业运营模式更加适用于大学生的创业，在小规模运营基础上，促进产品或技术探究，产品推广和广告策划的网络模式也更加符合现代社会发展特点。大学生在考虑创业项目的过程中，对商业模式加强研究，不仅要了解商业模式的基本内涵，还要不断丰富其内容，在整合创业元素的基础上，实现客户价值的提升，并据此形成高效、完整的运行系统，最大限度地满足市场和客户对产品项目的需求，有效提高创新创业的实践能力和综合水平。

三、商业模式设计的工具

1. 商业模式画布

商业画布是指一种能够帮助创业者催生创意、降低猜测、确保他们找对了目标用户、合理解决问题的工具。商业画布不仅能够提供更多灵活多变的计划，而且更容易满足用户的需求。更重要的是，它可以将商业模式中的元素标准化，并强调元素间的相互作用。

亚历山大·奥斯特瓦德(Alexander Osterwalder)在综合了各种研究的共同点基础上，提出了一个商业模式参考模型，包含九个要素：客户细分、价值主张、渠道、客户关系、收入流、关键资源、主要活动、关键合作伙伴和成本结构。他认为，通过这九个要素的组合就可以很好地描述并定义商业模式，清晰地解释企业创造收入的来源。他在此基础上发明了商业模式画布，使商业模式的设计和执行更易于操作。

商业模式画布的出现受到了全球创业者和企业家的欢迎。但是，慕尔雅(Ash Maurya)研究了商业模式画布以后，根据自己的创业经验认为，商业模式画布更适合既有企业和已经开始创业的企业，对于类似大学生这样的群体来说并不是特别合适。例如，对于还没有开始创业的大学生以及处于创业初期阶段的创业者来讲，几乎没有任何外部合作伙伴，也没有多少外部资源，更没有实际的业务活动，尚未形成有效的客户关系。因此，他以精益创业理论为指导，在商业模式画布的基础上提出了"精益画布"的概念。他认为，创业者必须认识和理解的商业模式要素有问题、解决方案、关键指标、独特卖点、门槛优势、渠道、客户群体分类、成本分析和收入分析九项。这个模型根据大学生等创业者的特点，对商业模式画布中的构成要素做了较大调整，较适合在校大学生和拟创业的准备者用来分析和设计自己的商业模式。

国内学者魏炜和朱武祥在大量梳理国内外既有企业商业模式的基础上，于 2009 年提出了魏朱六要素模型，认为一个完整的商业模式包含六个要素：定位、业务系统、关键资源能力、盈利模式、自由现金流结构和企业价值。

商业模式的构成要素虽然繁多，但并不是杂乱无章的。要素的构成有两种基本结构类型：一是横向列举式结构，即要素之间是横向列举关系，每个要素表示企业的某个独立方面，彼此重要性相当，必须共同发挥作用；二是网状式结构，即基本要素从纵向层次或其他视角综合考虑，要素之间密切联系，形成层级或网络，作为一个系统在企业中发挥作用。不管是哪种要素组合方式，要素之间都具有很强的逻辑关系，体现出商业模式的系统性和整体性。因此，一个成功的商业模式肯定是其每个构成要素协调一致发挥作用的结果，其要素之间存在合理有效的逻辑关系。

2. 商业模式九要素

商业模式九要素具体如下。
(1) 客户细分：定义所面向的顾客族群。
(2) 价值主张：通过什么产品和服务，解决客户的问题并满足其需求。
(3) 渠道：如何与目标客户交流，以传递价值。
(4) 客户关系：叙述组织与特定的客户之间是什么样的关系。
(5) 收入流：叙述组织自目标客户处获得的收入。
(6) 关键资源：叙述为了执行商业模式所需要的资产。包括实体资产以及非实体资产，如人力资源等。
(7) 主要活动：叙述能够不断创造价值，并提供给顾客的重要活动。
(8) 关键合作伙伴：叙述对组织的活动而言至关重要的合作伙伴。
(9) 成本结构：叙述事业在营运时必要的成本。

3. 使用商业模式画布

如何使用商业模式画布设计商业模式？
企业需要理解每个模块的含义以及相互关系，按照特定的流程来开展设计。
商业模式画布是以价值主张为中心分成左右两侧，左半侧是讨论效率，右半侧是讨论价值。商业模式画布分析从客户细分开始。确定目标客户后，企业需要明确价值主张，以及价值主张通过何种渠道传递给客户，并与客户建立怎么样的关系，再确定与客户建立的关系能带来什么形态的收入流。企业描绘商业模式画布的时候，还需要明确企业的关键资源是什么，这些资源能为客户提供什么样的主要活动，以及这些活动需要哪些关键合作伙伴，最终确定完成这些关键活动有哪些成本，如图6-5所示。

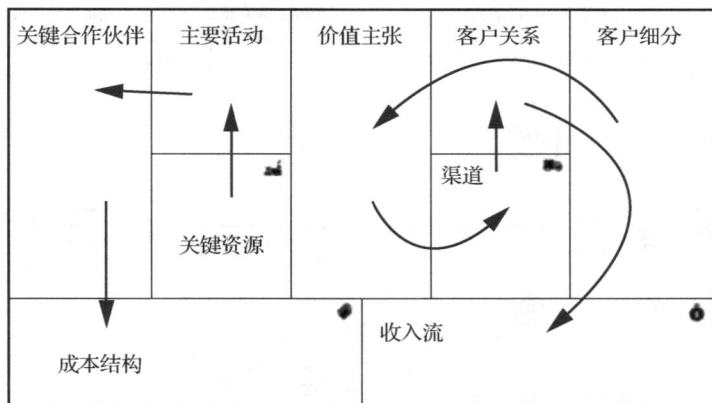

图 6-5　商业模式画布设计流程图

4. 核心：价值主张画布

因为了解客户以及价值主张是让事业成功的重要因素之一，所以需要针对价值主张进行价值主张画布的描绘。

价值主张画布中客户群像与价值地图相匹配，实现了通过什么产品和服务为客户解决问题或满足期望。在实际生活中，公司提供的产品或服务只能解决或满足客户的部分需求，并不能解决所有问题。

客户日常事务就是需要努力完成的工作或生活事项，它们或者是需设法履行或圆满完成的既定任务，或者是要尽全力予以解决的问题，或者是必须千方百计予以满足的需求。

痛点指完成一项目标型事务之前、之中和之后的干扰因素或障碍，也指因办事不力或未执行某项事务而带来潜在不良结果的风险。

期望是客户想要的结果和收益，有些是客户要求、期待、渴望的，有些却是他们意料之外的。包括使用功能、社会收益、正面情感和成本节约。

产品与服务就是企业能提供的物件的清单。

缓解痛点解决的是产品与服务到底该怎样消除客户痛点的问题。

满足期望阐释的是产品与服务如何为客户创造利益。

5. 如何提出有效的价值主张

企业需要将产品和服务与客户的日常事务、痛点和期望相对接。客户日常事务是客户产生痛点和期望的必要条件。痛点是客户完成日常事务时遇到的阻碍或可能会存在的某种风险，而期望是日常事务完成的结果。痛点和期望是客户日常事务的一体两面，如客户日常事务是"多赚钱"，那么痛点就是"减薪"，期望则是"加薪"。在进行客户价值诉求分析时，客户的痛点及期望分析得越详细，则越有利于企业提出适合的产品和服务匹配客户价值诉求。产品和服务是企业缓解客户痛点和满足客户期望的基础。企业提供的产品和服务并不需要满足客户所有的期望或缓解客户所有的痛点，企业通过产品和服务提出的价值主张能缓解客户最头痛的痛点或满足客户的最基本期望，便可令客户欣喜不已。价值新主张设计的流程如图 6-6 所示。

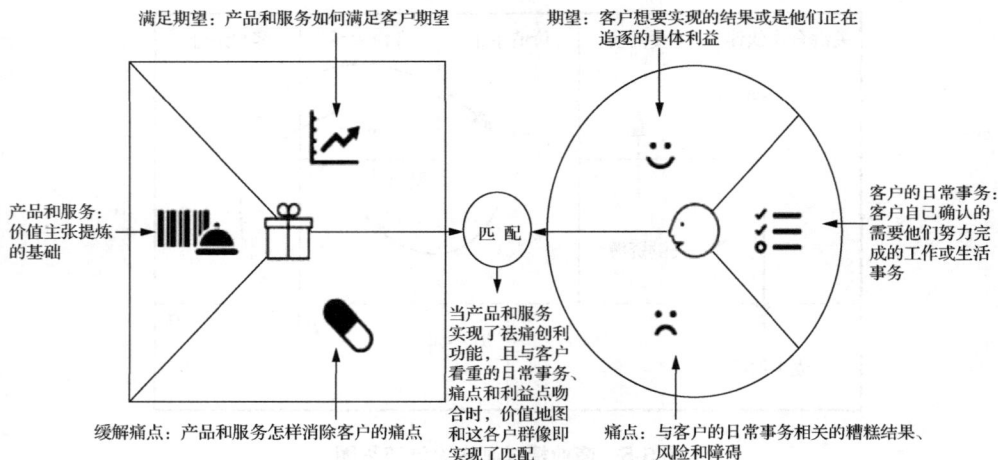

图 6-6　价值新主张设计的流程图

图中文字：

满足期望：产品和服务如何满足客户期望

期望：客户想要实现的结果或是他们正在追逐的具体利益

产品和服务：价值主张提炼的基础

匹　配

客户的日常事务：客户自己确认的需要他们努力完成的工作或生活事务

当产品和服务实现了祛痛创利功能，且与客户看重的日常事务、痛点和利益点吻合时，价值地图和这各户群像即实现了匹配

缓解痛点：产品和服务怎样消除客户的痛点

痛点：与客户的日常事务相关的糟糕结果、风险和障碍

四、商业模式设计实操

案例分享

麦当劳的经营

1. 商业模式设计实操一

好立方的蜕变

好立方，一个用废旧集装箱改造而成的"农村超市"，变废为宝，让农村市场对接现代商业，让农民获得就业机会和享受便利，形态独特，吸引众多眼球。无奈，好立方碍于盈利模式，得不到投资者"临门一脚"的肯定……那么，好立方能实现蜕变，获得资本最终的青睐吗？

好立方，一个基于"水立方"和"集装箱"而得名的百货超市品牌，老板此前专做食品包装，在全国几个城市都有包装厂，年销售收入近 30 亿元，每年净利润 2 亿元，业绩比较稳定。但老板意识到这个产业到"天花板"了，因为国内几家大的食品企业都是他的客户，公司的增长要随着食品企业的增长而增长，市场的成长空间很有限。

这样的发展无疑相当于一条腿走路，一定要有相关的产业相辅相成或形成支持，为此老板想到了向下游 B2C(Business to Customer)流通行业延伸。因此，两年前，老板把包装企业交给 CEO 管理，自己则开始了第二次创业，"好立方"商标就是在这样的情形下注册的。

好立方要经营的是百货超市，而开超市首先需要场所，要么租房子，要么买房子，或者自己建房子，但好立方不租、不买，也不建，而是把超市开进了用废旧的集装箱改造的场所内，典型的小超市；其次，大家知道超市要开在人流量大的地方，一般开在城镇，但好立方把超市开进了村子里。实践证明好立方的生命力很强，很不可思议。集装箱开进了哪个村，那个村的小商店统统关门，因为好立方的品类齐全，具有极强的市场吸引力，极大地聚集了人气。

什么叫农村城市化？这就叫农村城市化，把超市开到农村去，极大方便了农民购物。过去，农民到城里买双鞋，来回的路费可以再买一双袜子，况且好立方的价格并不比城里超市高。

好立方的经营模式得到了政府部门的大力支持。2010 年 9 月，政府颁布文件，承认了利用农村空闲地放置集装箱用地的合法性，将一直困扰好立方的"房产证"问题在区域内得到了解决。政府还要求工商、税务、烟草等有关部门在政策允许的范围内给好立方开绿灯，提高办事效率。同时省电视台农村节目每天免费为好立方做广告。

政府部门的支持，无疑是老板的"强心针"，随即给好立方又追加了 5000 万元的投资。

那么，这样的超市经营规模和盈利能力到底如何呢？

一个这样的超市在一个村一年的毛收入在 60 万～200 万元之间，好立方采取扁平化管理，尽可能减少中间环节，平均毛利率达到30%，当然，其运输、人员工资等管理成本也很高，但即便如此，盈利能力仍非常强。老板算了一笔账，全省的毛收入可达到 300 亿～500 亿元。为此，老板信心满满，准备加大投入，规范化运作，将来把好立方打包"上市"，然后用募集的资金把这个模式复制到其他省份去。

好立方的商业模式吸引了法国一家著名的商业公司的注意，拟与好立方进行战略合作。法国公司看中的是好立方的商业模式和大陆广阔的农村市场，好立方看中的是法国公司对超市的管理经验。经过长达一年半时间的接触，合作协议始终没有签下来，原因是好立方尽管模式好，创意新，但公司是亏本的，几乎每一个超市都亏损，为什么？原来存在一个天大的麻烦——税收问题。因为要想规范化操作，所有村里直营超市进货必须取得增值税专用发票，否则计算增值税无进项税抵扣，计算企业所得税时成本不能在税前扣除。

众所周知，增值税小规模纳税人年销售额达到 80 万元以上就必须办理增值税一般纳税人了，采购商品必须取得增值税专用发票方可抵扣进项税。现实中，小商品提供者，像生产毛巾、打火机、圆珠笔之类的厂商都不肯提供税务发票，如果一定要提供发票，这些中小企业要求提高售价。原来30%的毛利是指在供应商不提供发票的情况下实现的。也就是说，如果没有变通的方法，这个买卖就做不下去。

有人给好立方提供了这样的建议：所有农村的超市全部以老板个人名义领取个体工商户营业执照。个体工商户采取定期定额征税方式，可以解决采购无法取得发票问题，而且税负极低。

但好立方没有接受这个方案，因为个体户模式，管理成本高，不利于公司扩张，也无法与法国公司合作，更不能上市。

怎么办？公司还是一直在亏损，虽然老板深信可以找到一个商业模式，但一直没找到，最后只能依靠包装厂频繁向好立方输血，像一个无底洞。由于亏钱，投资者观望。好立方一度到了关停还是继续维持的十字路口。

问题1：好立方如何才能破茧重生？请你为好立方设计一套颠覆性的商业模式。

_____

_____

_____

_____

问题 2：改变后的好立方怎么赚钱呢？

_____

_____

_____

_____

_____

_____

2. 商业模式设计实操二

普瑞特酒庄——从卖会员到卖酒庄

出于对红酒的酷爱，大连博森集团的殷国强董事长出资 1.3 亿元收购了法国一家历史悠久的葡萄酒庄普瑞特。随后他多次走访国内同行，确定了如下的商业模式：

博森集团出资成立大连普瑞特酒业有限公司(以下简称大连普瑞特)，然后在当地征用 150 亩商业用地建造大连普瑞特酒庄，预计总投资约 4 亿元。大连普瑞特从法国进口普瑞特葡萄酒，以红酒俱乐部会员制的方式拓展客户。会员分为钻石、白金、黄金、普通会员四个级别，会费分别是 100 万元、80 万元、60 万元和 20 万元。凡成为红酒俱乐部会员者均可享受红酒、餐饮、娱乐等不同折扣的价格优惠。

酒庄的建筑风格华贵典雅，极具法式古典美学气息。酒庄犹如一座城堡，周边绿树林荫，地下三层用于贮藏葡萄酒，地上则用来建高档餐厅、红酒博物馆、雪茄咖啡厅、棋牌室等。

对于酒庄漂亮的建筑，笔者兴趣浓厚，但关于它的商业模式，我却心存疑问：

首先是会员费太高，对消费者缺乏吸引力。其次，也是最关键的一点，酒庄投资额巨大，境外投资 1.3 亿元，境内投资 4 亿元，加上流动资金 7000 万元，总投资需要 6 亿元。假如仅靠经营葡萄酒和餐饮盈利，几乎不可能收回成本。

问题： 请你从消费者需求的角度出发，对其商业模式提出几个改进建议。

_____

_____

_____

_____

_____

_____

本章知识点自查

	知 识 点		学习要求	自查
理论基础	商业模式的概念	商业模式的本质	熟悉	☐
	商业模式的类型	运营性商业模式	熟悉	☐
		策略性商业模式	熟悉	☐
	大学生商业模式	兴趣类型	熟悉	☐
		知识类	熟悉	☐
	商业模式设计要义	学习服务型	熟悉	☐
		生活服务型	熟悉	☐
实战训练	商业模式设计工具	设计商业模式的思路和方法	掌握	☐
		商业模式创新	掌握	☐

导 读 回 顾

通过本章的学习，我们了解了商业模式的概念、商业模式的类型等，同时我们也了解了商业模式设计的要义，以及商业模式的设计工具——商业模式画布。本章通过生动的案例带同学们深入理解商业模式的本质，同时本章也通过实操训练进一步加强同学们对于商业模式设计的了解和掌握。希望同学们通过学习，能够帮助大家在激烈的竞争环境中更清晰地定位你的商业模式。

图 6-7 是本章的逻辑概念图，希望通过它，大家可以更好地回顾、理解本章的内容。

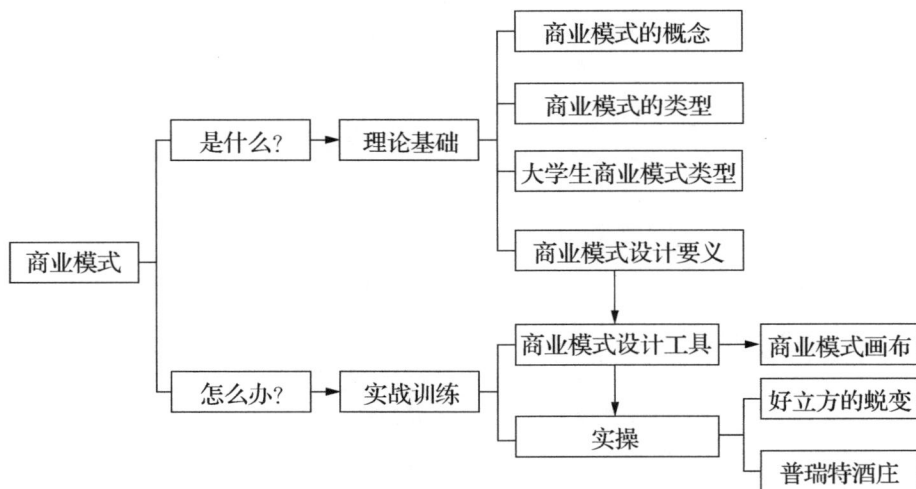

图 6-7　本章的逻辑概念图

课后习题

1. 商业模式的设计是否可以借鉴已被证明失败的案例?
2. 商业模式的调整，要根据哪些因素进行? 为什么?

第七章 创业计划书

引导案例

第五届中国"互联网+"双创大赛冠军诞生 清华大学摘得桂冠

第一节 理 论 基 础

一、创业计划书的内涵

创业计划书是什么?不同的人有不同的理解。从字面意思理解,创业计划书是创业者计划创立业务的书面材料,是创业者或者创业团队关于创业的想法,针对一项具有市场潜力的产品(服务),围绕外部环境条件和内部组织要素进行详尽分析、描述,将自己的创业想法用白纸黑字记录下来。创业计划书也被称为"商业计划书",是引领创业者和创业团队实现创业的纲领性文件,也是帮助创业者和创业团队谋划创业未来、实现创业市场策略、吸引创业投资和银行贷款、凝聚创业企业人心的书面性材料。创业计划书反映的是创业者或创业团队对于某种商业项目或商业服务的计划理念,是创业之初的商业管理策略、运作策略、经营策略、营销策略和竞争策略,是指导企业未来一段时间内有效运行的管理工具。

二、创业计划书的作用

创业计划书具有以下作用。

(1) 创业计划书能帮助创业者和创业团队理清创业思路,提高创业成功率。创业计划书是创业者和创业团队的纲领和行动指南,可以帮助创业者和创业团队明确创业方向,帮助他们将创业构思转化为创业点子,将抽象的创业理念转化为现实的产品或者服务,带领创业者和创业团队分析目标市场和潜在顾客,制定销售策略和营销手段,确定创业企业的公司架构、组织结构和人员招聘需求,帮助创业者和创业团队制定财务计划、分析风险、提出风险应对措施等。制定创业计划书的过程是一个漫长的经历,需要创业者和创业团队反复论证、多方调研、共同谈论研究、深入市场多次试验。在这一过程中,创业者和创业团队对创业要素中的产品、市场、财务、管理、团队等进行系统分析,有计划地开展创业活动。他们或改变销售策略,或更新经营思路,或更新产品和服务,或重新设置企业架构，这一漫长反复的过程，可以让创业者和创业团队的思路更加清晰，避免出现创业过程的盲目性，从而提高创业成功率。

(2) 创业计划书能帮助创业者和创业团队吸引创业投资和创业融资。创业计划书的一项重要功能就是帮助创业者和创业团队在创业前或者创业中期向外部投资者寻求资金投资。创业计划书作为对外宣传的重要媒介，可以帮助创业者和创业团队向相关人士说明创业情况，争取资金投入和创业贷款。创业初期，创业者和创业团队比较缺乏资金支持，往往会导致创业项目因缺乏资金而进展不力，创业者在拥有具有良好市场前景的产品或服务、优秀创业团队的前提下，一份具备优秀商业模式的高质量创业计划书可以帮助创业者和创业团队及时吸引投资者，争取到银行贷款，使投资者更快捷、更清晰地了解创业项目，对创业项目充满信心，最终实现为创业项目争取创业投资。同样，在企业发展过程中会遇到各种各样的问题，资金作为企业体内的血液，是企业生产经营活动的必备条件和重要保障，对企业的生存发展具有重要的意义。没有足够的资金，企业的生存和发展就会遭遇重创。为了企业能够良好运转，创业者和创业团队就必须寻求企业融资，向外部有关单位和个人以及从企业内部筹措生产经营所需资金。创业计划书是争取项目融资投资的敲门砖，一份精心准备设计的创业计划书可以帮助企业向潜在投资者和其他风险投资者介绍企业正在追寻的商业机会，赢得对方支持，可以帮助企业筹措资金。

对大学生创业者和创业团队而言，创业初期一般都缺少启动资金，项目很难开展。创业者和创业团队通过制定详尽的创业计划书，借助大学生创新创业大赛展示平台，通过项目展示路演形式可以吸引投资者投资。目前最权威、最具影响力、参与人数最多的"互联网+"大学生创新创业大赛，是由教育部、中央统战部、中央网络安全和信息化委员会办公室、国家发展和改革委、工业和信息化部、人力资源社会保障部、农业农村部、中国科学院、中国工程院、国家知识产权局、国务院扶贫开发领导小组办公室、共青团中央和相关人民政府共同主办的，每年举办一届，自 2015 年首届比赛举办以来，目前已经成功举办五届，2020 年第六届大赛将更名为中国国际"互联网+"大学生创新创业大赛。历届的大赛都备受投资人、企业家、创新创业教育专家等广泛关注。通过参赛，创新创业教育专家、企业家、投资人等可以帮助创业者和创业团队梳理创业思路，完善商业模式。特别优秀的项目很容易吸引投资人关注，如果商业模式可行，市场前景好，项目还能得到投资人的青睐，直接获得创业投资。

(3) 创业计划书能帮助创业者和创业团队寻求创业合伙人。创业计划书是一份全方位描述创业想法和企业发展的文件，是创业者和企业经营者素质的体现，不仅可以帮助创业者和创业团队理清创业思路、吸引投资，还可以帮助创业者寻求合作伙伴。一个正在酝酿中的创业想法或者仅具雏形的创业项目，往往很模糊，通过制定详尽的创业计划书，经过反复推敲，可作为推销性文本，创业者通过阐述、路演、游说等形式，向潜在的合伙人阐明项目前景、市场占比、投资回报率等情况，吸纳创业合伙人入伙，为项目注入新资源和新活力，帮助创业者寻求到技术入伙、资金入伙、资源入伙等。

(4) 创业计划书能帮助创业者和创业团队凝聚人心。创业计划书是企业发展的纲领性文件和核心管理工具，是创业者和创业团队的行动导向和路线图，能为创业者提供行动指导和规划蓝图。同时，也是创业者、创业团队团结雇员，企业良性运转的核心管理工具，可帮助创业者和创业团队凝聚人心，促使企业雇员团结一心，为企业努力工作。当前市场风云变幻，创业计划书要根据市场变化不断调整。撰写、完善创业计划书的过程，需要企业雇员广泛参与、不断修正。每个员工根据自己在企业的岗位，发现团队中可能存在的问题，提出修正意见和建议，团队成员之间多次磨合，更加团结，配合更加默契。因此，创业计划书的撰写过程和创业计划书修正过程同样具有重要价值，能帮助普通员工了解企业的目标和规划"蓝图"，熟知企业目标的达成率，从而配合创业者和创业团队实现创业目标。

(5) 创业计划书能帮助创业者和创业团队进行风险评估与防范。风险评估不足是创业失败的常见问题。从某种程度来说，创业者和创业团队在创业活动正式开始之前撰写创业计划书，是为了提前考虑创业过程中遇到的这样那样的问题和风险，如财务风险、技术风险、管理风险、竞争风险等，避免盲目投入。在制定创业计划书时，创业者和创业团队应深入市场，开展调查研究，客观分析各种风险，既可以提高新创企业的风险防范能力，也可以增强新创企业在风险发生时的承受能力。

第二节　实战训练

一、创业计划书的主要内容

一般来说，一份完整的创业计划书应当包括封面、执行总结、产品或服务、市场分析、生产管理、营销策略、创业团队、财务分析、风险预测、退出策略及附录材料等内容。创业计划书的用途不同，主要内容也会有所不同。

1. 封面

创业计划书的封面是为了吸引投资人、评委和其他利益相关者注意，设计中应当考虑美观、简洁的因素。重要信息必须在封面中很容易被找到，如：项目名称、项目的一句话描述、创业者联系电话、电子邮箱等。创业计划书封面可使用企业或项目标识，可以把Logo 巧妙地设计到封面中。如果创业者和创业团队要求读者对创业计划书的内容保密，应当在封面醒目位置明确标明。

2. 目录

目录是创业计划书正文的索引，主要作用是方便投资人、评委和其他利益相关者查阅感兴趣的内容。创业者和团队在撰写创业计划书时，应该给整篇创业计划书增加一个清晰明了的目录。目录可以在 Word 文档中自动生成，目录设计应页码正确，排版美观。一般情况，创业计划书的目录应该设计三级标题。

如下，是第四届中国"互联网+"大学生创新创业大赛"青年红色筑梦之旅"赛道国家银奖项目陕西科技大学《源梦计划——让喝上一杯干净水不再是一个奢侈的梦想》创业计划书的目录。

《源梦计划——让喝上一杯干净水不再是一个奢侈的梦想》创业计划书的目录

目 录

(资料来源：第四届中国"互联网+"大学生创新创业大赛"青年红色筑梦之旅"赛道国家银奖项目 陕西科技大学《源梦计划——让喝上一杯干净水不再是一个奢侈的梦想》创业计划书)

3. 执行总结

执行总结，也称为执行摘要，是创业计划书最重要的部分和内容，是在创业计划书其他部分写完之后，创业者和创业团队应该集中精力进行提炼和总结的内容。执行总结好比硕博士论文的摘要，读了创业计划书的执行总结后，投资人应该对创业项目有一个快速、简短、清晰的轮廓性认识。执行总结写得好了，投资人才有兴趣翻开创业计划书的其他部分。所以说，执行总结是整个创业计划书的灵魂，它是创业计划书中画龙点睛的地方，要写得精彩。

执行总结部分的措辞应严谨、正式而条理清晰，通过梳理让读到的人尽可能地了解如下信息：一是，创业项目的投资亮点、公司的产品或服务是什么，能解决现实生活中人们遇到的什么问题；二是，创业项目所处行业、市场细分和市场规模，成长性和美好前景，相比其他竞争者存在什么优势，要让投资者看到该项目的美好未来；三是，商业模式是怎样的，这个项目是如何挣钱的；四是，公司的团队优势，该项目有什么核心成员；五是，融资的数额及用途。撰写执行总结时，应该使用通俗易懂的语言，让读者读懂，尽可能不要用太多的专业术语和词汇。执行总结撰写过程中，可适当加入创业者和创业团队的热情和憧憬，让投资人与项目共鸣。初稿撰写完毕之后，要多次修改润色，力求完美。

下面为大家提供可以列入创业计划书执行总结的参考提纲：

(1) 用清晰简洁的语言介绍项目的投资亮点；

(2) 用简短话语介绍项目的产品或服务，必须说清楚特定的客户群体；

(3) 描述项目所属的行业、项目的成长性如何、是否具有美好前景；

(4) 清晰地描述项目的商业模式，告诉读者该项目如何挣钱；

(5) 分析竞争情况，说明项目竞争优势；

(6) 展示项目未来的财务预测；

(7) 明确地说明融资数额及用途；

(8) 展示创业者和创业团队的核心优势，说明创业团队有足够的能力做好项目。

如下，是第四届中国"互联网+"大学生创新创业大赛"青年红色筑梦之旅"赛道国家银奖项目陕西科技大学《源梦计划——让喝上一杯干净水不再是一个奢侈的梦想》创业计划书执行总结章节展示。

《源梦计划——让喝上一杯干净水不再是一个奢侈的梦想》
创业计划书的项目概述

1.1 创意来源

2012 年，陕西科技大学材料科学与工程学院 18 名学生在红色革命老区延安的支教活动中，直接饮用当地窖水，出现了腹胀腹痛的症状，甚至有学生被确诊为肠胃炎。"是不是水的问题导致的这一切？"带着这一困惑，团队成员采集当地窖水水样，带回实验室进行检测，结果表明水的浊度、微生物含量等严重超标，均会危害人的身心健康，意识到以红色革命老区为代表的偏远山区仍存在很严重的饮水安全问题，经过商议，团队决定启动源梦计划。

2013 年，为了掌握第一手的水质资料，团队在陕西、甘肃、宁夏革命老区徒步千里进行了大规模的问卷调查、实地走访、水样检测、整合不同地区的水质资料，结果显示微生物和溶解性固体物质含量超标、浊度和 pH 偏高是水窖水质的共有性质，我国陕西、甘肃、宁夏、广西、新疆、青海等农村共计有 2200 万余人使用水窖；陕西、新疆、贵州、西藏、山西、内蒙古等部分地区，共计有 3000 万余人的身心健康受到危害。

2014 年，团队成员整合资源，依托国家级特色专业无机非金属材料工程、国家重点实验室、省级陶瓷材料绿色制造与新型功能化应用创新团队，针对上述水质问题，提出解决方案：为改善水窖水质问题，团队突破性地研发了共三代新型净水设备，满足不同条件家庭的需求。

习近平总书记说："陕甘宁革命老区在我们党历史上具有十分重要而特殊的地位，它作为土地革命战争时期创建的红色革命根据地，是党中央和红军长征的落脚点，也是党带领人民军队奔赴抗日前线、走向新中国的出发点。革命老区是党和人民军队的根，我们不能忘记自己是从哪里来的，永远都要从革命历史中汲取智慧和力量。我们实现第一个百年奋斗目标、全面建成小康社会，没有老区的全面小康，特别是没有老区贫困人口脱贫致富，那是不完整的。这就是我常说的'小康不小康，关键看老乡'的含义。"

同年 11 月，李克强来到水利部考察并主持召开座谈会，强调："让百姓喝上干净水是最基本的民生保障，也事关政府公信力，是不可推卸的责任！要解决 6000 万人饮水安全问题，这是对全国人民的硬承诺，必须保质保量按时完成，决不打折扣。"自此，团队成员响应国家政策，逐步落地陕西、甘肃、宁夏三个省份多个地区，针对不同家庭条件分别赠送三代净水器。第一代生物慢滤净水器为普惠性产品，简单易制备；第二代洁熙净水器针对精准扶贫户，引入纳米氧化锌镀层陶粒提升杀菌效果，团队以专利转让形式与洁熙净水器厂达成合作，以成本价 30 元购入并免费赠送；第三代家乐事净水器针对精准扶贫户并已试点对老兵免费发放，引入新型活性炭大幅提升净水能力，团队以技术转让形式与家乐事净水科技有限公司达成合作，以成本价 80 元购入并免费赠送。同时以爱水课堂为推广渠道，一方面，宣传双"jie"水知识和方法，提高村民的节约用水意识和洁净用水能力；另一方面，通过 PPT 讲解，示范安装，教会村民自制生物慢滤净水器，普及净水技术。

2015 年 2 月习近平总书记提出《关于贯彻落实陕甘宁革命老区脱贫致富座谈会精神 全力

打好扶贫攻坚战的实施方案》；2015 年 4 月，《水污染防治行动计划》出台，预计我国将投资达两万亿元用于解决饮水健康问题。借助政策的推动，项目持续发展。

2016 年，在项目回访中，团队发现项目现阶段主要存在以下两方面问题：第一，如何提升推广速度？由于团队核心成员是以在校大学生为主体，如何让非假期时间"活"起来，提升推广速度，拓宽服务范围成为核心问题；第二，如何增强自身造血功能？如何使团队的项目资金源源不断地扩大，维系项目的运行？

针对上述问题，经团队成员以及指导老师的深入研究讨论，团队提出全新的可持续运营模式：企业方面，团队除申请获得爱心企业的资金支持外，还与部分企业以技术转让的形式签订合作协议，获取其一定比例的营业额作为项目资金并以低于市场价 50% 的价格购入净水器；此外借助政府政策的推动及企业、政府和基金会的资金支持，将以成本价购入的净水器捐赠给当地居民，此外团队以技术授权的形式委托公益机构、高校社团以及当地政府，以线上、线下的爱水课堂为渠道教会居民自制净水器，做到授人以鱼的同时授人以渔。完善的服务机制使项目受益范围与人数快速扩大，最终形成了"团队愿意、企业乐意、政府满意、群众受益"的良性循环，使团队具有强大的再造血功能。

2016 年 7 月至今，团队先后前往陕西、甘肃和宁夏等地区，累计安装净水设备 15 000 余台，通过爱水课堂培训教学，改善了 20 万余民众的饮水健康问题。

1.2 项目背景

我国有近 3.23 亿人的饮用水受到不同程度的污染，因此将来的受益地区极为广泛。存在饮水污染问题的地区主要分布在华北、西北、东北和黄淮海平原地区，包括了山东、河北、河南、天津、内蒙古、新疆、山西、陕西、宁夏、江苏、安徽、吉林 12 个省份。

根据卫生部疾病控制司的最新统计，全国使用水窖的地区有陕西渭北平原、宁夏、新疆、甘肃、内蒙古等部分地区。

尽管政府大力推动扬黄工程，但针对农村特别是自然条件差、人口居住分散的中西部地区，地形、交通的限制使得自来水无法供应到位。当地村民多以地下水或水窖水作为饮用水。

水窖蓄水方面，母亲水窖工程将水窖全部改造成了水泥窖，降低了水的浊度与流失，但水中微生物和溶解性固体的含量仍严重超标，危害巨大。渐渐地人们开始依赖于市面上的净水设备、桶装水，降低水质问题危害，但对于这些村民来说昂贵的净水设备、桶装水却是奢不可及的。如何解决居民饮水问题是困扰政府和民众的一个大问题。

"我们实现第一个百年奋斗目标、全面建成小康社会，没有红色老区的全面小康，特别是没有老区贫困人口脱贫致富，那是不完整的。这就是我常说的'小康不小康，关键看老乡'的含义。"习近平总书记说。2014 年 11 月，李克强来到水利部考察并主持召开座谈会，会议强调："让百姓喝上干净水是最基本的民生保障，也事关政府公信力，是不可推卸的责任！要解决 6000 万人饮水安全问题，这是对全国人民的硬承诺，必须保质保量按时完成，决不打折扣。"2015 年 2 月习近平总书记提出《关于贯彻落实陕甘宁革命老区脱贫致富座谈会精神 全力打好扶贫攻坚战的实施方案》；2015 年 4 月，《水污染防治行动计划》出台，预计我国将投资达两万亿元用于解决饮水健康问题。借助政策的推动，项目持续发展。

因此团队致力于以极低的造价、通俗易懂的方法，教会村民自制生物慢滤净水器，普及净水技术，提高村民洁水能力并赠送团队自主研发的三款新型净水器，让喝上一杯干净水不再是一个奢侈的梦想。

1.3 项目简介

源梦计划是由在校大学生和社会志愿者组成、拥有核心技术、以多年公益活动经验解决居民饮水问题的公益组织。自 2012 年起，团队成员徒步调研、检测水质，整合资源，获得地区水质状况的一手资料，依托国家级特色专业无机非金属材料工程、国家重点实验室、省级陶瓷材料绿色制造与新型功能化应用创新团队，提出解决方案：为改善水窖水质，研发了纳米氧化锌陶粒、新型活性炭及三款新型净水设备。

项目开展中，团队针对不同家庭条件分别赠送三代净水器。第一代生物慢滤净水器是普惠型产品，简单易制备；第二代洁熙净水器针对精准扶贫户，引入纳米氧化锌镀层陶粒提升杀菌效果，团队以专利转让形式与洁熙净水器厂达成合作，以成本价 30 元购入并免费赠送；第三代家乐事净水器针对精准扶贫户并已试点对老兵免费发放，引入新型活性炭大幅提升净水能力，团队以技术转让形式与家乐事净水科技有限公司达成合作，以成本价 80 元购入并免费赠送。同时以爱水课堂为推广渠道，一方面，宣传双"jie"水知识和方法，提高村民的节约用水意识和洁净用水能力；另一方面，通过 PPT 讲解，示范安装，教会村民自制生物慢滤净水器，普及净水技术。

2016 年 7 月至今，团队先后前往陕西、甘肃、宁夏各地，累计安装净水设备 15 000 余台，通过爱水课堂培训教学，改善 20 万余民众的饮水健康问题，先后受到了人民网、光明日报、经济日报、中国环境报、中央人民广播电台等多家媒体的广泛报道。

1.4 运营模式

为了使项目持续运营，使公益项目本身具有造血功能。本项目依托国家级特色专业无机非金属材料工程、国家重点实验室、省级陶瓷材料绿色制造与新型功能化应用创新团队的科技实力，以团队作为枢纽，发动政府、企业、基金会、社会、高校公益组织等的力量，积极响应国家精准扶贫策略与水污染防治行动相关政策号召，致力于解决居民饮水健康的问题，构建全新运营模式，为项目可持续发展奠定基础。

1. 政府——响应政策，组织动员

2015 年 2 月习近平总书记提出《关于贯彻落实陕甘宁革命老区脱贫致富座谈会精神 全力打好扶贫攻坚战的实施方案》；2015 年 4 月 2 号国务院正式发布《水污染防治行动计划》(简称"水十条")。这是当前和今后一个时期全国水污染防治工作的行动指南。同时陕西省也审议通过了《陕西省水污染防治工作方案》(简称陕西"水十条")等一系列文件，都为项目的开展提供了政策支持。

同时本项目积极响应国家精准扶贫战略、陕甘宁革命老区脱贫攻坚实施方案，借助政策的推动，与地方政府达成公益合作协议。获取一定资金的同时，借助政府力量，组织群众参与爱水课堂培训，将净水设备免费捐赠给实践地区的精准扶贫贫困户的同时，免费发放净水器，借助政府组织动员，以爱水课堂为传播途径，一方面，宣传双"jie"水知识和方法，提高村民的洁净用水能力和节约用水意识；另一方面，通过 PPT 讲解、示范安装，教会村民自制生物慢滤净水器，普及净水技术。

2. 企业——资金支持，合作共赢

全新的运营模式下，团队一方面申请获得福特汽车、济南力诺瑞特新能源公司等爱心企业的资金支持，另一方面，与其他第三方企业硕赛动力科技有限责任公司、洁熙净水厂、家乐事净水科技有限公司等以技术转让的形式签订合作协议，获取其一定比例的营业额作为项目资金，用于维系项目运营，将以成本价购入的净水器免费捐赠给地方村民，解决其饮水问题；项目推广的同时为企业营造良好的口碑，企业的知名度将大大提高，且可得到政府的认可，最终实现合作共赢。

3. 基金会——资金支持，项目反馈与监督

团队通过主动申报，获取基金会的资金支持，与此同时，需要定期向基金会反馈项目各项进展情况，而各基金会为团队提供了资金保障同时有效监督项目，促进项目落地实施速度。

4. 公益组织——人力支援，公益合作

目前，公益组织的力量已经不容小觑，团队自身推广的同时，通过将自身公益理念发散、辐射，与全国各地各社会、高校公益组织通力协作，进行实践推广，通过组织培训、远程协助、视频教学等方式，教会居民自制净水器，做到授人以鱼的同时授人以渔，提升项目推广速度，扩大受益范围，建立良好的社会公益圈。

除此之外，团队运用 O2O、C2C 的"互联网+"运营模式，进一步提高公益项目的知名度。项目所获资金 70%用于项目发展和技术研发，旨在服务更多人群，20%用于项目宣传，扩大项目影响力，10%作为备用资金。

总之，完善的服务机制使项目受益范围与人数快速扩大，最终形成了"团队愿意、企业乐意、政府满意、群众受益"的良性循环，使团队具有强大的再造血功能。

1.5 资金来源

团队的资金主要来自基金会的捐助、企业合作及爱心企业捐助、政府补贴以及网络众筹等。

2015 年 11 月至 2017 年 7 月，项目共获资助达 800 余万元。先后得到了雅歌公益基金、阿里巴巴公益基金会、深圳市社会公益基金会、中华环境保护基金会等 6 家基金会 615 万元的资助与支持；与福特汽车、硕赛动力科技有限责任公司、济南力诺瑞新能源公司、洁熙净水器厂、家乐事净水科技公司达成合作协议，得到 185 万元的资助；并与华池县水利局、环县团委、中卫市常乐镇政府等签订了合作协议，得到资助 15 万元。除此之外，团队还得到了美国哈希公司、陕西科技大学对团队的设备和检测等方面的技术支持。团队还积极与相关环保企业、社会爱心企业等取得联系；并且正在努力与慈善基金会(中国绿色碳汇基金会、中国妇女发展基金会——"母亲水窖"、SEE 创绿家等)洽谈，预计会得到每年 100 万元的资金支持；在新闻媒体人民网上开展"全国大学生项目实践评选活动"，以吸引更多慈善环保人士的关注，为后期项目获得资金支持。

同时"互联网+"模式下，团队动用一切可以利用的网络资源以及平台为项目做支撑，首选是众筹网，其次是腾讯乐捐平台。借助平台，众筹达到部分项目资金，同时定期在其平台上发布项目信息，将团队各项经费开支情况进行公示透明化，由民政部门和资金捐赠方监督资金筹措过程，决定资金使用去向，落实受助结果，使项目资金透明化，增加公信力。

目前项目的资金主要用于净水设备的研发制备、净水设备各项材料购买、团队实践交通及宣传费用，此外剩余的资金也全部反哺给当地居民，使公益力度做到最大化。

1.6 项目历程

时间	实践主要内容	实践成果	获奖情况
2012年	• 调研陕北延安吴起镇水窖水质情况; • 对无定河水质污染情况进行初步调研	• 获得延安吴起镇水窖水质的详细资料; • 获得中华环境保护基金会的项目资助	• 陕西科技大学暑期社会实践项目一等奖
2013年	• 调研各地水质污染情况; • 对窖水水质进行研究分析并提出解决方案	• 研制得到生物慢滤净水器; • 获得中华环境保护基金会项目资助; • 获得人民网大学生暑期社会实践项目资助	• 陕西省大学生暑期"三下乡"标兵团队; • 全国高校环保科技创意设计大赛银奖; • 与定边县水利局签订项目合作协议
2014年	• 示范安装两类净水设备,进行项目初期推广; • 在定边县冯地坑村安装生物慢滤净水器	• 示范安装生物慢滤净水器35台; • 获得中华环境保护基金会的资助; • 完成生物慢滤净水器建造手册; • 获得美国哈希公司的技术支持	• 陕西省大学生暑期"三下乡"标兵团队; • 陕西省大学生环保创意大赛"特别项目奖"
2015年	• 赴白于山区实地安装生物慢滤净水器; • 组织开展爱水课堂培训,手把手教会当地居民制作净水器,扩大项目推广速度及项目受益人数	• 突破研发第二代洁熙净水器; • 安装生物慢滤净水器1340台; • 受到中国慈善联合会副会长徐永光、民政部社会福利和慈善事业促进司司长俞建良、中国慈善联合会副会长徐永光等7位老师的指导	• 陕西省大学生暑期"三下乡"标兵团队; • 第四届中国公益慈善项目大赛金奖; • 陕西省首届青少年公益大赛银奖
2016年	• 赴陕北实地安装并赠送生物慢滤净水器; • 赴庆阳市华池县实地安装并赠送生物慢滤净水器; • 通过爱水课堂培训,手把手教会当地居民制作净水器,扩大项目推广速度及项目受益人数	• 安装生物慢滤净水器2150台; • 项目实践历程受到水利部副部长陆桂华等人的参观询问,并得到了高度评价; • 生物慢滤净水器获取专利授权	• 智慧杯大学生公益创新大赛三等奖; • 好丽友公益梦想实践大赛金奖; • 创青春全国大学生创业大赛国家级金奖; • 中国青年志愿服务项目大赛金奖
2017年	• 赴甘肃省环县、宁夏中卫市实地安装并赠送生物慢滤净水器; • 开展线上及线下的爱水课堂培训,手把手教会当地居民制作净水器; • 与其他公益组织合作,赴陕西省各问题水质地区示范安装并赠送生物慢滤净水器	• 团队自身示范安装生物慢滤净水器1800台; • 得到恩派公益组织发展中心、天柱慈善基金会的资助; • 获得硕赛动力科技有限公司提供其年销售额3%的资金资助50万元; • 与陕西省青年志愿者协会、西安工业大学青团等社会、高校公益组织合作,共计免费安装6000余台生物慢滤净水器	• 在第三届"建行杯"中国"互联网+"大学生创新创业大赛陕西省赛区省级复赛中荣获金奖

时间	实践主要内容	实践成果	获奖情况
2018 年	• 赴陕西省吴堡县实地安装并赠送生物慢滤净水器； • 开展线上及线下的爱水课堂培训，手把手教会当地居民制作净水器	• 突破研发第三代慢滤净水器； • 获得家乐事净水科技公司提供其年销售额 3%的资金资助 135 万元； • 团队自身示范安装生物慢滤净水器 3500 台； • 得到深圳市社会公益基金会的资金资助 20 万元	• 第六届公益慈善项目大赛银奖； • 第三届青年志愿服务公益创业赛银奖

在取得以上成功的同时，项目还得到了陕西科技大学资源与环境学院丁绍兰教授和材料科学与工程学院黄剑锋教授、刘辉教授以及前沿科学与技术转移研究院强涛涛教授的技术指导及万学教育高级副总裁丘锡彬的培训指导。且项目先后受到人民网、中央人民广播电台、经济日报、光明日报、中国环境报、榆林电视台、环县电视台、中国青年网、中国文明网、西部新闻网、南方法制网、西安文明网等省级以上报道 30 余篇，其中国家级报道 8 篇，参与学生有 30 000 余人，受益群众有 20 万余人，项目影响力不断扩大，使更多人受益。

1.7 项目推广

源梦计划团队成员以在校大学生为主体，那么如何让非假期时间"活"起来，提升项目的推广速度，拓宽服务范围成为一个重要问题。

多年的实践中，团队通过开展爱水课堂进行培训教学，一方面，宣传双"jie"水知识和方法，提高村民的节约用水意识和洁净用水能力；另一方面，通过 PPT 讲解，示范安装，教会村民自制生物慢滤净水器，普及净水技术。目前团队项目已经在陕甘宁多处地区获得良好的口碑，被当地居民广泛接受。

新的运营模式下，团队面对存在相似水质问题的更多地区，为了使更多人受益，提升项目的推广速度，拓宽服务范围，团队自身推广的同时，将自身公益理念发散、辐射，与各地社会、高校公益组织通力协作，进行实践推广，通过志愿者招募、技术指导、远程协助、视频教学等方式，进行大规模推广，扩大受益范围，建立良好的社会公益圈，形成完善的服务机制，解决更多人的饮水问题。

1.8 项目愿景

项目愿景：让喝上一杯干净水不再是一个奢侈的梦想。基于以往的成功经验，团队以延安为起点，三年落地服务我国西北红色革命老区饮用水窖水问题地区，成为全国最顶尖的大学生公益团队。

社会使命：结合团队实际情况，项目初期将受益地区定位在陕甘宁革命老区存在类似问题水质的地区，现逐步扩展至我国西北相似水质污染问题地区，最终落地服务我们所有问题水质地区。

总之团队致力于以极低的造价、通俗易懂的方法，教会村民自制生物慢滤净水器，普及净水技术，提高洁水能力并免费赠送三款净水器，让喝上一杯干净水不再是一个奢侈的梦想，为全面建成小康社会及习总书记提出的精准扶贫战略做出贡献。

(资料来源：第四届中国"互联网+"大学生创新创业大赛"青年红色筑梦之旅"赛道国家银奖项目
陕西科技大学《源梦计划——让喝上一杯干净水不再是一个奢侈的梦想》创业计划)

4. 产品或服务

从本模块开始，正式进入创业计划书的正文部分。产品或服务是创业计划书重要的组成部分，也是创业者和创业团队最熟悉的内容。

产品是指能够供给市场，被人们使用和消费，并能满足人们某种需求的任何东西。通常我们理解的产品是有形的，可以看得见、摸得着的实际存在的客观东西，比如我们使用的电子产品、使用的课桌、办公用品、阅读的书籍、穿戴的衣物等，这些都是我们可以接触的、比较直观的物件。

相比于产品，服务是一种无形的东西。1960 年，美国市场营销协会(AMA)最先给服务下的定义是："用于出售或者是同产品连在一起进行出售的活动、利益或满足感。"1974 年，斯坦通(Stanton)指出："服务是一种特殊的无形活动。它向顾客或工业用户提供所需的满足感，它与其他产品销售和其他服务并无必然联系。"我们可以这样来理解服务：服务就是本着诚恳的态度，为别人着想，为别人提供方便或帮助。

随着社会的发展与变革，现阶段人们对产品与服务的需求不断发生变化，因此迫切需要产品与服务进行更新换代。投资人在进行项目投资评估时，最关心的问题就是，创业者和创业团队的产品或服务是否解决了人们生活中遇到的某种现实问题，能在多大程度上解决这些现实问题，他们提供的产品或服务能否被顾客接受，能否帮助顾客节省开支，提升他们的使用感受。同时，投资者还关心，这样的项目是否可以帮助投资者赚钱。因此，产品或服务介绍是创业计划书中必不可少的内容。

在这部分内容中，产品或服务分析要清楚地介绍项目的产品或服务是什么，这部分内容比较具体，写起来相对容易。本部分要对产品或服务作详细说明，应当使用准确、通俗易懂的语言。要用非专业化的语言描述清楚产品的性能、特性、研发过程、市场前景、品牌专利情况。必要时应附产品原型、照片或其他介绍。

产品或者服务部分内容介绍可以围绕以下问题展开：

(1) 创业项目的产品或服务是什么？

(2) 产品或服务有什么特色？是不是创业团队自己的专利？有哪些专利支持？

(3) 产品或服务能够解决市场中哪些人群遇到的哪种现实问题？

(4) 和竞争对手相比，项目的产品或服务有什么优势、劣势？

(5) 创业团队为自己的产品采取了哪些保护措施？企业拥有哪些专利、许可证？

(6) 采用哪种方式改进产品质量、性能？新产品开发、上市有什么计划？

如下，是第四届中国"互联网+"大学生创新创业大赛陕西赛区复赛金奖项目、陕西科技大学《新疆沙拉木商贸有限公司》创业计划书的产品章节展示。

《新疆沙拉木商贸有限公司》创业计划书的产品章节展示

第二章 新疆沙拉木商贸有限公司主营产品介绍

2.1 主营产品

新疆沙拉木商贸有限公司以销售葡萄干、红枣、核桃等新疆特色干果为主。其中葡萄干具体包括红葡萄干、绿葡萄干、金提子葡萄干、紫葡萄干、红香妃葡萄干等；红枣主要分为新鲜大枣、干枣、枣干等；其他干果有核桃、无花果干、黑加仑等。现计划推出西域翡翠、六喜临门、"珠联币"核、"天常第"酒、"嗑话仁生"、远方你好、"嗑"话人生、"狼嗑爱"、"天长第"酒等系列产品。产品货源分为两大部分，一部分来源于公司自主培育的果园；另一部分来源于为响应国家精准扶贫政策，与新疆当地贫农签订收购协议。

产品分类	主打产品	目标群体	产品特色
西域翡翠	葡萄干	中高端市场	精包装
珠联币核	纸皮核桃、绿皮核桃	中老年保健市场	保健
六喜临门	干果礼盒	婚宴市场	礼盒定制
远方你好	干果家族	旅游市场	民族情怀

2.2 产品定位

"酒香不怕巷子深"，新疆的干果类产品同样不会因地域的偏远，而被世人遗忘，相反恰是这样的独特区位优势，使其闻名于世，深得国内外消费者的喜爱。被喜爱是我们最大优势，如何将消费者的喜爱与偏好转化成实际消费，是实现公司盈利的最重要的一步，走好这一步的关键是满足不同消费群体的多样化需求，做好产品的定位。目前产品的消费群体为不同类型的企业和零散消费者两大类，面对不同的消费群体，公司将有针对性地推出多样化产品包装形式，以适应消费者的多类型需求。

在产品初期，公司已经与大型食品公司建立合作关系，将葡萄干、无花果干、枣干等加入在各类食品中，以增加食品种类的丰富性。针对这一类型消费群体，推出大包装以满足大批量的需求。

在产品中期，公司诉求年轻核心人群，投放于国内各大商超进行销售。在这一阶段，我们产品主要定位于健康和时尚，这不仅符合当前消费群体的消费偏好和当前的消费追求，短期内可以迅速打入市场；同时可以为我们公司树立起"关爱健康，引领时尚"的企业形象，为企业未来长期的稳定发展打好基础。

在产品后期，随着产品的不断更新和公司的发展，对零散消费者进行细分。针对中老年消费者，推出具有降脂、降压、健胃等功效的产品，还可以进行套餐组合，以降低中老年消费者的购买选择难度；对于文艺类消费者，主打个性化文案设计包装的产品，在产品宣传中加入当地民族特色，如"我的疆域，你的故事"、"驼铃声声入耳"等文案；同时，针对情侣、爱人群体，推出情侣组合套餐等。通过群体细分，使产品多样化，一方面扩大了消费者的范围，另一方面通过差异化的产品组合，吸引消费者的眼球，从而适应日益多样化的需求变化，增强顾客黏性，稳定市场份额。

2.3 关键技术

食品安全溯源技术(2wm.cn)是公司的关键技术，该技术是由西安唯简物联信息技术有限公司研发，共涉及 13 项专利。经过团队成员努力，与该公司达成合作意向。目前该公司已授权我公司在十年内可免费使用该技术。该技术是实现农产品"互联网+"的绝佳载体，能真正实现农产品"从田园到餐桌"的全流程质量安全防伪溯源管控，做到一个全方位的监控。公司可具体使用品牌防伪、产品防伪、产品营销、大数据分析技术，对产品进行实时防伪、防窜、大数据监控。

2.3.1 一物一码管理，防止品牌假冒

每一个人都有自己的身份证，如何使公司的每一件产品都有自己独一无二的身份标识，使产品拥有证明自己身份的"身份证"，杜绝产品的假冒伪劣现象，是食品安全的重要环节。品牌防伪技术能够通过数据运算，加密生成海量唯一、易用的二维码，真正做到一物一码赋码管理。顾客扫描每一件产品包装上的二维码，防伪后台系统均能实时捕捉二维码扫描信息，向扫码者展示二维码的被扫描次数、被扫描时间、被扫描地区等信息；向公司展示二维码的扫描数量、扫描区域、可疑码出现次数、可疑码出现区域等信息；公司可根据后台信息对扫描者喜好进行分析，也可对可疑扫描信息进行监控，防止品牌假冒。

2.3.2 建立全程档案，实施产品溯源

让消费者吃得开心、吃得安心、吃得放心，是我们的初心和追求。食品溯源技术可通过品牌溯源、批次溯源、单品溯源等全方位立体化多层次方式，建立坚果产品从田间到销售终端的全程档案。消费者通过扫描产品包装袋上的二维码，即可查询产品从原材料到产品制作工艺、产品运输等过程，实现产品的全程溯源数字化，做到对外信息透明化，让消费者全方位了解产品产供销的全过程。

2.3.3 运用追溯平台，助力精准营销

精准化的营销方式，不仅可以及时准确满足消费者的多元化需求，还可使公司对市场需求变化做出迅速反应。新疆沙拉木商贸有限公司可通过产品营销技术，运用在线购买、互动游戏、在线抽奖、线下农户地理位置定位等方式为公司提供方便的互联网入口，实现产品线上线下营销、互动一体化，使公司快速链接新媒体。此外，公司可随时依据市场情况结合产品特征，选择合适的二维码营销方式，并设置营销规则。

2.3.4 预测市场需求，指导农业生产

公司运用该技术可通过移动终端、网页服务器、传感器等实时获取消费者二维码扫描、产品溯源、防伪、物流、营销等数据，将采集到的原数据存储至云端，利用数据挖掘算法，形成顾客消费需求表、消费者地域分布表、消费者喜好分析表等多维分析报表，对形成的各类报表进行深入分析，利用预测到的数据进一步指导新疆当地农户和公司自身的生产，及时掌握市场信息，有利于进一步避免市场盲目性，做到利用大数据指导农业生产。

此外，经过团队努力，目前陕西科技大学为支持新疆沙拉木商贸有限公司的发展，提升公司竞争实力，助力公司更好发展，更有力地服务社会，将食品科学与工程学院研发的食品安全与检测技术、核桃破壳技术授予我公司使用，为公司严格把控产品安全提供技术支撑。以上各类技术使公司在硬件技术上得到强有力的支持。此外，食品科学与工程学院已与该公司达成合作意向，同意在技术研发、学生实习、就业等方面进行深度合作。

2.4 产品优势

经过长时间的行业布局和调研积累、对干果零食产品概念和业态的深入理解，我们通过对目前市场上存在的干果企业进行数据调查和分析比较，可以得出本公司产品发放市场的主要优势如下。

2.4.1 优质取材，口感上佳

优质的选材，是产品上佳口感的保证，只有使消费者喜爱我们的产品，并离不开我们

的产品,才能维持公司持续不断的发展。新疆沙拉木商贸有限公司位于新疆,首先从原材料的取用上具有较大优势,公司职员大多数是土生土长的新疆人,对于优质原材料地区分布了解清楚透彻,能够选择最优质的原材料。其次,公司与陕西科技大学进行合作,运用食品学院技术资源提升自主种植的果品质量,在原有基础上进一步提升原材料质量,不断提高公司产品的口感,增强产品市场竞争力。

2.4.2 价格适中,易于接受

价格是顾客消费时考虑的最主要因素之一,在进行同类产品购买时消费者会自觉或者不自觉地进行对比,以便选出最适合自己的产品。相较于国内市场上同类坚果企业产品价格,我公司产品价格处于中等偏下;与新疆本地坚果类企业相比,公司产品价格处于中等偏上。这主要在于公司位于原材料产地,在原材料运输上成本较低;其次公司有自己培育的果园,能够在保证质量的同时节省种植成本,为产品灵活定价提供充足的空间。中等价格水平,既能保证公司盈利,又能满足消费者价低质优的心理,易于消费者接受。

2.4.3 走心文案,独特设计

在产品包装上(包装商标正在申请中),采用"软文化"策略,通过形式产品与附加产品的巧妙结合,以满足消费者的物质需求与精神文化需求。综合政策、市场需求和投资盈利率等因素,结合新技术、新媒体、注重营销方式,通过设计具有鲜明地域和民族风格的文创产品,以产品的"内涵价值"吸引消费者的眼球,有效地满足了目标群体的文化创意产品需求,增强了产品在市场上的竞争力,有利于扩大公司产品的市场份额占比。

(资料来源:第四届中国"互联网+"大学生创新创业大赛陕西赛区复赛金奖项目、

陕西科技大学《新疆沙拉木商贸有限公司》创业计划书)

5. 市场分析

创业前为提高创业成功率,创业者和创业团队应开展市场调研,撰写创业计划书时要重点分析市场及产品的竞争力。

市场分析是对市场供需变化的各种因素及其动态、趋势的分析。正确的市场分析可以帮助创业者和创业团队客观认识商品供应和需求的比例关系,为企业营销战略制定提供依据。正确的市场分析过程是:搜集有关资料和数据——确定市场分析的方法——分析研究、探索市场变化规律、了解产品的市场占有情况和竞争对手情况——合理安排生产,为企业生产经营决策。

在进行市场分析时,可以使用多种工具,对这些工具的介绍见本书第四章。

如下,是第四届中国"互联网+"大学生创新创业大赛陕西赛区复赛金奖项目、陕西科技大学项目《变色 Long 新型结构色料专家——西安耀彩环保科技有限公司》运用 PEST 分析工具进行市场分析的章节。

变色 Long 新型结构色料专家——西安耀彩环保科技有限公司市场分析

PEST 分析法是企业战略外部环境分析的基本工具,即通过政治的(Politics)、经济的(Economic)、社会的(Society)和技术的(Technology)角度或四个方面的因素分析总体上把握宏观环境,并评价这些因素对企业战略目标和战略制定的影响。我们用 PEST 分析法综合分析我公司所处的宏观环境,确定以上 4 种因素变化对我公司战略管理过程的影响。详细分析如下。

P—政治法律环境：国家节能减排降耗及安全环保政策与法规带来发展机遇。我国是世界上资源浪费最严重的国家之一，改革开放以来，过度注重经济发展的速度，而相对忽视了经济发展过程中能源消耗的降低，这不利于经济的可持续发展。自 1998 年至今我国政府相继出台了《中华人民共和国节约能源法》《中国节能产品认证管理办法》《中华人民共和国清洁生产促进法》等一系列节能减排的政策。这些为我公司环保型结构色料的发展提供了良好的机遇。

E—经济环境：国民生活质量不断提高，消费市场需求旺盛。随着经济的发展，人民消费水平提高，建筑行业发展迅速，对色料的需求逐年增加。技术创新是一项耗费资金的工作，产业化进程缓慢，尤其是色料原始创新更是一项高投入、高风险、高回报、长周期的系统工程。所以更多的大型企业倾向于向有技术专利的公司进行技术购买然后进行生产销售。

S—社会文化环境：社会环保意识及对产品质量需求不断提高，随着人们生活水平的提高和经济条件的改善，思想观念和行为模式也开始发生变化，对于产品的质量、外观的要求也与日俱增，而新型的结构色料和发光色料以优越的性能满足了用户的需求。环保无毒无害，给予了用户家庭更好的家居生活环境和体验，价格的适中性也为广大用户所接受。

T—技术环境：结构色是物理色，无须着色剂，采用不同尺寸基元构筑光子晶体，制备出颜色可控的光子晶体结构色，相较于传统的色料来说，大幅度地降低了原材料的投入成本以及材料的浪费，进一步降低了企业的资金投入与能源消耗，同时也符合绿色生产与发展的需求。

无电发光色料是光致发光现象，是指在外界光源激发下，可以将光能储存起来，激发停止后，再将储存在材料中的能量以可见光的形式缓慢释放出来。相较于传统的发光材料来说，发光亮度更高、使用寿命更长、耐高温、耐酸碱、无毒、无害、无"三废"污染。

(资料来源：第四届中国"互联网+"大学生创新创业大赛陕西赛区复赛金奖项目、陕西科技大学项目《变色 Long 新型结构色料专家——西安耀彩环保科技有限公司》创业计划书)

6. 生产管理

生产管理是计划、组织、控制生产活动的综合管理活动。包括生产计划、生产组织以及生产控制。通过合理组织生产过程，有效利用生产资源，经济合理地进行生产活动，以达到预期的生产目标。生产管理的目的是高效、低耗、灵活、准时地生产合格产品，为客户提供满意服务。在这一部分内容中，创业者和创业团队需要描述清楚生产的系列要素。

(1) 产地选择：如果没有付诸行动，建厂需要说明厂址选择。
(2) 生产设备：应考虑企业的业务量是多少，为了完成业务量必须配备多少台机器。
(3) 原材料：说明原材料的来源。
(4) 生产工艺：说明产品的生产原理、生产工艺和生产技术。
(5) 产品质量保障体系。

如下，是第三届中国"互联网+"大学生创新创业大赛陕西赛区复赛银奖项目、陕西科技大学项目《陕西温标科技有限公司》创业计划书生产管理章节展示。

《陕西温标科技有限公司》创业计划书生产管理章节展示

第三章 陕西温标科技有限公司生产管理

3.1 生产要求

生产量：本公司的智能可溯源温控标签的生产是根据市场的需求进行批量生产，初期日产量可达 833 万件。

技术关键：可溯源智能温控标签技术、二维码在智能标签外部的印刷。

工人要求：研发人员需具备电子及计算机软件行业的基础知识，具有一定的学历；生产人员需要熟练智能可溯源温控标签的生产过程，熟练操作数控平台，保证产品质量；生产管理人员需管理好生产流水线，保证正常运作；销售人员应具备良好的交流能力及销售技巧，把握市场发展，将产品的优势展现给客户。

3.2 厂址选择

陕西温标科技有限公司目前以公司式管理进行前期筹备，办公地点在关中——天水国家级进京开发带腹地的陕西省渭南市卤阳湖开发区。

3.3 生产运行管理

3.3.1 生产计划

陕西省温标科技有限公司决定采取精益生产模式，以拉动式生产模式进行生产。由于智能可溯源温控标签的生产主要是根据合作方(疫苗生产商)的需求指令进行生产和供应。同时，公司将依靠二维码溯源技术建立快速的信息传递机制，确保疫苗在流通环节中对各方的有效监督。

3.3.2 人员计划

公司人员分为研发人员、生产人员、生产管理人员及销售人员。公司共有员工 60 人。研发人员需具备扎实的专业基础知识，具备一定的研发能力，有勇于创新的精神；生产人员具有较强执行力，熟悉智能可溯源温控标签的生产过程每一个细节，熟练操作数控平台，保证产品质量；生产管理人员需管理好生产流水线，保证正常运作；销售人员应具备良好的交流能力、销售技巧以及健全的产品知识，精准把握市场发展，将产品的优势充分展现给客户。

3.3.3 产品质量保证体系

本公司在建立初期属于中小型企业，由于本身的局限性，使得我们在质量保证体系和产品质量方面将会面临许多挑战。因此，对于我们来讲，如何结合自身实际情况，建立一个符合强制性认证产品实施细则规定的质量保证体系，是非常重要的。中小企业质量保证体系主要有以下特点：

一是组织机构简单，产品的技术含量低，生产规模也比较小，以劳动密集型居多。

二是生产工艺简单，生产流程少，工艺设备、检验设备、仪器、量具相对简陋，不完善。

三是员工流动性大，素质普遍较低，除了少数有经验的技术人员外，大部分的员工学历较低，没有经过专业培训，上岗培训过于简单。

基于以上情况，我们决定不盲目地按照 ISO 9001:2000 标准来建立质量管理体系，应从确保产品安全性的角度，根据强制性认证产品质量保证的十条要求，建立一个"纤巧化"的质量保证体系，控制关键的过程。

(1) 重视对供应商的选择和评价，提高关键安全元器件和原材料的质量。关键元器件和原材料的质量直接影响着产品(包括整机和元器件)的质量。因此，陕西温标科技有限公司将非常注意对关键元器件和原材料的选择。

第一，对于选择的关键元器件和原材料，如果已经纳入到国家强制认证的目录中，则应该选择已经取得强制认证证书的元器件和原材料。第二，在选择元器件和原材料时，适用时，除了看该元器件和原材料是否有强制认证证书，同时，还应该确认该元器件和原材料的型号、规格和特性满足自己产品设计的要求。第三，选择时，还应该注重对供应商的质量体系、交货期限、服务态度、价格等方面进行综合的评价，以便使供应商能长期稳定地向本公司提供能满足各项要求的产品。第四，对于采购的安全元器件和原材料，由于陕西温标科技有限公司初期并不具备对各种性能的检测条件，这种检测大部分应由元器件或原材料制造厂进行，因此只要制造厂能够提供证明该批产品符合规定要求的合格证书或检验记录，则可以采取验证的方式来确认提供的元器件或原材料满足要求。第五，由于要将智能可溯源温控标签加贴到疫苗上，因此，也要注意元器件对标签的影响，确保其无毒无害。在公司具有一定规模后则可自己逐步确定适合公司运营的检测体系。

(2) 加强生产过程中对工艺的控制。由于陕西温标科技有限公司生产的智能可溯源温控标签用于疫苗，因此会严格控制产品的生产技术及加工过程，本公司将着重识别产品生产的主要工艺，并对主要环节进行工艺检测以确保每个环节的产品均能符合要求，这样不仅可以避免产品在返修或终检验时耗时过长、工序麻烦等问题，而且可以节约原料及生产周期。识别产品生产的主要工艺后应加以明确标识。同时，要明确这些关键点的具体操作要求，并根据国家或行业有关标准要求编写作业指导书，并且作业指导书应力求详细、明确，具有可操作性，必要时可在相关岗位上添置技艺评定准则。

(3) 选择好质量保证负责人。由于公司刚起步，有经验、懂管理和技术的人员少。因此，为满足国家强制性产品认证的要求以及为公司建立一个有效的质量保证体系，我们就需要明确质量保证负责人的职责，并选择合适的人选，这样才能为公司各项职能的正常运行打好组织基础。选择质量保证负责人时应注意考虑该人员在本企业的权威性，除此以外，该质量保证负责人应了解国家有关的法律、法规和强制性认证产品的程序规则以及本企业产品适用的安全认证标准。这样，质量保证负责人才能组织本企业有关人员学习安全标准，并独立地、公正地执行 CCC 认证采用的安全标准，行使有效的监督。

(资料来源：第三届中国"互联网+"大学生创新创业大赛陕西赛区复赛银奖项目、

陕西科技大学项目《陕西温标科技有限公司》创业计划书)

7. 营销策略

营销策略是企业以顾客需要为出发点，根据经验获得关于顾客需求量以及购买力的信息、商业界的期望值，有计划地组织各项经营活动。产品营销策略由一系列的与经营销售有关的策略构成。通过营销策略，企业为顾客提供满意的产品和服务。

只有将产品卖出去，收回生产成本，赚到利润，创业者和创业团队才能实现创业目标。只有通过营销策略，才能将企业的产品华丽转变为商品。因此，营销策略对企业而言至关重要。在创业计划书中，营销策略部分应该包括如下内容：

(1) 营销战略制订；

(2) 产品市场推广；

(3) 营销团队建设；

(4) 促销政策制定；

(5) 产品规划及市场定位；

(6) 价格体系建设；

(7) 样板市场打造；

(8) 分销体系建立；

(9) 渠道建设。

营销手段多种多样，十分复杂。"4P 营销策略"是一种常见的营销手段，包含：产品(Product)、价格(Price)、渠道(Place)和宣传(Promotion)。

以下的材料是第四届中国"互联网+"大学生创新创业大赛陕西赛区银奖项目、陕西科技大学项目《"纸慧"引领造纸工业新时代》创业计划书营销策略章节展示。

《"纸慧"引领造纸工业新时代》创业计划书营销策略章节展示
第六章 营销策略

6.1 经营模式

我们公司是一家独特的为造纸机生产线提供集成自动化技术服务的企业，拥有陕西科技大学的技术基础，拥有陕西西微测控工程有限公司在国内与国外的客户资源，采取的经营模式非常适合本公司的行业背景与特点。

● 公司主营业务：造纸机流浆箱智能化系列产品。

● 公司最终目标：打造全球首台智能无感修复流浆箱。

● 客户群体：前期，国内的固定客户以及亚非拉地区的规模造纸企业；后期，欧美地区的大型造纸企业。

● 经营模式：设计+销售型。

● 实现途径：借助互联网渠道，实现产品"技术研发——产品技术销售——客户信息反馈"产业链的充分融合，对市场动态和顾客需求保持高度敏感，积极响应市场，扩展市场范围。

6.2 销售渠道

6.2.1 销售方式

(1) 现有销售渠道：发挥固定客户资源优势，采用厂家直销，推广至造纸厂。例如：团队在 2017 年向河北大发纸业提供总计 127 万元的流浆箱智能控制系统；通过合作单位陕西西微测控有限公司与当地代理商或厂商协调，减少进入市场的时间；尽快与市场直接挂钩，获取有效的信息回馈，及时调整销售时间、地点、数量，避免生产与销售脱节；在市场中心建立技术服务系统，营造品牌形象，树立良好信誉，增强企业的市场竞争力。

● 销售概况：单网气垫 1 套、四网气垫 5 套、两叠网气垫 3 套的流浆箱控制系统(附加远程修复功能)。

● 销售时间：2016 年 11 月。

● 服务类型：改造生产线。

● 客户反馈：流浆箱系统高质运行 536 天。

　　大发纸业在应用了我们的流浆箱智能系统后，对我们的产品给予了充分的肯定：流浆箱系统能够彻底解决控制系统参数异常波动的问题，并且完全克服了环境变化导致模型失配问题的产生，单条生产线能够为该企业每月增收 24 万元。我们的产品能够帮助该企业提升产能 4000 吨，使一等品率提高 16%，车间自动化水平整体提升。经预计，我们的产品每年能够为该公司增创 2600 万元的经济效益。

　　(2) 新增销售渠道：建立以陕西为中心的销售区域，向全国开展销售，并辐射全球。在不同地区建立购买中转站，建立国际销售中心，建立公司的官方网站，用来帮助客户收集有效信息；利用现今网络信息交流最为快捷的微博、小木虫等网络平台使客户更加方便、详细地了解产品；公司与阿里巴巴、京东等服务商合作，全方位开设网络销售渠道，并采纳小批量个性化定制的销售方式。

6.2.2 渠道管理

　　(1) 以"最合适"为标准选择经销商。公司在不同的发展阶段，制定不同的发展规划，我们将根据公司发展状况选择不同经销商，但这项"最合适"的标准不会改变。

　　(2) 经销商应与公司具有相同的价值观和发展观。

　　(3) 经销商同时要有实力：一是资金实力；二是实际销量及市场占有率；三是经营者的个人魅力，即个人品牌和当地号召力。

　　(4) 选择讲信誉、讲诚信的经销商，诚信风险是最大的风险，必须以此为底线与经销商进行合作。

　　(5) 加强市场管理，为经销商解决后顾之忧。

　　(6) 提供信息支撑，支持和引导客户快速发展。

　　(7) 将直接销售与网络销售充分结合，将网络销售反馈的信息运用于直接销售，将直接销售获取的经验运用于网络销售，实现直接销售与网络销售同步发展。

6.3 市场开发与进入

6.3.1 对于已开发的市场

　　与国内现有的流浆箱控制系统相比，我公司产品最明显的两点优势如下：

　　(1) 控制系统运行效果好。根据用户的反馈信息，生产线采用我们的产品后，成纸中一等品率能够由原来的 78% 提升至 92%，单条生产线每年增收利润 520 万元。

　　(2) 产品覆盖率广。我们的流浆箱智能系统属于系列化产品，迭代周期短，产品更新迅速，能够很好地适应造纸工业的发展进程。最重要的是，我们的产品可覆盖全国大中小型造纸生产线，能帮助国内 2000 家造纸企业每年提升产能共 3500 万吨，直接创造经济价值 2000 亿元。

　　因此，对于已经拥有的市场，公司的任务在于稳定客户，为使固定客户与潜在客户之间产生连带效应，公司需要进一步提升品牌知名度，树立良好的品牌形象；突出产品的特色；提高产品市场竞争力和占有率；改变客户对现有的品牌偏好，建立本公司的品牌忠诚度。

6.3.2 对于未开发的市场

　　对于尚未开发的市场，市场开发的重点是产品宣传，包括产品的特性、使用范围、作用等。公司将从以下三个方面着手开拓产品市场：

　　(1) 专业销售人员与客户进行沟通，推广本公司所研发的产品，提高客户对公司产品的认可度；

（2）大力宣传本公司产品，使客户了解公司产品的特性、使用情况和作用，全面认识产品；

（3）为客户提供优质的售前、售中和售后服务，以此树立企业形象，建立稳定的合作关系。

6.4　推广策略

我们公司的流浆箱智能无感修复系统，较前三代系统相比，不仅在结构上得以升级，同时我们未来将产品的维修和服务与物联网相结合，能最大程度地减少客户的经济损失。这是目前少有的新理念、新应用。该技术具有比较广阔的市场空间。因而，从产品和服务技术上讲我们也许可以称为首家。我们的推广策略也围绕所述公司特点展开，主要由以下四个方面组成：

（1）依托陕西科技大学资源深入市场。公司是产学研充分结合的载体，能够将高校的科研成果快速转化至实际的生产过程之中，依靠科研优势打开市场。同时依靠校友资源，为公司拓宽市场。

（2）提供产品的免费试用。公司为吸引客户，将采取提供免费试用的方案，这样能让客户充分体验我们产品的优势，从而抓住客户，建立长期合作关系。

（3）参加行业展会。通过行业展会我们公司可以接触大批客户，同时展现我们产品的优势与公司实力，还可以利用公司最新产品资料、赠品等来融洽现存的客户关系，对公司扩大知名度，增加销量有很大帮助。

（4）发表科普文章，引导消费趋向。公司鼓励科技论文的发表，并与陕西科技大学科技处达成合作关系，希望通过科技论文吸引客户。

6.5　定价因素和定价战略

6.5.1　定价因素

产品价格的影响因素可以分为内部因素与外部因素两大类。

1. 内部因素

营销目标：抢占国内市场份额，追求公司利润最大化。

成本与组织因素：可变成本，合理设置组织结构，做到职责统一。

关键因素：公司内控完善，加强组织运作，统一企业文化，明确组织目标，加强领导职能。

2. 外部因素

市场和需求：市场对远程操控流浆机的需求量十分巨大，且消费者对节能减排的要求在逐渐提高。

其他环境因素：各地经济发展情况、相关政策推广以及社会因素。

6.5.2　定价战略

（1）客户满意的高性价比定价策略；

（2）谈判定价策略；

（3）折扣策略。

在满意定价与谈判定价的基础上，公司将针对不同的客户群实行差异化价格，按照其购买产品的批发量和付款期限，实行数量折扣、现金折扣策略，建立永久的合作伙伴关系，实现双赢结果。

6.6 品牌策略

通过生产流浆箱智能控制系统，同时配以完善的售前咨询和售后服务，打造良好的企业形象，有利于在客户心中树立优质品牌形象，增加消费者对本公司产品的信任度。

公司注册品牌和商标，利用有关条约保护自己的权益；通过宣传产品提高品牌知名度、建立品牌忠诚度是扩大市场份额的重要方式。

(1) 以优质的产品提高品牌信任度。对于流浆箱智能系统，在行业中的发展空间尽管越来越大，但市场竞争越来越激烈，店多牌杂，无论是厂家还是商家都面临激烈的品牌竞争局面。本公司掌握高端、前沿生产技术，主打高质量、高性能、节能环保的新型流浆箱系统，以超高的质量和一流的服务来吸引客户，打造卓越品牌。

(2) 以科学合理的生产来确保产品的美誉度。生产管理是企业的核心，以创新为公司的基本理念，不断提高产品质量、性能。

(3) 以完善的服务提高品牌忠诚度。在产品质量一定的情况下，健全优质的服务是赢得顾客品牌忠诚度的良好途径。因此，公司将建立健全的售前咨询和售后服务网络，覆盖整个销售区域。

(资料来源：第四届中国"互联网+"大学生创新创业大赛陕西赛区银奖项目、陕西科技大学项目《"纸慧"引领造纸工业新时代》创业计划书)

8. 创业团队

21 世纪是人才的竞争，社会发展至今，人已经成为社会和企业发展中最宝贵的资源。

一个项目能否运行下去，除了项目本身有前景之外，还必须依靠好的运营团队。创业团队在创业计划书中具有举足轻重的作用，对项目发展具有重要意义。

在创业计划书中，本部分内容主要阐述项目团队的组织形式，介绍创业者、创业团队核心人物、企业顾问等重要角色，团队人员分工情况，在项目中担任的职务、扮演的管理者角色。这些文字性的阐述都是为了说明目前团队的分工是合理的，这样一个优秀的创业团队能够保证项目的正常运转。创业团队这部分内容可以用图表形式呈现，可加入创业团队核心人物的照片，这样可以做到一目了然。

9. 财务分析

财务分析是以会计核算、报表资料及其他相关资料为依据，采用一系列专门的分析技术和方法，对企业过去和现在有关的筹资活动、投资活动、经营活动、分配活动、盈利能力、营运能力、偿债能力和增长能力等进行分析与评价的经济管理活动。它为企业的投资者、债权人、经营者及其他关心企业的组织或个人了解企业过去、评价企业现状、预测企业未来、做出正确决策提供准确的信息或依据。财务分析部分内容一般用表格形式呈现。

10. 风险预测

风险预测是风险管理的重要组成部分。风险预测是指在工作之前对工作过程以及工作结果可能出现的异常进行预测、制订对策，从而预防事故发生的一种措施。在对风险事件进行预测中，需要综合考虑这些不确定的、随机的因素可能造成的破坏性影响。在创业计划书中，可以用一些文字说明该项目进展中可能遇到的各种风险。创业过程中的风险主要包括市场风险、财务风险、管理风险等。

11. 退出策略

退出策略包括产业退出、市场退出、股权退出等。把握退出时机，选择退出方式是企业立于不败之地的关键。创业退出的原因主要包括创业成功、功成身退和创业失败、被迫退出两种。投资者对风险收益分外关心，创业者在撰写创业计划书时，必须提出资本退出的方案。也就是要告诉投资者什么时候他们的投资要退出，届时投资者可以获得怎样的回报。这一部分主要呈现如下内容：

(1) 企业的退出方式有哪些？

(2) 投资回报率是多少？

12. 附录材料

附录是创业计划书主体部分的补充材料，指附在正文后面，与正文有关的参考资料。一般来说，不适宜编入正文的、篇幅过大的材料，某些重要的原始数据、数学推导、注释、框图、统计表、结构图等都可以编入附录材料中。它是整个创业计划书的支撑材料，能给投资人、评委等读者提供更进一步的解释、说明，让整个创业计划书看起来有血有肉，可以增强创业计划书的可信度和科学性。

附录内容并非越多越好，只有附录内容对正文的某些内容起必要的支撑、说明和帮助作用时，创业者和创业团队才需要提供这些材料。附录部分内容一般单独出现在创业计划书的最后，大致包括如下内容：

(1) 企业获奖证明、高新技术企业认证证明等；

(2) 新创企业的资质证明；

(3) 知识产权及专利证书；

(4) 市场估算和分析表；

(5) 专利授权证明材料；

(6) 优秀合作单位或团队证明；

(7) 企业前期实际经营的财务报表。

二、创业竞赛中创业计划书的评价标准

1. 中国国际"互联网+"大学生创新创业竞赛创业计划书评价标准

中国"互联网+"大学生创新创业大赛自 2015 年举办以来，已经成功举办五届，是目前国内最权威、最具影响力、参与人数最多的赛事，目前排名学科竞赛首位。2020 年的第六届大赛将更名为中国国际"互联网+"大学生创新创业大赛。大赛的目的和意义在于以赛促学，培养创新创业生力军。大赛旨在激发学生的创造力，培养造就"大众创业、万众创新"生力军；鼓励广大青年扎根中国大地了解国情民情，在创新创业中增长智慧才干，在艰苦奋斗中锤炼意志品质，把激昂的青春梦融入伟大的中国梦，努力成长为德才兼备的有为人才。以赛促教，探索素质教育新途径。把大赛作为深化创新创业教育改革的重要抓手，引导各地各高校主动服务国家战略和区域发展，开展课程体系、教学方法、教师

能力、管理制度等方面的综合改革。以大赛为牵引，带动职业教育、基础教育深化教学改革，全面推进素质教育，切实提高学生的创新精神、创业意识和创新创业能力。以赛促创，搭建成果转化新平台。推动赛事成果转化和产学研用紧密结合，促进"互联网+"新业态形成，服务经济高质量发展。以创新引领创业、以创业带动就业，努力形成高校毕业生更高质量创业就业的新局面。

第五届中国"互联网+"大学生创新创业大赛分高教主赛道、"青年红色筑梦之旅"赛道、职教赛道、国际赛道、萌芽板块等不同赛道，不同赛道又划分为不同组别，各赛道各组别评审要点和评审内容各有不同。

1) 高教主赛道创意组项目评审要点

高教主赛道创意组项目评审要点如表 7-1 所示。

表 7-1 高教主赛道创意组项目评审要点

评审要点	评审内容	分值
创新性	突出原始创新和技术突破的价值，不鼓励模仿。在商业模式、产品服务、管理运营、市场营销、工艺流程、应用场景等方面寻求突破和创新。鼓励项目与高校科技成果转移转化相结合，取得一定数量和质量的创新成果(专利、创新奖励、行业认可等)	40
团队情况	团队成员的教育和工作背景、创新思想、价值观念、分工协作和能力互补情况。项目拟成立公司的组织构架、股权结构与人员配置安排的情况。创业顾问、潜在投资人以及战略合作伙伴等外部资源的使用计划和有关情况	30
商业性	商业模式设计完整、可行，项目盈利能力推导过程合理。在商业机会识别与利用、竞争与合作、技术基础、产品或服务设计、资金及人员需求、现行法律法规限制等方面具有可行性。行业调查研究深入翔实，项目市场、技术等调查工作形成一手资料，强调田野调查和实际操作检验。项目目标市场容量及市场前景、未来对相关产业升级或颠覆的可能性、近期融资需求及资金使用规划是否合理	20
社会效益	项目发展战略和规模扩张策略的合理性和可行性，预判项目可能带动社会就业的能力	10

资料来源：全国大学生创业服务网(2019)

2) 高教主赛道初创组、成长组、师生共创组项目评审要点

高教主赛道初创组、成长组、师生共创组项目评审要点如表 7-2 所示。

表 7-2 高教主赛道初创组、成长组、师生共创组项目评审要点

评审要点	评审内容	分值
商业性	商业模式设计完整、可行，产品或服务成熟度及市场认可度，已获外部投资情况。经营绩效方面，重点考察项目存续时间、营业收入、企业利润、持续盈利能力、市场份额、客户(用户)情况、税收上缴、投入与产出比等情况。成长性方面，重点考察项目目标市场容量大小及可扩展性，是否有合适的计划和可靠资源(人力资源、资金、技术等方面)支持其未来持续快速成长。现金流及融资方面，关注维持企业正常经营的现金流情况，以及企业融资需求及资金使用规划是否合理	40

续表

评审要点	评审内容	分值
团队情况	团队成员的教育和工作背景、创新思想、价值观念、分工协作和能力互补情况，重点考察成员的投入程度。公司的组织构架、股权结构、人员配置以及激励制度合理。项目对创业顾问、投资人以及战略合作伙伴等外部资源的整合能力。师生共创组须特别关注师生分工协作、利益分配情况及合作关系稳定程度	30
创新性	具有原始创新或技术突破，取得一定数量和质量的创新成果(专利、创新奖励、行业认可等)。在商业模式、产品服务、管理运营、市场营销、工艺流程、应用场景等方面寻求突破和创新。鼓励项目与高校科技成果转移转化相结合，与区域经济发展、产业转型升级相结合	20
社会效益	项目发展战略和规模扩张策略的合理性和可行性、项目实际带动的直接就业人数，考察项目未来持续带动就业的能力	10

资料来源：全国大学生创业服务网(2019)

3) "青年红色筑梦之旅"赛道公益组项目评审要点

"青年红色筑梦之旅"赛道公益组项目评审要点如表 7-3 所示。

表 7-3 "青年红色筑梦之旅"赛道公益组项目评审要点

评审要点	评审内容	分值
公益性	项目以社会价值为导向，以解决社会问题为使命，不以营利为目的，有可预见的公益成果，公益受众的覆盖面广。在公益服务领域有良好产品或服务模式	20
项目团队	团队成员的基本素质、业务能力、奉献意愿和价值观与项目需求相匹配；团队或公司组织架构与分工协作合理；团队权益结构或公司股权结构合理；团队的延续性或接替性	20
实效性	项目对精准扶贫、乡村振兴和社区治理等社会问题的贡献度；在引入社会资源方面对农村组织和农民增收、地方产业结构优化的效果；项目对促进就业、教育、医疗、养老、环境保护与生态建设等方面的效果	20
创新性	鼓励技术或服务创新、引入或运用新技术，鼓励高校科研成果转化；鼓励组织模式创新或进行资源整合	20
可持续性	项目的持续生存能力；创新研发、生产销售、资源整合等持续运营能力；项目模式可复制、可推广、具有示范效应	20
必要条件	参加由学校、省市或全国组织的"青年红色筑梦之旅"活动，符合公益性要求	

资料来源：全国大学生创业服务网(2019)

4) "青年红色筑梦之旅"赛道商业组项目评审要点

"青年红色筑梦之旅"赛道商业组项目评审要点如表 7-4 所示。

表7-4　"青年红色筑梦之旅"赛道商业组项目评审要点

评审要点	评审内容	分值
项目团队	团队成员的基本素质、业务能力、奉献意愿和价值观与项目需求相匹配；团队或公司组织架构与分工协作合理；团队权益结构或公司股权结构合理	20
实效性	项目对精准扶贫、乡村振兴和社区治理等社会问题的贡献度；在引入社会资源方面对农村组织和农民增收、地方产业结构优化的效果；项目对促进就业、教育、医疗、养老、环境保护与生态建设等方面的效果	20
创新性	鼓励技术或服务创新、引入或运用新技术，鼓励高校科研成果转化；鼓励在生产、服务、营销等商业模式要素上创新；鼓励组织模式创新或进行资源整合	20
可持续性	项目的持续生存能力；经济价值和社会价值适度融合；创新研发、生产销售、资源整合等持续运营能力；项目模式可复制、可推广等	20
社会效益	项目发展战略和规模扩张策略的合理性和可行性，项目实际带动的直接就业人数，考察项目未来持续带动就业的能力	20
必要条件	参加由学校、省市或全国组织的"青年红色筑梦之旅"活动	

资料来源：全国大学生创业服务网(2019)

5)　职教赛道创意组项目评审要点

职教赛道创意组项目评审要点如表7-5所示。

表7-5　职教赛道创意组项目评审要点

评审要点	评审内容	分值
创新性	鼓励原始创意、创造；鼓励面向培养"大国工匠"与能工巧匠的创意与创新；项目体现产教融合模式创新、校企合作模式创新、工学一体模式创新；鼓励面向职业和岗位的创意及创新，侧重于加工工艺创新、实用技术创新、产品(技术)改良、应用性优化、民生类创意等	40
团队情况	团队成员的教育和工作背景、创新思想、价值观念、分工协作和能力互补情况。项目拟成立公司的组织构架、股权结构与人员配置安排合理。创业顾问、潜在投资人以及战略合作伙伴等外部资源的使用计划和有关情况	30
商业性	商业模式设计完整、可行，项目盈利能力推导过程合理。在商业机会识别与利用、竞争与合作、技术基础、产品或服务设计、资金及人员需求、现行法律法规限制等方面具有可行性。行业调查研究深入翔实，项目市场、技术等调查工作形成一手资料，强调田野调查和实际操作检验	20
社会效益	项目发展战略和规模扩张策略的合理性和可行性，预判项目可能带动社会就业的能力	10

资料来源：全国大学生创业服务网(2019)

6)　职教赛道创业组项目评审要点

职教赛道创业组项目评审要点如表7-6所示。

表 7-6 职教赛道创业组项目评审要点

评审要点	评审内容	分值
商业性	商业模式设计完整、可行，产品或者服务成熟度及市场认可度，已获外部投资情况。经营绩效方面，重点考察项目存续时间、营业收入、企业利润、持续盈利能力、市场份额、客户(用户)情况、税收上缴、投入与产出比等情况。成长性方面，重点考察项目目标市场容量大小及可扩展性，是否有合适的计划和可靠资源(人力资源、资金、技术等方面)支持其未来持续快速成长。现金流及融资方面，关注维持企业正常经营的现金流情况，以及企业融资需求及资金使用规划是否合理	40
团队情况	团队成员的教育和工作背景、创新思想、价值观念、分工协作和能力互补情况，重点考察成员的投入程度。公司的组织构架、股权结构、人员配置以及激励制度合理。项目对创业顾问、投资人以及战略合作伙伴等外部资源的整合能力	30
创新性	鼓励原始创意、创造；鼓励面向培养"大国工匠"与能工巧匠的创意与创新；项目体现产教融合模式创新、校企合作模式创新、工学一体模式创新；鼓励面向职业和岗位的创意及创新，侧重于加工工艺创新、实用技术创新、产品(技术)改良、应用性优化、民生类创意等	20
社会效益	项目实际带动的直接就业人数，考察项目未来持续带动就业的能力	10

资料来源：全国大学生创业服务网(2019)

7) 国际赛道商业企业组项目评审要点

国际赛道商业企业组项目评审要点如表 7-7 所示。

表 7-7 国际赛道商业企业组项目评审要点

评审要点	评审内容	分值
创新性	重点考查技术创新和模式创新水平 1.项目具有原始创新或技术突破，取得一定数量和质量的创新成果(专利、创新奖励、行业认可等)。 2.项目在商业模式、管理运营等方面的创新情况	35
团队情况	重点考查成员资历、分工协作和外部伙伴 1.考核团队核心成员的教育和工作背景、价值观念、战略眼光、擅长领域，特别是成员的投入程度。 2.公司股权结构、组织构架、人员配置和激励制度合理。 3.项目对创业顾问、投资人以及战略合作伙伴等外部资源的整合能力	30
商业性	重点考查商业可行性、经营绩效、增长潜力和现金流情况 1.商业模式设计完整、可行，产品或者服务成熟度及市场认可度高，是否已有或将有外部投资。 2.经营绩效方面，如已注册公司，重点考察项目存续时间、营业收入、企业利润、持续盈利能力、市场份额、客户(用户)情况、投入与产出比等情况。 3.增长潜力方面，重点考察项目目标市场容量大小及可扩展性，是否有合适的计划和可靠资源(人力资源、资金、技术等方面)支持其未来持续快速成长。 4.现金流及融资方面，关注维持企业正常经营的现金流情况，以及企业融资需求及资金使用规划	25

续表

评审要点	评审内容	分值
社会效益	重点考查带动就业的其他可持续发展贡献 1.项目实际带动的直接就业人数,考察项目未来持续带动就业的能力。 2.项目对联合国可持续发展目标中涉及社会、经济和环境的 17 项可持续发展目标方面已做出的或潜在的贡献能力	10

资料来源:全国大学生创业服务网(2019)

8) 国际赛道社会企业组项目评审要点

国际赛道社会企业组项目评审要点如表 7-8 所示。

表 7-8　国际赛道社会企业组项目评审要点

评审要点	评审内容	分值
社会目标及社会影响力	重点考查社会使命及社会影响力 1.社会问题和社会目标界定明确,可参考联合国可持续发展目标进行描述或界定。 2.社会使命清晰,以商业手段解决社会问题,解决方案的社会价值实现优于商业目标。 3.社会影响力可评估,侧重考察受益群体、其他利益相关方所产生的正向改变	30
可持续性	重点考查商业模式设计和调动社会资源的能力 1.商业模式设计完整,具有清晰可行的产品和服务、利益相关方需求、完整的价值链闭环设计、组织的核心竞争力以及未来发展前景。 2.盈利模式清晰,财务结构合理,资金使用效率高。 3.具有调动政府、企业、社会等跨界资源的机制和能力	30
创新性	重点考查产品和服务创新、模式创新 1.用新技术、新产品、新模式或新方法解决社会问题、满足社会需求、创造社会价值。 2.用新的组织形式解决社会问题、创造社会价值。 3.鼓励社会企业项目与高校科技成果转移转化相结合	20
治理结构	重点考查决策机制和利润分配 1.组织结构合理,具有科学的决策机制,确保其社会使命稳定。 2.制度安排体现出利润(部分或全部)继续用于实现社会目标。 3.规范的信息披露制度	20

资料来源:全国大学生创业服务网(2019)

9) 萌芽板块评审规则

萌芽板块评审规则如表 7-9 所示。

表 7-9　萌芽板块评审规则

评审要点	评审内容	分值
创新性	考查项目的想象力和创造力,就发现的问题和解决途径进行创意设计;创意设计过程符合客观规律;科技创意证据充分,有足够的科学研究参与度(调查、实验、制作、验证等);文化创意逻辑清晰、完整,调研和分析数据充分	35

续表

评审要点	评审内容	分值
实践性	强调项目的可行性、应用性和完整性；具备可执行的策划或实践方案；具有可预见价值，能够让未来的生活更美好	25
自主性	符合团队成员年龄段的知识结构和实施项目能力；项目选题、创意模式构建主要由学生提出和完成；团队成员能够准确表述项目内容及原理，真实可信；涉及科技成果和专利发明的，需提供授权证明材料	20
团队情况	考查团队成员的创新精神和创新意识；项目团队成员的教育背景、基本素质、价值观念、知识结构、擅长领域；团队构成和分工协作合理	20

资料来源：全国大学生创业服务网(2019)

2. "挑战杯"中国大学生创业计划竞赛创业计划书评价标准

创业计划竞赛起源于美国，又称商业计划竞赛，是风靡全球高校的重要赛事。它借用风险投资的运作模式，要求参赛者组成优势互补的竞赛小组，提出一项具有市场前景的技术、产品或者服务，并围绕这一技术、产品或服务，以获得风险投资为目的，完成一份完整、具体、深入的创业计划。"挑战杯"是由共青团中央、中国科协、教育部和全国学联共同主办的全国性的大学生课外学术实践竞赛。"挑战杯"竞赛在中国共有两个并列项目，一个是"挑战杯"中国大学生创业计划竞赛，另一个则是"挑战杯"全国大学生课外学术科技作品竞赛。这两个项目的全国竞赛交叉轮流开展，每个项目每两年举办一届。本节主要介绍"挑战杯"中国大学生创业计划竞赛创业计划书评价标准。

1) 执行总结

要求：条理清晰、重点突出、简明扼要、有鲜明特色。重点包括对公司及提供的产品、技术、概念产品或服务的介绍，市场状况，竞争分析，商业模式，盈利预测，对企业的展望等。

2) 产业背景

要求：详细描述产业背景、市场状况、竞争环境等；准确定义所提供的产品、技术、概念产品或服务，针对解决的问题，如何满足市场需求，已经获得的阶段性成果等；指出项目所具有的独创性、领先性；实现产业化的途径等；可提供的相关专利权、著作权、政府批文或其他鉴定材料。

3) 市场调查和分析

要求：在科学、严密、深入的市场调查基础上，分析面对的市场现状、竞争状况、目标市场、市场容量估算、预计的市场份额、发展趋势和潜力等。要求提供的数据真实有效、分析方法科学合理。

4) 公司战略

要求：阐释公司的商业模式、发展战略等。结合竞争优势分阶段制定公司的发展计划与目标；说明公司的研发方向和产品线扩张策略，主要的合作伙伴与竞争对手等。

5) 营销策略

要求：根据项目特点，制定合适的市场营销策略。包括定义产品、技术、概念产品或服务，制定恰当的价格策略，构建合理的营销渠道，提出有吸引力的推广策略等，确保顺利进入市场，并保持和提高市场占有率。

6) 经营管理

要求：介绍生产工艺、服务流程，原材料的供应情况，设备购置和改建，人员配备，生产周期，产品、服务质量控制与管理等。力求描述准确、合理、具有可操作性。

7) 管理团队

要求：介绍团队各成员与管理公司有关的教育和工作背景、明确成员的分工和互补，公司的组织架构以及领导层成员，创业顾问及主要的投资人和持股情况。

8) 融资与资金运营计划

要求：股本结构和规模，融资计划，资金运营计划，风险资金退出策略(方式、时间)等。

9) 财务分析与预测

要求：关键的财务假设；会计报表，包括资产负债表、收益表、现金流量表；财务分析。

10) 关键的风险和问题

要求：客观阐述项目面临的技术、市场、财务等关键风险和问题，提出合理可行的规避计划。

11) 文字表述

要求：条理清晰，重点突出，语言简练，相关数据科学、诚信、翔实。

三、创业计划书撰写原则和路演技巧

1. 撰写原则

创业计划书是创业者和创业团队呈现给投资人、评委和利益相关者的第一印象，如果方向不清、优势不突出，错字满篇、漏洞百出，一定会让投资人、评委和利益相关者认为项目团队不靠谱，做事不认真。有时候，好的项目也会因为创业计划书撰写漏洞导致项目参赛、项目融资受挫。因此，创业者和创业团队在撰写创业计划书过程中，必须反复斟酌，要把创业计划书的撰写过程看成是反思完善创业项目、历练创业团队、明晰创业思路的过程。创业计划书撰写时应遵循以下原则。

1) 目标清晰，优势突出

创业计划书在撰写时应遵循目标清晰、优势突出的原则。不同类型的创业计划书其内容、结构、作用各自不同。因此，在撰写创业计划书时一定要明确撰写的目的是什么，是为了参加比赛、获得融资，还是为了宣传创意。如果是以融资为目的，则应明确告知投资人，创业项目拟融集资金的数额及用途、投资回报率；如果是为了参加比赛，必须了解不同大赛对创业计划书的评审标准，对照参赛标准，撰写适宜的创业计划书。

2) 内容完整，事实说话

一份完整的创业计划书应当结构完整，内容齐全，至少应包含封面、目录、执行摘要、产品与服务、生产管理、财务分析、市场分析、风险防范、创业团队、附录等，不应该遗漏任何部分。同时需要具备真实的内容，无论是获取融资还是参加比赛，创业计划书中的内容要真实可靠，不能胡编乱造。创业者和创业团队要学会用数据说话，创业计划书中的市场预测、成本收益分析、财务分析都要用数据说话，涉及的数据都应有明确的来源和合理的出处。

3) 详略得当，篇幅适中

创业计划书篇幅过短可能会使很多问题无法得到明确表述，过长则会耽误读者的时间，甚至影响他们的情绪，因此，创业者和创业团队在撰写创业计划书时，应按照创业计划书的基本逻辑和基本结构，对需要陈述的内容和章节进行规划，详略得当地予以表述，根据创业计划书的类型和使用用途，将创业计划书的篇幅控制在适当范围。

4) 简洁大方，格式清晰

一份装帧简洁大方、格式清晰的创业计划书，能迅速吸引投资人、评委和其他利益相关者的阅读兴趣，吸引他们继续阅读。因此，创业计划书在撰写过程中除了注意以上四点原则外，在撰写过程中，要注意避免设计不当，以免多种色彩混合搭配引起读者不适。

2. 路演技巧

1) 路演准备

(1) 路演时间掌控。根据路演展示时间制作不同的版本，优秀的创业者凡事都会做充足的准备，给自己做备用方案确保万无一失。路演过程中，不同时长内讲述的重点内容应该有所侧重，编制方案时，演讲者要提前分析重点，在控制总时长的前提下，将时间合理分配。构思好汇报提纲后，项目团队应当撰写完整的演讲内容，面向不同人群进行多次演练，将路演时间控制在规定时间范围内。

(2) PPT 准备。PPT 页数不宜太多，制作过程中要注意颜色搭配，不宜使用太多、太刺眼的颜色。若创业团队制作 PPT 水平有限，在重要演讲前应借助专业人士力量制作具有专业水准的 PPT。展示前，要提前了解展示现场屏幕比例，按照现场比例制作 PPT 展示材料。现场展示版本的 PPT 尽量少用动画特效，网评版本的 PPT 最好不用动画特效。PPT 制作完成后，建议备份成 PDF、JPG 等多种不同版本，多个 U 盘存储，避免路演现场出现不可抗力因素导致 PPT 不能正常播放。有条件的建议携带团队自己的笔记本电脑。

(3) 演讲者。演讲者对项目路演会产生重要影响。因此，必须选择对创业项目熟悉的演讲者进行现场路演。一般来讲，创始人是最合适的演讲人选。演讲者对创业计划书的内容做到非常熟悉是必要条件。演讲者要对专家可能提出的问题进行预判，提前演练如何应对解决。除此之外，演讲者本身也要给人以良好的精神面貌，一套合适的着装、精致的妆容和发型，都可能为创业项目加分。所以，不要忽略了一些小细节。

2) 路演展示内容

路演展示内容一般包括展示 PPT、VCR 等，演示材料是互相补充的关系，在准备时要避免重复和雷同。这里主要介绍展示 PPT 的内容准备。

商业计划书 PPT 是创业团队的第一张脸，见商业计划书如见团队，第一印象很重要。因此一份逻辑清晰、文字精练、观点鲜明、视觉美观的 PPT 会让创业项目从众多项目中脱颖而出，创业团队必须要会写、会讲商业计划书PPT。

路演 PPT 封面要告诉投资者、评委和其他利益相关者，创业项目的名称是什么，建议不要直接使用公司的名称，尤其是对于尚未成立公司的项目，可以使用"项目名称+一句话描述"的呈现方式，如"小米电视——打造年轻人的第一台电视"。

路演 PPT 的第一部分，主要分析行业背景和市场现状(Why/Why Now？)，这部分要多用数据或者案例说明，主要包括：项目相关的行业背景、市场发展趋势、市场空间。行业市场分析要具体且有针对性，与所要做的事紧密相关，避免空泛论述；描述在目前的市场背景下，发现了一个什么样的市场需求点。在分析时，如已有相关的产品或服务，请对已有的产品或服务做简要的对比分析，表明当前项目的差异化机会，说明目前是做该项目正确的时机。

路演 PPT 的第二部分，讲清楚要做什么(What？)，这部分内容要发挥专业特长，有创新内涵，主要包括：讲清楚准备做什么事，最好配上简单的产业链上下游图、产品功能示意图、简要流程图等，让人对要做的事一目了然。

路演 PPT 的第三部分，讲清楚如何做以及现状如何(How？)，有什么样的解决方案，有什么样的产品，能解决哪些市场痛点、产品和服务提供了怎样的功能？主要包括：清晰的目标用户群定位、产品或解决方案的竞争力、商业模式、竞品对比分析、产品研发、生产、市场、销售等环节相关策略，目前阶段已经达成的关键指标。

路演 PPT 的第四部分，讲清楚项目团队(Who？)，主要包括团队的人员规模和组成，团队主要成员的分工、背景和特长，并说明个人能力与岗位的匹配度，团队的核心竞争优势。

路演 PPT 的第五部分，讲清楚财务预测与融资计划(How much？)，主要包括：未来 1 年左右项目收支状况的财务预估、未来 6 个月或 1 年的融资计划、目前的估值及估值逻辑、之前的融资情况。

3)　路演心态调试

路演现场，路演者要注意调试自己的心态，要明白你对自己的项目非常熟悉，非常看好自己的项目。项目路演展示过程只是由你把自己正在做或者打算做的事情介绍给别人，必须简要地说明你是谁，你的项目是什么，为什么会运行这个项目，它能为市场以及消费者解决什么问题，能给投资人带来什么收益。你已经筹备到或运营到什么阶段了，如果可以获得投资，项目在多久之内会达到什么程度，投资者会得到怎样的收益。

作为路演者，你必须坚信，经过精心准备、提前演练、多次打磨的项目一定能收获投资人、评委和其他利益相关者的芳心。

本章知识点自查

知 识 点			学习要求	自查
理论基础	核心概念	创业计划书的内涵	了解	□
		创业计划书的作用	了解	□
实战训练	创业计划书的主要内容	封面	掌握	□
		目录	掌握	□

续表

知　识　点			学习要求	自查
实战训练	创业计划书的主要内容	执行总结	掌握	□
		产品与服务	掌握	□
		市场分析	掌握	□
		生产管理	掌握	□
		营销策略	掌握	□
		创业团队	掌握	□
		财务分析	掌握	□
		风险预测	掌握	□
		退出策略	掌握	□
		附录材料	掌握	□
	创业竞赛中创业计划书评价标准	"互联网+"大赛创业计划书评价标准	掌握	□
		"挑战杯"创业计划竞赛创业计划书评价标准	掌握	□
	创业计划书撰写原则和路演技巧	撰写原则	熟悉	□
		路演技巧	掌握	□

导 读 回 顾

　　通过本章理论部分的学习，你应该了解到创业计划书的内涵和创业计划书的作用。

　　通过学习，同学们应该已经了解了一份完整的创业计划书应该包含封面、目录、执行总结、产品或服务、市场分析、生产管理、营销策略、创业团队、财务分析、风险预测、退出策略、附录材料等基本内容。学习了创业竞赛中创业计划书的评价标准、创业计划书的撰写原则和路演技巧。本章中，为同学们提供了一些在大学生创新创业竞赛中获奖的创业计划书的章节展示，以供参考。

　　现在，大学生创新创业活动正在如火如荼地开展，希望同学们能将学习到的创业计划书方面的理论知识应用到实战中去，积极参加各类大学生创新创业竞赛和创新创业活动，在大赛和活动的实践中锻炼才能，提升创新创业能力。

课 后 习 题

　　1. 请阐述创业计划书的主要作用。

　　2. 一份完整的创业计划书应该包含哪些组成部分？

3. 创业计划书撰写时需要遵循哪些原则？

4. 创业计划书展示时，需要注意哪些技巧？

5. 创业项目路演时需要注意哪些问题？

参考文献

第八章　新创企业管理

【学习目标】

(1) 明确新创企业的含义及特征;
(2) 理解与掌握创业管理的含义、特征、重要意义;
(3) 理解与掌握新创企业融资管理、人力管理、营销管理、财务管理的内容与方法。

引导案例

M 公司创业管理的成功与失败

第一节　理　论　基　础

一、新企业的定义

创业人把握商业机会并用资源整合的方法来构建一个具有法人资格的全新实体称为新创企业(new venture),新创企业的目的是通过提供产品与服务获得利益及壮大自身。艾迪斯(2004)的企业生命周期理论指出,孕育期、婴儿期、学步期和青春期的企业均属于新创企业的范畴。也就是说,新创企业通常指的就是那些处于发展初期阶段的企业,包括企业的初创期及早期成长期。

Chrisman 等(1998)提出"新创企业"广义上指没有进入成熟期的企业,但达到成熟期的具体时间却没有精确地界定。若从时间的角度看,新创企业的年龄范围一般短则 3～5 年,长则 8～12 年(Biggadike,1979)。全球创业观察(Global Entrepreneurship Monitor,GEM)的研究将新创企业的成立时间界定在 42 个月之内;Brush 和 Vanderwerf(1992)选择成立时间在 4～6 年之间的新创企业为研究样本;Batjargal 等(2013)认为新创企业是指那些成立时间在 8 年以及 8 年以内的具有独立财务和管理体系的私营企业;此外,4 年(Baum 等,2011)、5 年(Pickle 和 Abrahamson,1976)、6 年(Shrader,1996;Spowart 和 Wickramasekera,2009)、10 年(Lussier,1995;Ylieko 等,2001)也是研究人员的不同划分方式。虽然对创业企业启动的定义有一些偏差,作者发现大多数学者使用 8 年作为选择新创企业样本的界定标准。

二、创业管理

近 20 年以来,创业管理研究逐渐借鉴成熟企业管理的理论思路,已经发展到从企业层面研究企业创业的一般过程以及活动规律,以及影响创业活动的内外部环境要素。传统管理注重公司的效率和效益,而创业管理则更侧重于公司对市场机会的把握;传统管理通过管理层的有效经营来实现公司的运营活动；而创业管理则是在组织并不完备的情况下，依靠团队、创新和冒险来成功建立新的业务。因此，新创企业为了适应快速变化的外部环境，必须不断增强企业的核心竞争能力。创业在本质上就是创新、承担风险和超前认知以及行动(Covin 和 Slevin，1991)，创业也是一种发现并利用有利可图的机会的尝试(Shane 和 Venkataraman，2000)。而创业企业成长的过程则是企业调整其竞争战略来应对不断出现的新商机的过程。因而创业管理更主要的就是公司能否正确地识别并且把握市场上的机会。

1. 创业管理的含义

创业管理是指创业者为了成功创业，对创业要素及其活动所进行的战略规划和有效运营。这一概念的基本要点是：

(1) 创业管理的主体。创业管理的主体是创业者以及经创业者授权的有关部门或机构。

(2) 创业管理的目标。创业管理的目标是实现成功创业。成功创业的主要标志是：创业项目成功运营，形成基本成熟的业务模式，并实现盈利。

(3) 创业管理的内容。创业管理的内容是创业要素的整合，即在特定的环境中实现机会与资源的匹配，形成创意和选择具体项目，进行战略规划并具体实施。

(4) 创业管理的核心。创业管理的核心问题是有效运营。有效运营的主要内容是：机会导向、动态管理、效率提升。创业的机会导向，即指创业是在不局限于所拥有资源的前提下，识别机会、利用机会、开发机会并产生经济成果或者将好的创意迅速变成现实的行为。创业的动态管理，一是指创业精神是连续的，在其指导下创业行为会随着新创企业的发展而延续，并得以强化；二是指创业机会的识别利用以及创业资源的获取、开发都是一个动态的过程；三是指创业机会与创业资源所指向的创业项目运营是一个动态管理的过程。效率提升是指在创业运营过程中，创业者积极创新，不断总结管理过程中的经验，以实现创业资源的优化配置。创业管理与一般传统管理是企业发展两个不同的管理阶段：创业管理研究新创企业的管理问题；一般传统管理则主要研究既有企业的管理问题。在企业的不同发展阶段，体现着不同的管理诉求：创业阶段体现为发现机会和开发利用机会的过程，即创业管理；而在企业发展的中后期体现为一般传统管理或既有企业管理。

2. 创业管理的特征

与一般传统管理比较而言，创业管理具有以下五个重要的特征。

(1) 生存第一的目标管理。创业管理与一般传统管理首先表现为从无到有与从有到多的区别。创业管理重点考察的是"从 0 到 1"的问题，而一般传统管理则关注的是从"1 到 10"的问题。企业生命周期的起点就是新创企业的诞生，创业管理就是关注这一从无到有的过程，但是传统管理关注的则是企业的发展扩张问题，如图 8-1 所示。

从无到有的创业是一个极为艰难的管理过程，生存是新创企业的首要目标。新事业的首要任务是从无到有，把自己的产品或服务卖出去，掘到第一桶金，从而在市场上找到立足点，使自己生存下来。在创业阶段，生存是第一位的，一切围绕生存运作，一切危及生存的做法都应避免。最忌讳的是在创业阶段提出不切实际的扩张目标，盲目铺摊子、上规模，结果只能是"企而不立，跨而不行"。在创业阶段，亏损，盈利，又亏损，又盈利，可能要经历多次反复，直到最终持续稳定地盈利，才算是度过了创业的生存阶段。新创企业一定要探索到新的成功的生存模式，这是创业管理的本质所在。

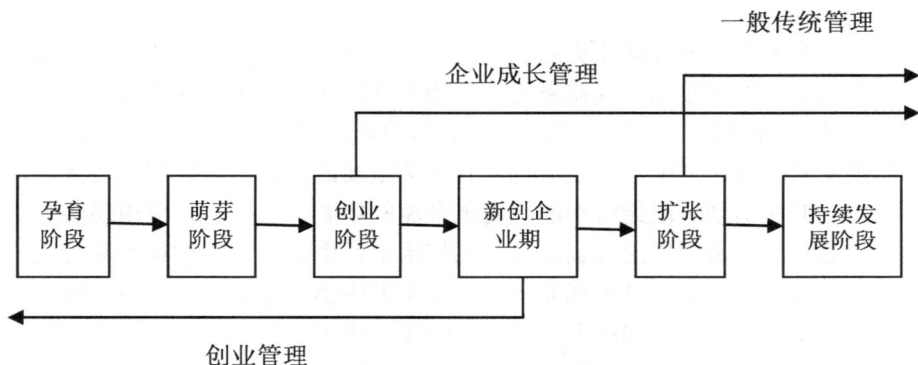

图 8-1 创业管理与一般传统管理的分界

资料来源：张玉利、薛红志(2007)

(2) 机会导向的战略管理。新创企业在战略规划上特别注重机会导向。由于企业初创，以生存为管理目标，其生存的空间往往随某一机会的出现而存在，随某一机会流失而失去，客观上造成了新创企业更加注重围绕创业机会开展战略。当一个机会流失或事实证明难以被创业者所把握的时候，另一新的机会又马上成为创业者战略安排的中心。

创业管理揭示了一般传统管理研究的一些空白区域，如创业机会问题。机会研究基于市场不均衡以及信息不完整的概念，不仅可以用来检验创业背景下的既有管理理论，还可以用来建立关于发现、评估和开发机会的新理论。例如，创业融资研究可以在以机会为基础的框架内与机会发现和评估研究结合起来。很多创业过程严重依赖超出个体创业者控制范围的资源，注重资源整合而不是资源控制。特别是创业者在发现机会方面的差异对创业过程似乎更加重要，这一点明显有别于一般传统管理理论。

(3) 非程序性的过程管理。一般传统管理理论强调结构化、程序化和稳定性，关注的是效率和效果，更加适合稳定的经济环境。在过程管理中强调一切活动的流程化和标准化，压制流程中的任何变异行为。这在规模化生产中必然能够提高工作效率，但也扼杀了大量的潜在创新活动。

新企业在初创时，往往由机会导向并且缺乏系统的制度安排，创业活动的非程序性和随机性比较明显，尽管建立了正式的部门结构，但很多时候并没有按正式组织方式运作。典型的情况是，虽然有名义上的分工，但运作起来是哪里需要，就都往哪里去。这种看似的混乱，实际是一种高度有序状态。每个人都清楚组织的目标和自己应当如何为组织目标做贡献，没有人计较得失，没有人计较越权或越级，相互之间只有角色的划分，没有职位的区别。在创业阶段，创业者必须尽力使新企业的管理层成为真正的团队，否则创业活动是很难成功的。因此创业管理更加强调灵活性和非结构化，这是新创企业成功的关键所在，它关注的是创新和速度，以便更好地应对环境变化。

(4) 现金为王的资源管理。一般传统管理也重视企业财务乃至现金管理。对企业来说，现金犹如人体的血液，人可以贫血，但绝对不能无血。同理，企业可以承受暂时的亏损和紧张的现金流，但绝对不能没有现金流。既有企业一旦出现现金流短缺的问题，其处理的途径一般要比新创企业较多，通过融资等方式也使危机状况的改善具有较大的回旋余地。

对于新创企业来说，各种创业资源中，财务资源特别是现金在企业初创中变得更为重要。由于企业初创，规模较小，收益未定，薪酬不高，决定了难以获得最优秀的员工。同样的道理也表明，新创企业的其他资源的获取和整合，很大程度上取决于公司的财务状况。在新创企业的财务管理中，现金流也具有至关重要的作用。对新创企业来说，可以承受暂时的亏损，但在初创阶段绝对不能承受现金流的中断。进言之，自由现金流更是初创企业命运攸关的资源。所谓自由现金流就是除掉融资、资本支出、纳税和利息支出的经营活动净现金流。自由现金流一旦出现赤字，企业将发生偿债危机，可能导致破产。自由现金流的大小直接反映企业的赚钱能力。在创业阶段，由于融资条件苛刻，创业者主要依靠自有资金来创造自由现金流，从而使管理的难度大为增加。

(5) 亲力亲为的细节管理。既有企业的高层管理者也会注重管理细节，但往往不至于亲自参加生产加工、收发货物等具体劳动。规模较大的企业，很多细节也都不可能需要高层管理者越级安排。然而在初创企业阶段，人员紧缺，管理层级较少，创业者往往不得不直接向顾客推销产品，亲自到车间里追踪顾客急要的订单，亲自在库房里卸货、装车。自跑银行进账对账，亲自向客户催账款，亲自策划新产品方案，制定工资计划，甚至接受顾客的当面训斥，等等。在新企业初创期，创业者这种亲力亲为、亲自示范的行为，有利于了解经营全过程，使生意越做越精，也使员工获得巨大的精神力量。有时，这种亲自参与细节运作的方式，甚至是某些新创企业必不可少的管理方式。但是，随着创业的成功和创业过程的结束，创业者如果仍然在这种亲力亲为、亲自示范的轨道中运行，过度注重细节则有可能忽视决定企业向纵深发展的战略规划和战略实施。

3. 创业管理的意义

创业管理是创业成功的保障，具有以下重要意义。

(1) 丰富企业管理的理论体系。以往企业管理理论基本不涉及创业管理的内容；换言之，创业管理理论内容在以往的企业管理理论中是一块空白区域。通过对创业活动的管理实践，一方面为创业管理理论本身的研究提供了更多的视角和素材，有利于推动创业管理理论的进一步发展；另一方面，也丰富了企业管理理论的内容，完善了现代企业管理的理论体系。

(2) 降低创业的机会成本。通俗地讲，机会成本是指为了得到某种东西而所要放弃另一些东西的最大价值。通过创业管理，创业者能够有效识别和把握创业机会，选择最适宜的行业进行创业，能避免失去最有利的创业机会，从而降低创业的机会成本。

(3) 提高成功创业的有效性。通过创业管理，创业者能够有效进行创业的战略规划，实施具体的创业运营。这样，一方面，可以提高创业者在创业过程中的理性程度，从而提高创业成功的概率；另一方面，可以帮助创业者有效地配置创业资源，提高创业资源利用的效率和效果，促使创业成功。

4. 创业管理的模式

有关建立创业管理观念性模式的研究论文数量不少，其中主要差异在于模式结构要素的选择与互动关系的诠释。例如，加德纳提出了个人、组织、创立过程和环境的创业管理模式。威廉则根据影响新创企业成败的观点提出略有不同的创业管理模式，其模式结构包括人、机会、环境、风险与回报。威廉模式中对于人的定义范围要比加德纳模式更广，除了针对创业团队外，还包括提供关键服务和重要资源的外部人士。威廉模式还特别强调机会对于创业的重要性，他认为发掘机会、评估机会和掌握机会是创业管理中非常关键的议题。另外，如何面对风险与追求创业回报，也会直接影响创业行为。在诸多创业管理模式中，提摩与克里斯琴两位学者提出的观念性模式最具参考价值。

(1) 加德纳模式。加德纳(1985)提出的创业管理模式，主要包括个人、组织、环境以及创业过程四个方面(见图 8-2)。他提出所谓的创业管理其实就是对以上四方面的要素实现有效管理，通过它们之间自发地组合，实现综合效用最大化。

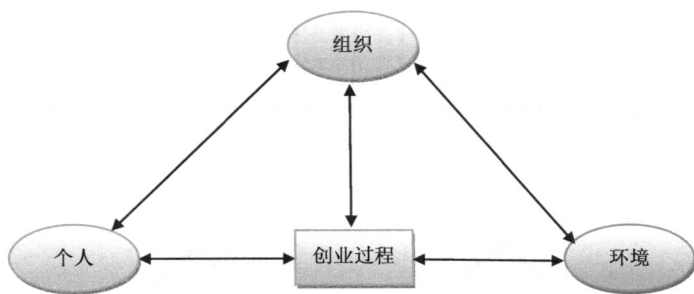

图 8-2　加德纳模式

(2) 威廉模式。威廉(1997)根据影响新创企业成败的观点提出略有不同的创业管理模式(见图 8-3)，模式结构包括人、机会、环境、风险和回报。在这模式中相对于加德纳模式而言，对于人的定义范围更广，提出了针对创业团队外，还包括提供关键服务和重要资源的外部人士。威廉模式中特别强调了机会对于创业的重要性，即发掘机会、评估机会、掌握机会是创业管理中非常关键的环节。此外，还提出了有关面对风险和追求创业回报也会对创业行为产生影响的观点。

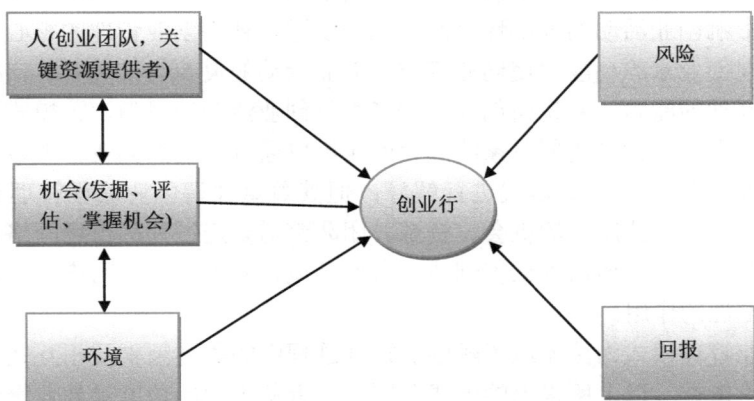

图 8-3　威廉模式

(3) 提摩模式。提摩(1999)认为成功的创业活动，必须将机会、创业团队和资源三要素进行适当搭配，并且应随着企业发展而相应做出动态平衡(见图 8-4)。创业过程有机会启动，在取得必要的资源与组成创业团队之后，创业计划得以顺利实施。在创业初期，机会的识别与选择最为关键，重点在于创业团队的组成，而当新企业顺利启动之后，将会增加对资源的需求。也就是说，这一模式非常强调弹性和动态平衡，创业活动应随着时空变迁，机会、团队、资源等三要素的比重会发生变化，而产生失衡的现象。良好的创业管理应及时进行调整，把握活动重心，促使创业活动向均衡化发展。但是，在创业过程中，由于机会的模糊、市场的不确定性、资本市场的风险以及外在环境的变迁，创业活动过程中的不确定因素很多，创业过程因而充满了风险。创业家则在其中起到关键作用，积极地发挥领导效应，通过创新与沟通的手段来发掘问题，掌握关键要素，调整机会、资源、创业团队三个层面，逐步实现企业的创业目标。成功的创业家能够适应环境变化与企业发展阶段，实施调整自己的角色与经营模式，使新企业获得持续的发展。

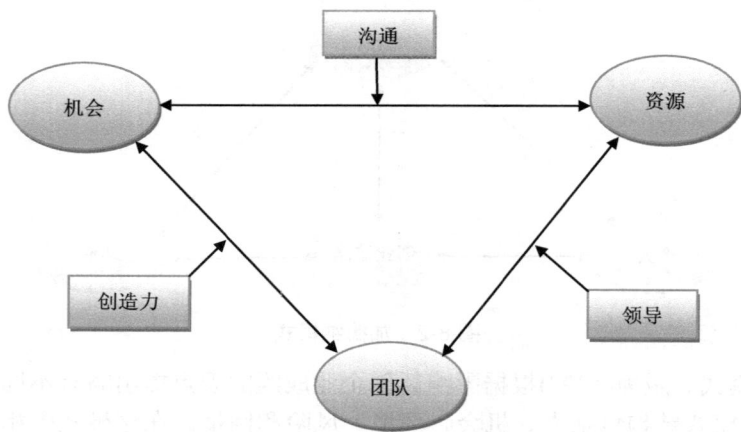

图 8-4　提摩模式

(4) 克里斯琴模式。克里斯琴(2000)认为，创业管理的整个焦点应为创业家与新创企业之间的互动，其管理模式中主要的两个构成元素就是创业家与新企业。由于该模式(见图 8-5)主要强调这两种因素的互动关系，因此将创立新企业以及随着时间而变化的创业流程管理，还有影响创业活动的外部环境网络三个议题，视为创业管理的核心。相对于提摩模式，同样重视创业家的功能，使创业家成为创业活动的灵魂与推动者，该模式强调创业家与新创企业互动的能力，并说明创业家的能力是创业活动的灵魂。该模式强调创业家与新创企业互动的能力，并说明创业家的能力确实可以通过系统的创业管理教育加以培育。克里斯琴模式也可以通过提摩模式进行解释，但其着重强调创业流程管理和外部环境因素，主要依据是因为创业所需的机会、资源、团队都需要通过外部市场网络、资本网络、人际网络来获取，因此，他认为认识创业的市场环境，发展创业的网络关系，对于创业成功必然具有关键性的作用。

总之，创业管理模式为抽象地了解创业管理过程中的关键因素及相互之间互动关系的构成提供了理论依据。以上所提出的模式分别是作者从不同的角度对创业管理过程做出的客观评价，为我们对具体的创业管理实践活动的分析与评价，提供了可借鉴的观念性的模式结构，并帮助我们更好地了解整个创业管理过程。

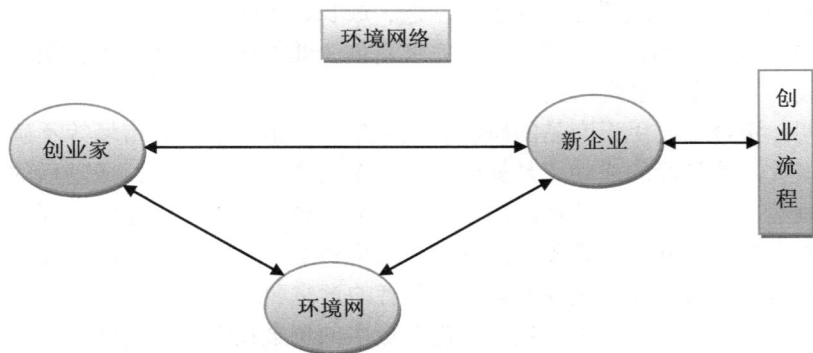

图 8-5 克里斯琴模式

第二节 实 战 训 练

一、大学生新创企业的融资管理

1. 新创企业的融资需求

1) 新创企业融资的概念

企业融资是指企业在创业初期，通过科学的预测和决策，采用一定的方式，从一定的渠道向公司的投资者和债权人筹集资金，组织资金的供应，以保证公司正常生产需要、经营管理活动需要的行为。融资成本和融资风险是企业融资决策的两大基本问题。

融资成本，是在商品经济条件下，由于资本所有权与使用权相分离而形成的一种财务概念。简言之，融资成本是指取得和占用资金的代价。在不考虑融资费、所得税的情况下，从资金使用者方面来看，它是融资者为获得资本所必须支付的最低价格；从资金所有者方面来看，它是资金所有者提供资本时要求补偿的最低收益。对于新创企业而言，最初的融资目标是以最低的成本获得启动资金。成本可以用两种方式来计算：一是以承诺支付给投资者的回报来计算；二是以交易成本来计算，包括投资的获取、监控和核算成本。投资者可能会满意于某一低于市场回报的投资。但是，如果交易成本太高，创业者就会寻求其他的融资渠道。

融资风险是指新创企业参与融资活动而带来的不确定性。包括两个层次：一是新创企业可能丧失偿债能力的风险；二是由于举债而可能导致新创企业的股东的利益遭受损失的风险。企业融资风险分析需要解决好融资风险和融资成本、收益的关系。由于融资方式的不同，因而融资成本、融资之后项目取得的收益以及融资风险都有可能不同。

2) 新创企业融资的特征

新创企业与一般企业相比，存在着不成熟性、不稳定性和发展的不确定性等特征，而且外部环境和内部条件决定了创业期企业的风险费远大于一般企业，无论是选择股权融资还是债权融资，信用的缺失与地位规模的弱小，将可能导致新创企业在融资市场的资本与信贷的"双缺口"。资金缺乏是限制新创企业发展的主要"瓶颈"之一，因而新创企业融资问题成为研究的一个热点话题。

新创企业的发展，一般要经过种子、创建、成长、扩张、获利五个阶段。在每个阶段资金的需求和风险程度都有所不同。为了完善新创企业的融资体系，需要根据新创企业的不同发展阶段，发展多种融资形式。

在开创期，资金主要用于产品的研制和投入生产，由于技术、市场等不确定性较高，资金的风险很大，这阶段的成功率是最低的，但单项资金要求最少，成功后的获利最高，呈现出"高风险、高收益"的特征。由于没有产品，企业也处于组建中，因而投资风险太高，风险投资家都会避开这一阶段，故该阶段所融资金应是非营利性的。在这一时期生存是企业的唯一目的，而生存的关键因素是创业者的意志和融资能力。

进入成长期后，企业扩大生产规模，需要更多的资金投入，但企业的不确定性程度逐渐降低，风险也随之减少。这一阶段企业的主要问题是稳住顾客，争取更多的发展资金。而发展的关键因素仍是资金和企业家的领导才能。进入成熟期，企业经营业绩较稳定，风险也降至最低，此时资金的需求速度放慢。由于不同动机的需要，创业者自身资金的有限性使融资活动显得尤为重要。

新创企业在融资需求上也有别于其他企业。

(1) 融资市场化。企业创业初期，自我积累的资金有限，不可能满足技术创新的高投入需求，必须从外部市场进行广泛的融资。

(2) 融资多元化。为了满足技术创新的融资需求，新创企业需要多渠道筹集资金，建立完善的融资体系。

(3) 融资组合化。新创企业技术创新的风险来自研究与开发活动的不确定性。这种风险的初始值最大，随着技术创新各阶段的顺利发展而逐渐减少。在一个技术创新过程中，技术风险和投资风险的最大值分别出现在创新过程的初期和中前期，中后期的风险逐步减少。根据技术创新风险收益的阶段性特征，新创企业在融资过程中应当实施有效的组合，合理、有效的融资组合不但能够分散、转移风险，而且能够降低企业的融资成本和债务负担。

(4) 融资社会化。融资社会化是指新创企业的融资需要社会各方面的力量，特别是需要政府的引导和扶持。

由此可见，无论新创企业处于开创、成长、成熟的哪一个阶段，创业融资都是创业者面临的主要问题之一，要想使新创企业存活并且能够运营发展起来，就必须解决好新创企业的融资问题。

3) 新创企业融资的资金需求

通常来说，创业者在初创伊始，便要估算启动资金，大多数新创企业一开始并不需要投入太多资金。但是，如何确定新创企业所需的资金数量呢？创业者需要编制资金用途清单，预测未来的资金使用数量。本节以海归留学博士张某开发停车管理软件为例，测算资金需求，第一步编制资金用途清单，具体如表8-1所示。

由表8-1可知，张某的创业项目主要成本为人工成本、房租、办公电脑、营销费用等。创业者需要为新项目筹集30万元的资金，创始人自己投入10万元，仍有20万元的资金缺口。对于资金缺口的解决方案，在寻求外部融资之前，创业者应充分了解国家、地区的创业优惠政策并加以应用。以厦门为例，海归博士留学生创业，可以得到厦门市政府部分资金支持，并可以通过留学生园、各种孵化园、创客空间，获取免费办公场所。

表 8-1　停车管理软件资金用途清单

项目	资金来源/元（现金流入）	资金运用/元（现金流出）	资金余额/元	解决方案	说明
创业者投入资金	100 000				创始人自由资金
房租及相关费用		36 000			面积 100 平方米，每月 3000 元
人工成本		198 000			3 个人每月 5500 元维持最低生活
计算机		24 000			一台 8000 元
办公家具		2 000			办公桌椅
办公费用		10 000			差旅费、调研费
宣传营销费用		30 000			没有销售前的宣传和推广
合计	100 000	300 000	−200 000		资金缺口

在充分运用国家政策之后，创业者应该考虑外部融资来弥补资金缺口，在考虑这些因素之后，可以制定如表 8-2 的解决方案。

表 8-2　资金缺口解决方案

项目	资金来源/元（现金流入）	资金运用/元（现金流出）	资金余额/元	解决方案	说明
创业者投入资金	100 000				家人提供
引入留学生创业扶持资金	100 000			厦门市留学生创业无偿资助 10 万元	
房租及相关费用	36 000	36 000		留学生创业申请在留学生园办公，第一年免租	100 平方米 3000 元
人工成本	132 000	198 000		找一个软件公司 2 人去上班兼职创业	3 个人每月 5500 元维持最低生活
计算机		24 000			一台 8000 元
办公家具		2 000			办公桌椅
办公费用		10 000			差旅费、调研费
宣传营销费用		30 000			
没有解决方案前		300 000	−20 0000		资金缺口
提交方案后	368 000	300 000	68 000		资金余额

资料来源：木志荣(2018)

2. 新创企业融资的目的

创业是一个发现和捕捉机会并由此创造出新颖的产品或服务并实现其潜在价值的复杂过程，因此创业的目的不是融资，融资只是将企业做大做强的一种手段而已，所以创业时期千万不要把提高公司估值、为了不断融到更多的钱当成公司经营的目标。

对创业者而言，通过融资的方式让社会上那些拥有闲置资金的人和企业参与到"创业红利"中来，解决创业企业资金不足的问题，共担风险、共享收益，这是融资的商业模式。

对于由基金管理公司发起募集资金成立的风险投资公司来说，其投资创业公司是一个经营行为，通过投资来生产，通过退出来获利，如此而已。不管是通过被投企业上市、被并购或者破产清算，资本投资创业公司的目的就是获利退出。

因此，创业企业融资是自身发展的需要，风险投资公司投资是其资本逐利的需要，投资与融资是一个双赢的商业模式而已，不要为创业企业融资带上太多的感情色彩。

所以，与风险投资打交道是创业者的必修课，创业者在融资时既不要自视过高，也不要自卑。要克服融资时自己的"弱势心理"，要多问有经验的人，不要被投资人"忽悠"了。

是不是所有的创业项目都需要融资呢？

IDG 资本创始合伙人熊晓鸽算是最早将西方风险资本引入中国的风险投资家，面对创业者是不是都需要找专业的投资人时，他明确回答"不需要"，理智又直接。

身为投资人的熊晓鸽，出身中医世家。在他看来，作为中医的爷爷，开一家诊所，也算创业者，保持着与药店、与顾客的良好关系，没有融资，依然很多人尊敬他。因此，熊晓鸽的结论是，如果你想做小的企业，比如服装店或餐馆，这样的创业无须融资。

关于创业，有千万种商业模式，其中一种就叫不融资。上过大学的人，很少有人不知道"老干妈"的；在外留过学的，也很少有人没吃过"老干妈"的，但是大家可能对"老干妈"这个企业的创业历史了解得不多，"老干妈"这个企业奉行的就是"不贷款、不融资、不上市"的三不战略。

3. 新创企业融资渠道

着眼现在的创业形势，在创业的过程中，大学生的成果产出必然要融资落地。大学生创业融资渠道如表 8-3 所示。

表 8-3　大学生创业融资渠道

融资渠道	解　释
亲友融资	从亲友那里获得资金较为容易，所以向亲友借钱是个人筹集创业启动资金最常见、最简单、最有效的方式。但也有其缺陷，如果创业出现问题，无法按时还款，可能会伤及双方感情，以后再借很难
大学生创业基金	当创业公司的发展有了初步成效，可以考虑申请各级政府和社会组织设立的专为大学生创业提供的资金，这些资金大部分都是无偿的，通过申请这些资金可以使创业公司有更多的出镜机会，同时也可以吸引天使投资和专业投资机构的关注，为进一步的融资打下基础
天使投资	天使投资是自由投资者或非正式风险投资机构对处于构思状态的原创项目或小型初创企业进行的一次性的前期投资。天使投资的门槛较低，有时即便是一个创业构思，只要有发展潜力，就能获得资金
风险投资	指由专业化人才管理下的投资中介向特别具有潜能的高新技术企业投入风险资本的过程，也是协调风险投资家、技术专家、投资者的关系，利益共享，风险共担的一种投资方式

续表

融资渠道	解　释
创新基金	我国的科技型中小企业的发展势头迅猛，已经成为国家经济发展新的重要增长点。随着大众创新、万众创业的兴起，各省(市)、自治区及地方政府也设立了名目繁多的创新创业基金，作为创业企业可以去申请符合自身条件的创新、创业基金
项目路演	项目路演是企业代表在讲台上向台下众多的投资方讲解自己的企业产品、发展规划、融资计划，是每一个创业者在争取投资时都要经历的过程

风险投资的运作包括融资、投资、管理、退出四个阶段，如表 8-4 所示。

表 8-4　风险投资的运作

序　号	阶　段	解决问题	具　体
第一阶段	融资阶段	钱从哪儿来	通常，提供风险资本来源的包括养老基金、保险公司、商业银行、投资银行、大公司、大学捐赠基金、富有的个人及家族等。在融资阶段，最重要的问题是如何解决投资者和管理人的权利义务及利益分配关系
第二阶段	投资阶段	钱往哪儿去	专业的风险投资机构通过项目初步筛选、尽职调查、估值、谈判、条款设计、投资结构安排等一系列程序，把风险资本投向那些具有巨大增长潜力的创业企业
第三阶段	管理阶段	价值增值	风险投资机构主要通过监管和服务实现价值增值，"监管"主要包括参与被投资企业董事会，"服务"主要包括帮助被投资企业完善商业计划、公司治理结构以及帮助被投资企业获得后续融资等手段。价值增值型的管理是风险投资区别于其他投资的重要方面
第四阶段	退出阶段	收益如何实现	风险投资机构主要通过 IPO、股权转让和破产清算三种方式退出所投资的创业企业，实现投资收益。退出完成后，风险投资机构还需要将投资收益分配给提供风险资本的投资者

延伸阅读

大学生新创企业融资的关注点

二、大学生新创团队的人力管理

1. 新创团队组织结构与人力资源

1) 组织设计概念

组织设计是指管理者将组织内各要素进行合理组合，建立和实施一种特定组织结构的过程。组织设计是以团队组织结构为核心的组织系统的整体设计工作，是有效管理的必备手段之一。

组织设计的内容，主要是设计清晰的组织结构，规划和设计组织中各部门的职能和职权，确定组织中职能职权、参谋职权、直线职权的活动范围并编制职务说明书。

组织设计的步骤大体如下：确立组织目标；划分业务工作；提出组织结构的基本框架；确定职责和权限；设计组织的运作方式；决定人员配备；形成组织结构；调整组织结构。

组织设计的实施是组织设计不可缺少的一个环节，是促进团队发展的必经之路。团队组织要成功地将组织方案应用到组织当中，必须要遵循领导带头执行、上级领导支持、全体员工认可、战略紧密相联、有效的激励机制、有力的执行制度和有效的协调机制七个原则。

2) 组织结构

组织结构是组织的全体成员为实现组织目标，在管理工作中进行分工协作，在职务范围、责任权利方面所形成的动态结构体系，其本质是为实现组织战略目标而采取的一种分工协作体系。组织结构必须随着组织的重大战略调整而调整。组织结构一般分为职能结构、层次结构、部门结构、职权结构四个方面。

团队组织结构设计规范的要求包括团队内部系统功能完备、子系统功能分配合理、系统职能部门及岗位权责匹配、管理跨度合理四个标准。组织结构设计的内容大体如下：职能设计、框架设计、协调设计、规范设计、人员设计和激励设计。

团队的组织结构形式一般有直线制组织结构、职能制组织结构、直线职能制组织结构、职能部制组织结构、事业部制组织结构、矩阵制组织结构和团队集团组织结构。在创业团队发展的初期，最有可能使用直线制组织结构，但随着团队发展，团队组织结构形式也将随之多样化，以适应复杂多变的环境。

设计组织结构要从垂直分工和水平分工的合理性、组织的统一性和灵活性及效率效益几方面出发，一般遵循以下原则：精简原则；权责对等原则；统一指挥原则；效率效益原则，这是组织设计的最根本原则；管理宽度原则；目标明确与分工协作原则；弹性原则；要根据客观情况的变化实行动态管理。

团队内部的部门是承担某种职能模块的载体，按一定的原则把它们组合在一起，便表现为组织结构。组织结构设计的程序如下：①分析组织结构的影响因素，选择最佳的组织结构模式。应从以下四个方面进行分析：团队环境、团队规模、团队战略目标和信息沟通。②狠抓所选的组织结构模式，将团队划分为不同的、相对独立的部门。③为各个部门选择合适的部门结构，进行组织机构设置。④将各个部门组合起来，形成特定的组织结构。⑤根据环境的变化不断调整组织结构。

3) 人力资源管理

人力资源管理是指团队运用现代管理方法，对人力资源的获取、开发、保持和利用等方面进行的计划、组织、指挥、控制和协调等一系列活动，最终达到实现团队发展目标的一种管理行为。人力资源管理是团队的一系列人力资源政策以及相应的管理活动。这些活动主要包括人力资源战略的制定，员工的招募与选拔，培训与开发，绩效管理，薪酬管理，员工流动管理，员工关系管理，员工安全与健康管理等。人力资源管理通常包括以下具体内容：岗位分析与设计、人力资源规划、薪酬管理、员工激励、培训与开发和职业生涯规划。

2. 新创团队的培养

1)　创业团队的维系成长

创业团队管理中，首先面临的是减小创业团队人员的流失率，确保创业团队稳定地度过创业过程的各种艰难时刻。

创业团队分为星状创业团队、网状创业团队和虚拟网状创业团队三种。从团队的稳定性来看，有核心主导的创业团队由一个核心主导来组成所需要的团队，他在挑选成员时就已经考虑到成员的性格、个性、能力、技术以及未来的价值分配模式等，相对会减少创业成员间因为自身性格、兴趣不合，导致创业团队解散的情况。但是，任何创业团队都有散伙的可能性，创业团队的维系要注意以下方面。

首先，核心创业者要激发创业团队成员的热情和创造力，联络团队感情，发展共同的创业理念和愿景，加强团队凝聚力和合作精神，经过碰撞后争取早日形成一致的创业思路，形成共同的行动纲领和行为准则。

其次，要保证团队成员间通畅的沟通渠道，进行持续不断的沟通。团队开始工作时要沟通，遇到问题要沟通，解决问题时也要沟通，有矛盾时更要沟通。沟通可以化解矛盾，增强信任，减少猜疑、埋怨等。沟通的时候要多考虑团队的远景目标和未来的远大理想，多想有利于团队发展的事情。

最后，团队成员要安排好股权和利益分配机制。"亲兄弟，明算账"，创业团队成员之间事先要有明确的所有权分配安排，并有正式的约定。对于没有股权的团队成员，要通过授权、薪酬机制、工作设计等手段进行有效激励。

2)　向创业型组织过渡

经历过创业团队的组建，随着公司业务的发展，创业团队终究会向创业组织过渡。创业组织是一个临时性的具有组织结构雏形的组织，它还并没有成形的职能分工。如果说这个创业组织是原子，那么创业团队就是原子核，而所有相关的人员如电子核围绕着原子核运动。

创业型组织的管理非常艰难。一方面，初创团队在市场中的历史短暂，还不足以建立起自己的信用历史，很难获得市场中各个相关方的信任。银行等金融机构不会轻易给你提供贷款；上游供应商不会轻易为你开发零部件；初创团队需要花很多的工夫和技巧去说服资源拥有者与其达成合作；而创业团队自身也会由于没有行业地位、收入差强人意、资源匮乏等原因不太自信。另一方面，在建立一个组织的过程中，随着不同教育背景、价值观、个性脾气的人聚合在一起，总归会存在分工合作方面的磨合过程。此外，由于信息获取有限，当产品投入市场时，可能会发现团队应对瞬息万变的市场环境并不能及时有效。一般大团队所面对的市场都已经相对成熟，所有工作都能按部就班地应对，而初创团队面对的突发情况、意外事件层出不穷，对于初创团队都是摸索的阶段，因此初创团队的管理尤为困难。

围绕创业团队所搭建的创业团队组织到底由哪几类人构成呢？从内部来源来看，它主要包括初创团队员工；当业务逐步发展，员工数量持续增长时，还需要按照各个职能对员工进行管理的管理团队；而在整个组织顶部是负责团队业务运营的初创团队的董事会成员。外部来源则包括初创团队的投资人，帮助初创团队把握方向的外部顾问，以及其他诸如会计师、法律顾问等专业人士。这类外部人士对初创团队的指导和介入程度有限，更多的时候他们会提供一些信誉的支持，增强你在行业中的可信任度。

在创业初期，以创业团队为核心来搭建创业组织的时候，这六类成员对公司的贡献不一样，对公司的参与程度不一样，因此管理他们也要有不同的方式。但别忘了创业公司的真正核心还是创业团队和创始人。所以，你要先坚持把自己的事情做好，自然就会获得其他人的尊重和支持，这样才能把创业组织中的利益相关方拧成一股绳，共同度过脆弱的创业初期。

3. 新创团队的薪酬制度

1) 薪酬制度概述

薪酬制度是企业整体人力资源管理制度与体系重要组成部分。它是企业对员工给企业所做的贡献(包括他们实现的绩效，付出的努力、时间、学识、技能、经验和创造)所付给的相应的回报和答谢。在员工的心目中，薪酬不仅仅是自己的劳动所得，它在一定程度上代表着员工自身的价值、代表团队对员工工作的认同，甚至还代表着员工个人能力和发展前景。科学有效的激励机制能够显著影响组织内部团队凝聚力以及外部优秀人才的获取，让员工发挥出最佳的潜能，为团队创造更大的价值。

2) 新创团队薪酬制度的独特性

新创团队拥有不同于一般成熟团队的显著特征，其薪酬体系也与大团队存在较大的差异。由于创业成长的巨大风险性和不确定性，对于管理者的能力要求更高，因此，针对高层管理团队的薪酬问题尤其值得关注。然而，在新创团队中，这一特定薪酬制度的系统性和整体性尚存在欠缺。新创团队薪酬管理中一个关键的问题就是创立者之间的股权分配，而不是传统研究中针对团队所有者和经营者之间的对立关系所采取的制度设计。总而言之，需要从创业的独特性出发积极探索适用于新创团队的制度安排。

3) 创新团队薪酬制度方式

针对新创团队的短期薪酬方式通常包括现金奖励和利润分享等。长期薪酬方式包括股权分配和股票期权等。新创团队应当积极探索灵活的薪酬方案，特别是随着团队的成长以及组织战略的演进，员工可能愿意接受不同形式的薪酬形式。团队可能需要复合的薪酬方案使得新进入者的整体薪酬水平能够等同或者超过之前所获取的薪资，并且与他们所能实现的团队绩效密切相关。这些报酬可能包括个人的现金奖金、与组织短期业绩相关的报酬、与组织长期业绩相关的报酬等。

4) 新创团队薪酬制度的分配方法

在初创阶段，创业者的资金非常匮乏，用于维持团队经营的资金往往是创立者的个人积蓄。因此，在创业初期，对于创业团队金钱方面的激励相当少见，股权的分配往往是一种重要的方式。它将会决定团队工作的效率和水平，一旦分配不公，将为团队成员之间带来潜在的矛盾。创业团队成员之间的股权分配存在两个原则：相等原则和公平原则。相等原则意味着在创立者团队中平均分配股权。公平原则意味着按照每一位团队成员的投入比例来分配股权。当团队成员的投入价值显著不相等时，对团队成员所拥有的股权进行相应的调整是非常必要的。

4. 新创团队的激励制度

员工激励是指通过各种有效手段，对员工的各种需要予以不同程度的满足或者限制，以激发员工的需要、动机、欲望，从而使员工形成某一特定目标的过程中保持高昂的情绪和持续的积极状态，充分挖掘潜力，全力达到预期目标的过程。员工激励的作用有利于形成员工的凝聚力，有利于提高员工的自觉性和主动性，有利于员工开发潜力和保持积极状态。

通常的激励员工的措施包括三个方面的内容。

1) 目标激励

对于创业初期的团队来说，由于团队对资金的需求巨大，创业者们更多的是因为共同的理想追求和价值观而走到一起创业的，设置目标激励旨在激励团队员工的事业心，坚持不放弃的信念，使其有所追求，不断创新。

2) 精神激励

精神激励即通过给予团队员工各种精神奖励，培养其荣誉感，为其提供工作精神动力。创业团队的人才特别是高素质人才往往有强烈的事业心和成就动机，希望在自己专业的方向有所建树，对于他们来说，提升专业领域里的成就、名誉以及相应的社会认可很可能比物质利益有更强烈的需求。因此，对这些人才的精神激励就是要创造一切机会和条件保证他们能施展才华。同时，创业初期的团队还要正确运用情感激励，培养团队人才对团队的忠诚和信任，包括对人才的尊重、理解与支持、信任与宽容、关心与体贴。

3) 物质激励

物质激励即为员工提供与其付出相适应的物质报酬。创业团队一般具有较大的风险。因此可以在物质激励中引入风险机制，主要可以采用股权、期权激励机制。团队收益分配中除了货币收入形式以外，还可以实行股权、期权分配机制。具体做法有：

(1) 收入股份化，在考核的基础上，团队经营者将自己的部分收益转化为企业股份。

(2) 设置管理股，让经营者以团队股份的形式享受团队经营收益。

(3) 设置股份期权，使团队员工享有在未来某一时期，按照确定价格购买团队一定股份的权利。

(4) 技术人才的技术专利、专有技术可以作为出资的一种形式入股。

5. 新创团队的人力资源管理

1) 提高团队凝聚力

创客团队通常是一支"小而精"的创新团队，团队成员普遍年轻、有想法，每个人都怀揣改变世界的理想。如何将这些有个性的能人凝聚在一起？答案是确定共同的目标。一个团队要有战斗力，首先要有一个大家都充分一致认可的目标，这个目标足够激励这个团队的成员兴奋起来。这是一个团队最重要的一点。

2) 团队带头人的魅力

优秀的团队都有一个公认的领袖。作为创客团队的核心人物，他的理念和行为会影响整个团队凝聚力的形成，甚至决定团队的成功与否。作为创客团队的领头羊，要具备推动创新、获取资源、消除障碍的能力，并通过引导、接纳、包容等方式让团队成员产生强烈的使命感、归属感和认同感。他能够以身作则、勇于承担、善于沟通、化解矛盾，从而赢得大家的信任与支持。

3) 规范制度

制度管理的目的是依靠制度提升组织效率，将一切合理的东西，用制度来规范和固定下来。在这个组织内，所有成员职责清晰、流程有序、配合紧密、有章可循，其结果会使 1+1 远远大于 2。

制度是团队内部法，也需要一定的稳定性与延续性。初创团队在推行制度管理时，要注意以下四点。

(1) 循序渐进，步步为营。制度管理的目的是依靠制度提升组织效率。制度管理将合理的东西，用制度来规范和固定下来。不能听到制度管理好，就急忙从电脑上下载一大批制度条文，修修改改就完事。这会出现很多不实用甚至不能用的制度，员工会被这纷繁的制度搞迷糊。

(2) 实用至上，远离教条。以制度管理的目的为参照，判别单个制度优劣的最高准则：是否有利于组织效率的提升？制定某一制度，除非它对员工行为的限制和约束有利于企业组织效率的提升，否则就没必要制定。

(3) 听政于民，双向沟通。以想象代替现实，制定出来的制度会在现实中触礁。这就是为什么有些企业花了很长时间制定了厚厚的制度，就是执行不下去。因为只有生硬的制度，却没有体现制度的人性化和导向性。正确的做法是：在制定制度前期，多与员工进行交流，听取大家的意见与建议。

(4) 制度面前，人人平等。有些企业，不是缺少制度，而是缺少执行。心血来潮时抓一下，杀两只鸡给猴看；意兴阑珊时抛在一边，睁一只眼闭一只眼。心花怒放时，看见有人违反制度，该罚的不罚；心烦意乱时，碰到有人犯错，动辄严肃查处，不该罚的罚。久而久之，制度就会成为一纸空文。

4) 驯服天才员工

天才，是指拥有一定天赋，包括卓绝的创造力、想象力等天然资质的人。如果一个创新团队拥有智力超群、想象力丰富的天才，是有助于完成高难度和复杂性工作的。但是要在一个团队里高效地发挥才能，除了聪明的大脑还需要有责任心、勤奋和团队精神。如果一名"天才"员工不能以可靠的方式融入团队，那么即便个人能力再强，对团队来说也毫无益处。但只要用对了方法，天才员工也是可以驾驭的。借助适当的管理办法来"驯服"他们，这些员工的价值将是不可估量的。具体的做法包括：①建立一致的流程与准则；②分配可自由支配的任务；③明确期望值；④提供更多的学习机会；⑤不断提供新的挑战。

5) 正确处理团队冲突

随着创业团队成员合作时间的增加，团队成员间异质性日渐凸现，团队发展中面临的新问题也会相继出现，团队成员间的冲突矛盾开始产生并逐渐激化。一旦冲突超越了认知的范畴，就可能会导致创业团队的决策失效，甚至会引发团队的分裂和解散。因此，有效管理团队成员之间的不良冲突是核心创业者必须具备的才干之一。

冲突划分为两个维度。团队成员在执行任务和解决问题的过程中，就工作方式、方法、途径的不同见地引发的冲突称为任务冲突。由于人际关系的处理不当导致的主观上的冲突，破坏了团队中的和谐氛围，引发成员情绪上的不安定，阻碍团队成员的有效沟通，从而导致成员之间产生情感上的对立的冲突称为关系冲突。只要运用适当的策略，冲突也是可以被管理的。

除规划科学的激励机制外，创业者应保持开放的心态，将创业团队塑造成一个整体而不是特意突出某个人的集体印象，这样有助于把团队成员之间的观点争论控制在可管理的范畴之内，而不是演化为团队成员之间的矛盾。一旦发生情感冲突，创业者就应该理性地判断团队存续的可能性，通过增补新成员及时化解情感冲突，比维持旧成员处理情感冲突往往会更加有效。

三、大学生新创企业的营销管理

1. 新创企业营销的概念

1) 企业营销的定义

什么是企业营销？学术界从不同的角度对此做出了不下百种的定义，企业对其的理解更是各种各样。在众多的有关企业营销的定义中，我们认为最恰当的定义为：企业营销是企业通过创造，提供出售，并同其他组织或个人交换产品和价值，以满足需要和欲望的一种社会的、管理的过程。对这一定义，我们应从以下几个方面来理解，即：营销的目标是"满足需要和欲望"；营销的核心是"交换"，通过交换来满足买卖双方的需要和欲望；营销的效果通过交换来取得，而交换过程进行得顺利与否，取决于所创造的产品、价值满足需要和欲望的程度及交换过程管理的水平；营销是一个过程，通过这个过程来达成其目标，取得其效果。

企业营销主要包括以下活动：测定和摸清市场需求；指导生产，使产品和服务更好地满足消费者的需求和欲望；将产品的性能、特征及价格等信息传递给消费者；解决原材料供应、商品储存和运输等问题，使商品和劳务能及时地从生产部门转移到消费者手中。

企业营销不仅包括生产过程之前的具体经济活动，如市场调研、分析市场机会、市场细分、选择目标市场、设计新产品等，而且还包括生产过程完成之后的一系列具体的经济活动，如制定价格、售后服务、信息反馈等。可见，营销远远超出商品流通范围，涉及包括生产、分配、交换和消费的资本总循环过程。值得注意的是：企业营销的内容不是固定不变的，它随着市场的变化而变化，随着营销实践的发展而发展。

2) 企业营销的核心概念

企业营销的定义隐含了以下核心概念，这些概念有助于正确理解什么是企业营销，需要认真掌握。

(1) 需要、欲望与需求。人类的各种需要和欲望是企业营销的出发点。

需要是指没有得到某些基本满足的感受状况。例如，人们为了生存，需要食物、衣物、住所、安全、归属、受人尊敬等。值得指出的是，"需要"存在于人的生理要求和其存在的条件之中，它不是营销者创造产品和价值的基点，而是出发点。市场营销者可通过各种各样的方法去满足这些需要。

欲望是指对某种满足物的占有愿望。例如，人们需要充饥，可能想得到一份中式快餐、两个"狗不理"包子、一份"百事可乐"等。欲望是从需要引发而来的，一种需要可能产生很多的欲望，同一种需要在不同人身上可能产生不同的欲望，它受到人的不同文化及社会环境的影响。营销者无法创造需要，但可以影响和激发欲望，例如，开发一种全新的高营养饮料可能会使具有"解渴"需要的人产生对其的欲望。因此，成功的营销者就是通过创造来激发人们形成和再形成种种欲望。

需求是指愿意购买且有能力购买某产品的欲望。需求实际上是对某种特定产品和价值的市场占有欲。市场营销者就是要通过各种努力来影响和创造需求进而满足需求，来实现企业营销的目的。

(2) 产品。人的需要与欲望要靠产品来满足。

产品是指满足人类某种需要和欲望的任何东西。产品是个复合的概念。人们购买产品不在于拥有它，而在于它带来的对某种欲望的满足。例如，人们购买计算机不是在于拥有计算机这件物品，而是为了得到计算、整理资料、上网等便利的满足。所以我们说：产品是满足欲望的载体。这个载体分为两类：第一类是由实物产品、服务、创意所构成的"产品"。例如，计算机制造商供应商品(计算机、打印机等)、服务(送货上门、安装培训、维修等)、创意(计算能力强等)。第二类是由人、地方、活动、组织、创意等构成的"服务"。例如，一个人心情郁闷，为获得轻松解脱的需要，可去看演出(人)；到风景区旅游(地方)；参加英雄模范研讨会，接受一种新的价值观(创意)等。因此，产品的形态是多种多样的，重点在于对消费者欲望的满足。一个营销者如果不注意产品对欲望的满足而只是将注意力集中于产品本身，必然会失败。

(3) 价值、成本与满意。

价值(也称效用)：是消费者对产品满足其需要的整体能力的评价。

成本(也称费用)：是指消费者为获得该产品而必须支付的代价(包括获取代价、拥有代价和使用代价)。

满意(也称满足)：是指消费者获取、拥有和使用该产品所获得的心理满足的自我评价，或指消费者购买该产品获得的最高的比较评价。

任何消费者都希望以最低的比较成本来获得最高的比较价值，以此来获得最大的满意。如某人每天上班需要交通工具，可供选择的能满足其需要的产品有自行车、摩托车、轿车、公共汽车等。选择哪种方式？他要从速度、安全、方便、舒适、节约等方面有所侧重地进行综合评价，全面衡量产品的价值(效用)与成本(费用)，以获得最大自认满意的产品。

(4) 交换与交易。人获取某种东西有四种方式：自行生产、强取、乞讨、交换。其中，只有在交换中才存在市场营销。我们说：交换是通过提供某种东西作为回报，而从他人处取得所要东西的行为。交换的发生必须具备五个条件：至少要有两方；每一方都有被对方认为有价值的东西；每一方都能沟通信息和传送货物；每一方都可以自由地接受或拒绝对方的产品；每一方都认为进行交易是合适或称心的。

交换是一个过程。在这个过程中，如果交换双方能达成一项协议，我们就称为发生了交易。所以，交易是交换的基本单元，是由交换双方之间的价值交换所构成的。交易有货币和实物交易两种方式。营销实质上就是为诱发目标人群对某种商品产生预期交易反应而采取的种种行为。为此，营销者必须分析参与交换各方各自希望得到什么和给予什么。例如，某建筑公司希望从某建筑设备制造公司得到高质量耐用的设备、低的比较价格、按时交换、良好的售后服务等；反过来，建筑设备制造公司希望从建筑公司得到一个好的价钱、准时付款、获取"设备好"的称赞等。为此，交换双方就要为得到各自想要的东西而寻找一致的地方，这个过程就是谈判，或是正在进行交换。通过谈判达成协议，交易就产生，否则不作交易。作为营销者，就是要研究交换的全过程，并采取相应的方式，促使产生交易。这种为每一个交易的产生而作出种种努力的过程，我们称为交易营销。

(5) 关系与网络。交易营销是为每一个交换过程作努力，促其达成交易。但一个成功营销者，更倾力于关系营销。所谓关系营销，是指营销者与其顾客、供应商、分销商等建立长期满意关系的实践，目的是保持他们长期的业务和成绩。凡精明的营销者都会强调关系营销，努力与各方建立长期的相互信任的"双赢"关系。这些关系要靠高质量的产品、优良的服务和公平的价格来实现。其结果是在有关各方面之间建立起一种经济、技术和社会方面的纽带关系。良好的关系营销可以减少交易成本和时间，使交易从每次协商变为惯例化。

关系营销的最终结果是形成一个营销网络——企业的最好资产。营销网络是由企业与它的所有利益相关者(包括顾客、员工、供应商、广告商、科学家和其他人等)建立互利的业务关系，这样使竞争在企业之间展开转变为在网络之间展开。拥有良好营销网络的企业，财富会滚滚而来。

(6) 市场。交换概念引申出市场概念。市场是指那些具有特定的需要或欲望，愿意并且能够通过交换来满足这种需要或欲望的全部消费者和潜在消费者的集合。

一个市场的大小，取决于那些表示有某种需要、拥有使别人感兴趣的资源，并愿意以这种资源来换取其需要的东西的人数。

对市场的理解，不同的人有不同的理解。市场营销者一般将买方的集合称为市场，而将卖方的集合称为行业。

制造商在资源市场(原材料市场、劳动力市场、金融市场等)购买各种资源，将它们转换成产品，再将产品销售给中间商，由中间商卖给消费者；消费者则通过出售自己的劳动力，取得货币收入，再换取所需要的产品。政府向各市场征税、为公众需要提供服务，也从制造商市场、资源市场和中间商市场采购商品。

(7) 营销者与顾客。在买卖双方中，如果一方比另一方更主动、更积极地寻求交换，我们就将这方称为营销者，而将另一方称为顾客。

因此，营销者是指主动寻找一个或更多的能与其交换产品和价值的顾客和潜在顾客的人或单位，而顾客和潜在顾客是指营销者所确定的有愿望或潜在愿望并有能力进行交换的人或单位。营销者可以是持物者(俗称卖方)，也可以是持币者(俗称买方)。如果买卖双方都在积极寻找交换，我们就把双方都称为营销者，并称这种情况为双边营销。一般来说，在当今市场上，持币者(买方)与持物者(卖方)，后者(一般为产品生产者——企业)往往主动，所以他们一般是营销者。由此而论，我们说营销学是研究企业营销的学问。

(8) 4Ps 营销理论。4Ps 营销理论实际上是从管理决策的角度来研究市场营销问题。从管理决策的角度看，影响企业市场营销活动的各种因素(变数)可以分为两类：一是企业不可控因素，即营销者本身不可控制的市场营销环境，包括微观环境和宏观环境；二是可控因素，即营销者自己可以控制的产品、商标、品牌、价格、广告、渠道等。4Ps 就是对各种可控因素的归纳。

产品策略(Product Strategy)，主要是指企业以向目标市场提供各种适合消费者需求的有形和无形产品的方式来实现其营销目标。其中包括对同产品有关的品种、规格、式样、质量、包装、特色、商标、品牌以及各种服务措施等可控因素的组合和运用。

定价策略(Pricing Strategy)，主要是指企业以按照市场规律制定价格和变动价格等方式来实现其营销目标，其中包括对同定价有关的基本价格、折扣价格、津贴、付款期限、商业信用以及各种定价方法和定价技巧等可控因素的组合和运用。

分销策略(Placing Strategy)，主要是指企业以合理地选择分销渠道和组织商品实体流通的方式来实现其营销目标，其中包括对同分销有关的渠道覆盖面、商品流转环节、中间商、网点设置以及储存运输等可控因素的组合和运用。

宣传策略(Promoting Strategy)，主要是指企业以利用各种信息传播手段刺激消费者购买欲望，促进产品销售的方式来实现其营销目标，其中包括对同促销有关的广告、人员推销、营业推广、公共关系等可控因素的组合和运用。

这四种营销策略的组合，因其英语的第一个字母都为"P"，所以通常也称为"4Ps"。

3) 市场营销观念

企业营销是企业为在目标市场上达到预期交换结果的自觉努力。然而，用什么哲学来指导这些营销努力，如何摆正企业、顾客和社会三者的利益关系，等等，又是我们必须要解决的问题。企业、顾客和社会这三者的利益经常发生冲突。例如，美国的德克斯特公司生产最普通并有高盈利的产品——一种防止茶叶在热水中被分解的纸。然而，生产这种纸的原材料每年使德克斯特公司产生 98％的废水。因此，虽然这种产品在市场上极受顾客欢迎，但它明显地损害了环境。

显然，企业营销活动应该在经过深思熟虑产生的某种哲学思想的指导下进行。这种哲学思想即企业营销导向，或称企业营销观念。

所谓营销观念，是指企业从事市场营销活动时的基本指导思想。任何一个企业的市场营销活动，都必然要受到一定的营销观念的支配。营销观念是随着时代的发展而不断变化的。企业营销观念的演变大体经历了生产观念、产品观念、推销／销售观念、市场营销观念和社会营销观念五个阶段。

2. 新创企业的销售管理

1) 销售管理的含义

传统的销售管理往往局限于人员推销活动的管理方面，没有从营销导向的角度去认识。销售管理应当站在市场营销的视角看问题，它具有整体性和全方位性。研究销售管理必须先知道什么是营销管理，并将其与销售管理做出明晰的区分。

菲利普·科特勒认为营销管理是为了实现各种组织目标，创造、建立和保持与目标市场之间的有益交换和联系而设计的对方案的分析、计划、执行和控制。根据以上营销管理的定义，可以看出营销管理是企业管理中非常重要的一个工作环节。市场营销工作必须与企业的产品开发、生产、销售、财务等工作环节协调。只有这样，企业的整体经营目标才能够得以达成，企业的总体经营策略才能够得以有效地贯彻落实。而且营销管理工作是在企业的经营目标、战略经营计划的总体战略之下，根据对经营环境的分析结果，对市场进行细分，选定希望进入的目标市场，然后据此而制订市场营销计划和营销组合，并且推动计划的落实执行和对执行计划的过程进行监督、控制、评估、检讨和修订。

那么什么是销售管理呢？销售管理在市场营销管理中又处于什么位置呢？对于销售管理，美国印第安纳大学的达林普教授定义如下：销售管理是计划、执行及控制企业的销售活动，以达到企业的销售目标。由此可见，销售管理是从市场营销计划的制订开始，销售管理工作是市场营销战略计划中的一个组成部分，其目的是执行企业的市场营销战略计划，其工作重点是制定和执行企业的销售策略，对销售活动进行管理。

国内大多数学者认为销售管理是对企业销售活动进行的规划、指导、控制和评估，销售管理重点研究通过对销售人员的管理直接实现销售收入的过程。同销售的定义一样，销售管理有广义和狭义之分。狭义的销售管理专指以销售人员为中心的管理。在市场发育比较好、企业营销职能部门划分较细的西方发达国家持这种观点。广义的销售管理是对所有销售活动的综合管理。我国学者大多持这种观点。在企业界，销售活动包括的范围比较广，一些企业的销售管理涉及人员销售、营业推广、分销渠道的管理等活动。

2) 销售管理的内容

销售管理主要涉及销售规划与设计、销售技术的探索和销售人员管理三个方面内容。

(1) 销售规划与设计。销售规划与设计主要包括：销售管理组织体系的设计；目标销售额的确定及分解；销售计划的编制；销售预测的程序与方法；提高预测准确性的策略；销售预算的方法与销售费用的控制；销售区域的设计与管理；窜货管理；信用管理及应收账款管理等。

(2) 销售技术探索。销售技术探索管理主要包括：销售过程管理；销售行为和技巧管理；客户开发和服务管理；销售活动记录及管理；客户资料收集、客户关系的分析与维护等；此外还包括销售卖场管理，如卖场的商品陈列、环境布置、宣传展示及促销活动等。

(3) 销售人员管理。对销售人员的管理主要包括：销售人员的招聘、培训；制定销售人员的任务和效益指标、定期评估与考核销售指标的完成情况；制定销售人员的报酬制度和薪酬标准及福利政策，选择薪酬方式；制定销售人员的竞争激励政策和方法；确定销售人员的业绩考核方式；针对销售经理的技能要求和知识背景，加强团队建设与管理等。

3) 销售管理的过程

在明确了销售管理的含义与内容之后，企业销售管理的过程一般包括以下步骤。

(1) 建立销售组织并进行人员招聘与培训。企业首先需要研究并确定如何组建销售组织架构，确定销售部门的人员数量和岗位设置、销售经费的预算、销售人员的招聘办法和资历要求。

在销售计划的制订和执行过程中，如何组织销售部门，如何划分销售地区，如何组建销售队伍和安排销售人员的工作任务是一项非常重要的工作。销售部门需要根据目标销售量、销售区域的大小、销售代理及销售分支机构的设置情况、销售人员的素质水平等因素进行评估，以便确定销售组织的规模和销售分支机构的设置。

(2) 制订销售计划。在立足于公司整体营销战略和发展目标的前提下，依据营销计划，销售部门开始制订具体细致的销售计划，以便开展、执行企业的销售任务，以达到企业的销售目标。销售部门必须清楚地了解企业的经营目标、产品的目标市场和目标客户，对这些问题有了清晰的了解之后，才能够制订出切实而有效的销售策略和计划。销售计划必须要做到具体和量化，要能够明确定出每一个地区或者每一个销售人员需要完成的销售指标。

(3) 制定相应的销售管理政策。在制定销售管理政策的时候，必须考虑市场的经营环境、行业的竞争状况、企业本身的实力和可分配的资源状况、产品所处的生命周期等各项因素。特别是信用政策的确定、应收账款政策及窜货管理等政策的制定尤其重要。

(4) 进行销售过程控制。根据预测的销售目标及销售费用，销售部门开始确定销售人员的具体工作安排、销售技巧培训、销售区域的划分及人员的分配、销售人员的日常行动管理和控制等。

销售工作的最终目的，是出售产品及维持与客户的关系，从而为企业实现销售收入和利润。销售人员的销售业绩一般以销售人员所销售出的产品数量或销售金额来衡量。此外，销售人员所销售出的产品的利润贡献，是衡量销售人员销售业绩的另一个标准。而对于一些需要重复购买产品的客户，销售人员要维持与这类客户的关系。维持与客户的业务关系的能力及对客户的售后服务质量也是一个重要的考核因素。

销售部门需要按照销售计划去执行各项销售工作，要紧密跟进和监督各个销售地区的销售工作进展情况，要经常检查每一个地区、每一个销售人员的销售任务完成情况。发现问题立刻进行了解及处理，指导、协助销售人员处理在工作中可能遇到的困难，帮助销售人员完成销售任务。销售部需要为销售人员的工作提供各种资源，支持和激励每一个销售人员去完成某销售指标。

(5) 进行绩效评估。销售人员的工作表现评估是一项重要的工作，销售部门必须确保既定的工作计划及销售目标能够完成，需要有系统地监督和评估计划及目标的完成情况。销售人员的工作表现评估一般包括检查每一个销售人员的销售业绩，这当中包括产品的销售数量、完成销售指标的情况和进度、对客户的拜访次数等各项工作。对销售人员的销售业绩的管理及评估必须定期进行，对评估的事项必须订立明确的准则，使销售人员能够有章可循。而评估的结果，必须对销售人员进行反馈，以使他们知道自己做得不够的地方，从而改进工作中的不足。

工作评估最重要的不仅在于检查销售人员工作指标的完成情况和销售业绩，更重要的是要检讨销售策略和计划的成效，从中总结出成功或失败的经验。成功的经验和事例应该向其他销售人员推广，找出的失败原因也应该让其他人作为借鉴。对销售业绩好的销售人员应当给予适当奖励，以促使他们更加努力地做好工作，对销售业绩差的销售人员，应当向他们指出应该改善的地方，并限时予以改善。

根据销售人员的工作表现情况和业绩评估的结果，销售部需要对公司的市场营销策略及销售策略进行研讨，发现需要进行改善的地方，应该对原制订的策略和计划进行修订。与此同时，也应该对公司的销售组织机构和销售人员的培训及督导安排进行检讨并加以改善，以增强销售人员的工作水平，提高销售工作的效率。

销售管理的核心，在于动态地管理销售活动以实现企业的营销目标，并获取源源不断的销售利润。因此，销售管理必须要以销售计划为中心，注意与其他营销战略的协调配合，循序渐进地展开各项销售活动，以最终实现企业的目标。

3. 新创企业的售后服务

售后服务，是指生产企业、经销商把产品(或服务)销售给消费者之后，为消费者提供的一系列服务，包括产品介绍、送货、安装、调试、维修、技术培训、上门服务、咨询等。

消费者在选购产品时，不仅注意到产品实体本身，在同类产品的质量和性能相似的情况下，更加重视产品的售后服务。因此，企业在提供价廉物美的产品的同时，向消费者提供完善的售后服务，已成为现代企业市场竞争的新焦点。售后服务主要原则有礼尚往来的原则、承诺与惯性原则、社会认同原则、同类认同原则、使用者的证言原则、喜爱原则、友谊原则。

售后服务的主要内容包括为消费者安装、调试产品；根据消费者要求，进行有关使用等方面的技术指导；保证维修零配件的供应，负责维修服务，并提供定期维护、定期保养；为消费者提供定期电话回访或上门回访；对产品实行"三包"，即包修、包换、包退；处理消费者来信来访以及电话投诉意见，解答消费者的咨询。同时用各种方式征集消费者对产品质量的意见，并根据情况及时收进。

售后服务策略有全面售后服务策略、特殊售后服务策略、适当售后服务策略。售后服务顾客可续化要求建立影响力中心和举办研讨会。售后服务处理不满时要耐心倾听，勇于认错并提供有效的解决方案。

4. 新创企业的品牌建设

1) 品牌定位

品牌定位是市场定位的核心和集中表现。企业一旦选定了目标市场，就要设计并塑造自己相应的产品、品牌及企业形象，以争取目标消费者的认同。由于市场定位的最终目标是为了实现产品销售，而品牌是企业传播产品相关信息的基础，品牌还是消费者选购产品的主要依据，因而品牌成为产品与消费者连接的桥梁，品牌定位也就成为市场定位的核心和集中表现。

2) 品牌规划

品牌规划是建立以塑造强势品牌为核心的企业战略，将品牌建设提升到企业经营战略的高度，其核心在于建立与众不同的品牌识别，为品牌建设设立目标、方向、原则与指导策略，为日后的具体品牌建设战术与行为制定"章程"。

3) 品牌形象

品牌形象是指企业或其某个品牌在市场上、在社会公众心中所表现出的个性特征，它体现公众特别是消费者对品牌的评价与认知。品牌形象与品牌不可分割，形象是品牌表现出来的特征，反映了品牌的实力与本质。品牌形象包括品名、包装、图案、广告设计等。形象是品牌的根基，所以企业必须十分重视塑造品牌形象。

4) 品牌扩张

品牌扩张是品牌实力的体现和要求，因为品牌扩张是借助已有品牌的声誉和影响向市场推出新产品或将原产品推进新市场。因此，在品牌瓜分市场的今天，品牌实力是品牌扩张的基础和前提。只有当一个品牌有足够的实力，才可以保证扩张的成功。

在品牌扩张中最为常见和最具影响力的就是品牌延伸战略和多品牌战略，品牌延伸和多品牌战略会给企业带来深远的影响，对于品牌的发展、企业的未来都可以说是举足轻重的。

四、大学生新创企业的财务管理

1. 财务管理概述

财务管理是指在一定的整体目标下，关于资产的购置、资本的融通和经营中现金流量以及利润分配的管理。财务管理的主要内容：第一，科学的现代化财务管理方法；第二，明暗市场发展；第三，会计核算资料所反映的内容要真实、完整、准确；第四，社会诚信机制。

企业的基本活动是从资本市场上筹集资金，用于生产性经营资产的投资，并运用这些资产进行生产经营活动，获得利润后用于补充权益资本或者分配给股东。企业财务管理的内容分为3个部分：①筹资管理；②投资管理；③营运资金管理。

2. 资金管理

资金管理是企业对其资金来源和资金使用进行计划、控制、监督、考核等各项工作的总称。企业现金流量管理水平往往是决定企业存亡的关键所在。在面对日益激烈的市场竞争时，企业面临的生存环境复杂多变，通过提升企业现金流的管理水平，才可以合理地控制营运风险，提升企业整体资金的利用效率，从而不断加快企业自身的发展。

1) 筹资管理制度

资金筹集是财务管理的重要内容之一。现代工业企业资金筹集必须科学确定资金需要量，控制资金筹集时机，认真选择筹资来源、最佳组合筹资方式，以降低筹资成本，提高资金使用效率，使企业生产经营、投资项目实际获利率超过预期收益率。由于筹资有不同的渠道、不同的方式可供选择，筹资的成本、风险各不相同。因此，为保证筹资活动的有效并合理地进行，创业企业应建立有关制度。

(1) 筹资计划制度。筹资计划是在对企业短期和长期所需资金进行预测的基础上，分析计算不同筹资方式的筹资成本、筹资风险，选择适合自己的筹资方式，并确定什么时候、用什么方式筹集多少数量的资金。一项完整的筹资计划应包括：企业资金需求量的预测；筹资方式的选择及筹资数量安排；筹资程序及时间安排；筹资前后企业资金结构及财务状况的变化；筹资对企业未来收益的影响。

(2) 筹资审核制度。筹资计划的编制人员应与审核人员适当分离，以便审核人能从独立的立场来衡量计划的优劣。负责审核的人员可自行完成对筹资计划的审核，也可聘请法律顾问和财务顾问共同审核该筹资活动对企业未来净收益的影响以及筹资方式的合理性。同时，还要审核筹资计划的实施细则，以书面形式记录审核结果，并特别注明筹资的执行程序及各项手续。

(3) 筹资检查和考核制度。筹资检查制度是指及时了解筹资活动的进展情况，发现筹资活动中可能出现的问题，以及筹资计划的执行情况。筹资检查可定期或不定期进行，视筹资规模、筹资方式、筹资程序而定。筹资考核是将筹资结果与筹资计划进行比较，对产生的差异进行分析，找出原因。

2) 货币资金管理制度

货币资金主要包括库存现金(包括外币现金和人民币现金等)、银行存款以及其他货币资金等，货币资金在企业管理中具有风险高和流动性强的特点。一家企业的经营管理水平高低与其内在的制度有着密切的关系，为了能够让企业管理处于高水平状态，一定要加强企业货币资金内部管理，继而促进企业的高效发展。

3) 资金预算制度

资金预算通常称为现金预算，是计划预算期现金收入和现金支出，并进行现金收支平衡的预算。企业通过编制较为详细和较为远期的现金收支预测和现金预算来规划期望的现金收入和所需的现金支出，从而较为精确地计算出有多少闲置现金可以用来进行临时性投资和在经营中需要多少现金，以选择合理的筹资方式，充分提高资金的使用效率。现金预算的编制方法有：现金收支法、净损益调整法和估计资产负债表法。

  4) 资金使用审批制度

企业应当对资金使用建立严格的审批制度，明确审批人对资金业务的审批方式、权限、程序、责任和相关控制措施，规定经办人办理资金业务的职责范围和工作要求。

  (1) 审批方式："一支笔"审批；集体决策审批。

  (2) 支付程序：支付申请；支付审批；支付复核；办理支付。

3. 财务预测

财务计划是企业以货币形式预计计划期内资金的取得与运用和各项经营收支及财务成果的书面文件。财务计划是在生产、销售、物资供应、劳动工资、设备维修、技术组织等计划的基础上编制的，其目的是确立财务管理上的奋斗目标，在企业内部实行经济责任制，使生产经营活动按计划协调进行，挖掘增产节约潜力，提高经济效益。财务计划是依据企业的发展战略和经营计划，对未来一定期间的财务活动及结果进行的规划、布置和安排，它规定了企业计划期财务工作的任务和目标及预期的财务状况和经营成果。财务计划的内容包括现金流量计划、资本支出计划、利润计划、资产负债计划。

  1) 编制财务计划的程序

编制财务计划的程序为：由企业最高管理当局根据财务决策提出一定时期的经营目标，并向各级、各部门下达规划指标；各级、各部门在规划指标范围内，编制本部门预算草案；由财务部门或预算委员会对各部门预算草案进行审核、协调，汇总编制总预算并报企业负责人批准；将批准的预算下达各级、各部门执行。

  2) 财务计划编制方式

财务计划编制方式包括固定计划、弹性计划、滚动计划、零基计划。

  3) 编制财务计划的要求

编制财务计划的要求为：企业的主要财务收支活动，应当体现国家计划对企业的指导，符合国家政策、法令的各项规定；各项指标既要能够调动职工增产节约、改善经营管理的积极性，又要有切实的措施保证其实现；财务计划中的各项指标要与企业的全部生产经营活动相适应，要与其他各项计划协调一致；要按年度、季度、月度分别编制财务计划，以月保季，以季保年。

4. 成本管理

成本管理是指企业生产经营过程中各项成本核算成本分析、成本决策和成本控制等一系列科学管理行为的总称。成本管理一般包括成本预测、成本决策、成本计划、成本核算、成本控制、成本分析、成本考核等职能。成本管理作为企业运行的重要内容，直接影响着企业的经济效益，也是衡量企业综合竞争力的标准之一。就现阶段多数企业发展情况来看，成本管理仍面临一定问题。对此，企业有必要结合自身实际情况，改变传统观念，仔细发掘成本管理工作的影响因素，采取合理应对措施，促进成本管理水平的提高，从而为企业的可持续发展提供更多支持。

1) 成本管理过程

成本管理过程具体包括以下步骤。首先要认真开展成本预测工作，规划一定时期的成本水平和成本目标，对比分析实现成本目标的各项方案，进行最有效的成本决策。然后应根据成本决策的具体内容，编制成本计划，并以此作为成本控制的依据加强日常的成本审核监督，随时发现并克服生产过程中的损失浪费情况。在平时要认真组织成本核算工作，建立健全成本核算制度和各项基本工作，严格执行成本开支范围，采用适当的成本核算方法，正确计算产品成本。同时安排好成本的考核和分析工作，正确评价各部门的成本管理业绩，促进企业不断改善成本管理措施，提高企业的成本管理水平。要定期积极地开展成本分析，找出成本升降变动的原因，挖掘降低生产耗费和节约成本开支的潜力。进行成本管理应该实行指标分解，将各项成本指标层层落实，分口分段地进行管理和考核，使成本降低的任务能从组织上得以保证，并与企业和部门的经济责任制结合起来。成本是体现企业生产经营管理水平高低的一个综合指标。因此，成本管理不能仅局限于生产耗费活动，应扩展到产品设计、工艺安排、设备利用、原材料采购、人力分配等产品生产、技术、销售、储备和经营等各个领域。参与成本管理的人员也不能仅仅是专职成本管理人员，还应包括各部门的生产和经营管理人员，并要发动广大职工群众，调整全体员工的积极性，实行全面成本管理。只有这样，才能最大限度地挖掘企业降低成本的潜力，提高企业整体成本管理水平。

成本管理收益要做到以下四点：①构建全面的企业成本管理思维，寻求改善企业成本的有效方法；②跳出传统的成本控制框架，从公司整体经营的视角，更宏观地分析并控制成本；③掌握成本核算的主要方法及各自的优缺点，根据情况的变化改良现有的核算体系；④掌握成本分析的主要方法，为决策者提供关键有效的成本数字支持。

成本管理组成部分：产品生产中所耗用的物化劳动的价值；劳动者为自己劳动所创造的价值；劳动者剩余劳动所创造的价值。

组织在实施成本管理过程中主要应考虑到：不违反法律法规；不影响顾客满意；不侵害员工利益；不影响技术进步；不影响产品质量。

2) 成本管理手段

成本管理手段具体如下：

(1) 基于经验的成本管理方法；

(2) 基于历史数据的成本控制方法；

(3) 基于预算的目标成本控制方法；

(4) 基于标杆的目标成本控制方法。

5. 财务分析

财务分析是以会计核算和报表资料及其他相关资料为依据，采用一系列专门的分析技术和方法，对企业等经济组织过去和现在的有关筹资活动、投资活动、经营活动、分配活动的盈利能力、营运能力、偿债能力和增长能力状况等进行分析与评价的经济管理活动。

1) 财务分析的方法

财务分析的方法具体如下。

(1) 比较分析法。比较分析法是通过对比两期或连续数期财务报告中的相同指标，确定其增减变动的方向、数额和幅度，来说明企业财务状况或经营成果变动趋势的一种方法。比较分析法的具体运用主要有重要财务指标的比较、会计报表的比较和会计报表项目构成的比较三种方式。

(2) 比率分析法。比率分析法是通过计算各种比率指标来确定财务活动变动程度的方法。比率指标的类型主要有构成比率、效率比率和相关比率三类。

(3) 因素分析法。因素分析法是依据分析指标与其影响因素的关系，从数量上确定各因素对分析指标的影响方向和影响程度的一种方法。

因素分析法具体有两种：连环替代法和差额分析法。

2) 财务分析的内容

财务分析的内容具体如下。

(1) 资金运作分析。根据公司业务战略与财务制度，预测并监督公司现金流和各项资金使用情况，为公司的资金运作、调度与统筹提供信息与决策支持。

(2) 财务政策分析。根据各种财务报表，分析并预测公司的财务收益和风险，为公司的业务发展、财务管理政策制度的建立及调整提供建议。

(3) 经营管理分析。参与销售生产的财务预测、预算执行分析、业绩分析，并提出专业的分析建议，为业务决策提供专业的财务支持。

(4) 投融资管理分析。参与投资和融资项目的财务测算、成本分析、敏感性分析等活动，配合上级制定投资和融资方案防范风险并实现公司利益的最大化。

(5) 财务分析报告。根据财务管理政策与业务发展需求，撰写财务分析报告、投资财务调研报告、可行性研究报告等，为公司财务决策提供分析支持。

3) 财务分析的步骤

财务分析的步骤具体如下：

(1) 确定企业所处特定产业(或行业)的经济特征；

(2) 确定企业为增强竞争优势而采取的战略；

(3) 正确理解和净化企业的财务报表；

(4) 运用财务比率和相关指标评估企业的盈利能力与风险；

(5) 为管理决策做出相关的评价。

6. 财务控制

财务控制是指对企业的资金投入及收益过程和结果进行衡量与校正，目的是确保企业目标以及为达到此目标所制定的财务计划得以实现。财务控制是内部控制的一个重要组成部分，是内部控制的核心，是内部控制在资金方面的体现。财务控制必须以确保单位经营的效率性和效果性、资产的安全性、经济信息和财务报告的可靠性为目的。它的作用主要有以下三方面：一是有助于实现公司经营方针和目标，它既是工作中的实时监控手段，也是评价标准；二是保护单位各项资产的安全和完整，防止资产流失；三是保证业务经营信息和财务会计资料的真实性和完整性。

1) 现金流量预算与控制

进行现金流量预算与控制，要注意以下两方面。

(1) 提升经营活动现金流量。一个企业要想长远发展，并不是说有多少的账面利润，而是拥有足够持续的现金流。经营活动产生的现金流量是最重要的，对企业的发展起着举足轻重的作用。在经营活动中的生产环节，要做到严格控制原料成本；在销售环节，对赊销客户，要督促其及时还款，加快应收账款的周转率，尽最大的可能去避免发生坏账。同样，在购买环节，作为购买方，要充分利用信用期，尽量延长应付账款的支付期限，使现金在有限期间内发挥最大的效用。要保持稳定的现金流量，现金支撑着企业的日常经营，企业的现金流动也是贯穿于企业的整个生产经营环节。所以，企业保持过多、过少的现金都不是现金流量最好的状态，企业应该让现金流入和现金流出保持一个均衡的状态，这样企业才能获得持续稳定发展。这就需要企业在进行现金流量活动时要提前做好现金流预算，根据企业所拥有的现金总量，合理安排现金支出，而且现金要用在必要的支出上。所以，企业还要做好现金流监控，密切关注资金的流动方向，防止过多的消费性支出和非生产投资，以免造成现金资源的浪费。保持现金流量的稳定流动，尽可能最大化地让现金为企业创造更多的利益，降低财务风险发生的可能性。

(2) 企业为防止财务风险的发生，可以事先建立财务预警体系。企业在构建财务风险预警体系时，要充分考虑到现金流量的影响。这样不仅可以完善财务预警体系，还可以提高财务预警准确性，为财务预警机制更精确地预测财务风险奠定牢固的基础。而且，从现金流量角度建立财务预警体系，企业的财务人员可以最大限度地挖掘现金流量中包含的各种财务信息，提升现金流管理水平，进而达到防范财务风险的目的。

2) 成本控制

成本控制分为粗放型成本控制和集约型成本控制。粗放型成本控制是从原材料采购到产品的最终售出进行控制的方法。集约型成本控制一是通过改善生产技术来降低成本，二是通过产品工艺的改善来降低成本。

3) 财务风险控制

财务风险控制是指在财务管理过程中，利用有关信息和特定手段，对企业财务活动施加影响或调节，以便实现计划所规定的财务目标，回避风险的发生。财务控制措施具体如下。

(1) 应收账款控制。在市场竞争日趋激烈的今天，中小企业不得不部分甚至全部以信用形式进行业务交易。应收账款控制主要从以下几个方面来进行：财务核算准确翔实，债权债务关系明确；评价客户资信程度，制定相应信用政策；加强应收账款的账龄分析，确定收款率和应收账款余额百分比。

(2) 实物资产控制。实物资产控制是为保证企业实物资产安全完整而采取的财务控制措施。主要有以下四点：①限制接近。严格控制对实物资产及实物资产相关的文件的接触。②及时入账。经济业务发生以后，必须立即入账，特别是现金、银行存款，要做到日清月结，防止挪用，保证资金的安全和得到合理使用。③永续盘存制。对于财产物资都必须采用永续盘存的方法，随时反映其收、发、存情况。④建立会计档案保管制度，便于业务复查。

首先要正确认识企业财务控制的相关要求，根据企业发展的自身实际，制定较为合理、科学的财务控制标准，并以此为基础实施全方位、全过程、较为严格的标准体系。对企业成本如一些原材料的使用、机器的消耗与维修、人力资源的报酬以及相关产品的预算进行详细的记录。其次应完善相关的监督体制和赏罚体制。对其财务控制的进行程度进行相应的纠查和检查来确认相关任务的完成程度，并且通过评比的形式，对企业财务目标完成情况进行奖惩，从而使企业财务控制的体制机制得到更为科学的贯彻。

本章知识点自查

知 识 点		学习要求	自查
理论基础	新企业的定义	新创企业的概念	熟悉	☐
	创业管理	创业管理的含义	熟悉	☐
		创业管理的特征		
		创业管理的意义		
		创业管理的模式		
实战训练	大学生新创业融资管理	新创企业融资需求	认识	☐
		大学生新创企业融资的目的	认识	☐
		大学生新创企业融资渠道	熟悉	☐
		大学生新创企业融资的关注点	熟悉	☐
	大学生新创团队人力管理	大学生新创团队组织结构与人力资源	熟悉	☐
		大学生新创团队的培养	熟悉	☐
		大学生新创团队的薪酬制度	熟悉	☐
		大学生新创团队的激励制度	熟悉	☐
		大学生新创团队人力资源管理	熟悉	☐
	大学生新创企业营销管理	大学生新创企业营销的概念	认识	☐
		大学生新创企业的销售管理	认识	☐
		大学生新创企业售后服务	熟悉	☐
		大学生新创企业品牌建设	熟悉	☐
	大学生新创企业财务管理	财务管理概述	了解	☐
		资金管理	了解	☐
		财务预测	熟悉	☐
		成本管理	熟悉	☐
		财务分析	熟悉	☐
		财务控制	熟悉	☐

导 读 回 顾

通过本章的学习，你应该了解了新创企业的定义，创业管理的含义、特征、意思、模式。本章详细地讲解了大学生新创业融资管理、大学生新创团队人力管理、大学生新创企业营销管理、大学生新创企业财务管理四部分内容。

在新创企业融资的资金需求方面，同学们可以编制资金用途清单，制定相应的融资解决方案，并能够熟知新创企业融资渠道。在大学生新创团队人力管理方面，应该理解大学生新创团队人力管理的相关内容；了解新创团队组织结构与人力资源相关概念，以及进行新创团队的培养，定制新创团队的薪酬制度等；学会运用新创团队的目标激励、精神激励、物质激励三种激励制度；采用适当的方式方法，进行新创团队的人力资源管理。在大学生新创企业营销管理方面，应该学会理解企业营销的几个核心概念，掌握进行新创企业的营销管理、售后服务、企业品牌建设等方面的内容。在大学生新创企业财务管理方面，应该懂得如何进行创业企业的资金的管理，包括资金的筹集、管理、预算、审批等制度，以及运用合理的方法进行成本管理、财务分析以及财务控制。

创业的特征是"高风险"而不是高回报，重视做好新创企业管理，有利于规避风险，有利于提升创业的成功率。真正意义上的创业管理并不是"纸上谈兵"，更多的是需要大家在创业过程中亲身地实践。

课 后 习 题

1. 请解释新创企业的概念。
2. 请阐述创业管理的含义、特征和意义。
3. 请说明创业管理的四种模式。
4. 大学生新创业融资管理、人力管理、营销管理、财务管理的内容以及意义。

参考文献

第九章　新创企业风险

【学习目标】

(1) 了解企业风险产生的必然性；

(2) 了解企业风险的基本类型和特征；

(3) 能够结合自身新创企业的特点，正确运用大学生新创企业风险防范措施；

(4) 在掌握新创企业风险防范体系基础上，能够结合自身新创企业情况完善企业风险体系。

引导案例

创新企业必须跳过去的坎——风险识别与防范

第一节　企业风险概述

一、企业风险的概念与理论沿革

1. 企业风险的概念

界定企业风险的概念，首先要对风险概念进行界定，只有在对风险的概念界定清晰的基础上，才能有效地界定企业风险概念。风险有很多构成因素，不确定性是风险的核心因素。对不确定性一般的理解包括：不确定性就是随机性；不确定性指失误状态未知，而各状态下损益状况已知；所有状态未知、概率未知的内在事件具有的特征；将事物或事件分为几个要素(如状态类型、状态概率、状态后果)，如果其中一个或几个要素信息不全，则事件称为不确定性事件。以上这些理解都是对风险定义的一种解释，都反映了风险的内涵。

1) 风险的定义

风险的内涵表现如下。

(1) 风险有其特定的环境和时间依赖性。风险是一个特定环境中和特定时间内的概念，它的存在和发生以及所产生后果的影响程度，与该风险事件所处的环境和所发生的时间有着密切的关系。环境和时间一旦发生变化，风险的发生以及风险的后果也将发生相应的变化。

(2) 风险是实际与预期之间差异的不确定性。某个项目或策划通常是建立在一定的预期和假设上的，而由于各种环境因素变化的影响，实际情况的发生与预期假设之间通常都有一个差距，这种差距的大小也是具有不确定性的：可能大得足以使整个项目或策划全部失败，也可能影响微乎其微，风险正是反映这种实际与预期之间差异的不确定性指标。

(3) 风险是不确定性事件发生的可能性大小。风险不仅是反映风险事件发生的实际情况和预期之间出现差异的不确定性的指标，同时还是反映这种不确定性事件发生的可能性大小的指标。

由以上对风险内涵的分析，我们对风险的概念进行界定。风险是指在某一特定环境下，在某一特定时间段内，某种损失发生的可能性，也称发生的不确定性。风险是由风险因素、风险事故和风险损失等要素组成的。换句话说，在某一个特定时间段里，人们所期望达到的目标与实际出现的结果之间产生的距离称为风险。

2) 风险的特征

风险具有以下特征。

(1) 不确定性。经济主体的经营活动或决策在一种不确定性中进行，由于非常复杂和多元化，各个主体无法准确地预测未来。

(2) 或然性。风险的存在及发生服从某种概率分布，虽然无法限制，但并非没有规律可循，而是以一种或然的规律存在并发生。

(3) 损益性。由于经济行为主体预期结果与目标结果背离，主体活动可能给经济带来某种形式的损失或收益，而且有些损失是难以承受的。

(4) 扩散性。任何主体的活动都不是孤立的，风险必然通过其所在的系统进行扩散和辐射，某些单一或局部的风险可以演变成体统或全局性的风险，这也是我们全文研究战略风险要考虑的问题。

(5) 主观性和客观性。主观性是主体自己对风险的感受和心理承受能力；客观性是风险客观存在，不以人的意志为转移。

3) 企业风险的界定

企业风险又称经营风险。国资委发布的《中央企业全面风险管理指引》对企业风险的定义是：未来的不确定性对企业实现其经营目标的影响。

(1) 域外国家对企业风险的定义。COSO 是美国全国虚假财务报告委员会下属的发起人委员会(The Committee of Sponsoring Organizations of The National Commission of Fraudulent Financial Reporting)的英文缩写。相对于 COSO 的内控框架，《企业风险管理综合框架》扩展到更多风险领域。最主要是增加了战略要素，并将风险评估扩展为目标设定、事件识别、风险评估及风险应对。这样，整体的框架就包括了内部环境(相当于控制环境)、目标设定、事件识别、风险评估、风险应对、控制活动、信息与沟通及监督。其全面风险管理框架被全球很多公司参照管理自身风险。

2009 年，COSO 发布《内部控制体系监控指南》，提供"监控模型"来说明有效监控体系的建立，提出监控应成为企业内控流程的一部分，帮助企业提高内控效率与效果。

2013 年，COSO 修订了 1992 年版《企业内部控制整体框架》，形成 2013 年版 COSO 内部控制新框架。新框架的内控要素仍然包括控制环境、风险评估、控制活动、信息与沟通及监督。但该五要素被分解成了 17 项原则，更有利于指导企业的内控实践。

2017 年 9 月，COSO 为适应新环境下风险的不断变化，发布了《企业风险管理——战略与绩效的整合》框架，强调了风险考量在企业战略制定与绩效管理中的重要性，并指出2013 年版 COSO 内部控制新框架仍然有效，其内容也作为《企业风险管理——战略与绩效的整合》框架的补充。其他主要发达国家和地区，也出台了符合自身国情的、包含风险管理相关内容的法规或规范。例如，2006 年，日本颁布了《金融工具与交易法》，即

"日本版萨班斯法案"，要求日本上市公司遵照执行。COSO 对企业风险管理的定义："企业风险管理是一个过程，受企业董事会、管理层和其他员工的影响，包括内部控制及其在战略和整个公司的应用，旨在为实现经营的效率和效果、财务报告的可靠性以及对法规的遵循提供合理保证。"

(2) 我国权威定义及解读。2006 年，国资委颁布了《中央企业全面风险管理指引》(以下简称"指引")。国资委"指引"中指出，机会风险包含损失和盈利的可能，风险是一种资源。风险管理部门不能被认为是企业的成本部门，相反应被认为是企业的价值创造部门。 2008 年，财政部、证监会、审计署、银监会、保监会五部委联合发布《企业内部控制基本规范》，借鉴了 COSO 的报告目标，同时考虑到我国大型企业资产特点，增加了资产安全的目标，给出了内控框架和内控执行标准。近年来，国资委也在其体系内提出了加强风险管理的内部要求。

依照"指引"对企业全面风险管理制度进行理解和把握

一、风险的定义

《中央企业全面风险管理指引》中所提出的风险的定义是：指未来的不确定性对企业实现其经营目标的影响。它突出了以下几个方面：风险是关于"未来的不确定性"。过去和现在属于已发生和正在发生的领域，没有风险，但所有的人都不确定将来的事情，因此，将来存在风险。为了准确度量和管理风险，风险总是定义在未来的某一个时间段内的。例如，企业职工有人身安全的风险，为此企业要为职工购买人身安全保险，保险合同总是在一段时间内有效的。又如，企业的财务报表反映的都是已发生的经济行为，而现金流预测作为投资决策的基础评估方法之一，是对未来的一定期间内的净现金流入预测用贴现系数来计算的现值，这里表现的风险包括时间价值的概念，还包括风险的贴现。风险与企业经营目标紧密相关。一般来说，企业目标定得越高，风险越大；目标定得越低，风险越小。例如，企业的目标是跻身于世界五百强还是维持盈亏平衡，其所需承担风险的大小是不一样的。风险对企业经营目标的影响，现在实际的行为可能与我们的目标有差距。这种差距可能不仅表现为最后结果的差距(如盈利额的差距、损益值)，还可能表现为路径的差距，即如何实现最后的结果。同样是不确定性的影响，人们对稳定的、可预期的表现要更看重一些，因为不确定性越大，风险成本就越高。需要注意的是，风险对实现企业的经营目标有好处，也可能有坏处。所谓好坏或正面负面都是指对结果的判断而言的，风险本身无所谓好坏。把风险看作是纯粹的负面的东西，有利于专注防范风险带来的负面效应，但同时有可能忽略风险中蕴藏的机会。因此，企业对风险正负面影响的考虑应该结合在一起，这和"没有风险就没有回报，高回报蕴含着高风险"的观点是一致的，收益是对承担风险的补偿。事实上，在没有交易成本等的无摩擦、无套利机会的理想市场，在负面风险和正面风险之间存在确定的平价关系。如果只考虑风险的负面影响，势必会影响人们的决策而忽视正面风险的存在，向风险规避倾斜。

二、风险的分类

风险的分类标准不是绝对的，"指引"中对风险的分类是把风险分为战略风险、财务风险、市场风险、运营风险和法律风险。 战略风险是指不确定因素对企业实现战略发展目标和实施发展规划的影响。为减少这些影响，企业要结合市场情况保持企业的核心竞争优势，选择合适的产品组合，抓住发展机会，规避市场损失等方面的风险因素。财务风险包括利率和汇率的变动、原材料或产品价格波动、信用政策等不确定因素对企业现金流的影响，以及公司在理财方面的行为对企业财务目标的影响。市场风险是指未来市场价格(利率、汇率、股票价格和商品价格)的不确定性对企业实现其既定目标的影响。市场风险可以分为利率风险、汇率风险、股票价格风险和商品价格风险，这些市场因素可能直接对企业产生影响，也可能是通过其竞争者、供应商或者消费者间接对企业产生影响。运营风险包括供应链的管理、运营资源的合理调配、关键人员的流动、法律合规、监督检查等涉及公司运营方面的不确定性因素对公司运营目标方面的影响。法律风险是指不同国家或地区法律法规环境的差异性、具体法律法规的新制定和变更给企业带来的影响。同时"指引"中也指出了以风险能否为企业带来盈利等机会为标志，又分为纯粹风险和机会风险。纯粹风险指不含盈利可能性的风险，如灾害性风险、大多数运营风险；机会风险是指盈利与损失的可能性并存的风险，如战略风险、市场风险等。此外，风险按其来源分为外部风险和内部风险。企业的外部风险来自企业经营的外部环境，包括外部环境本身和外部环境的变化对企业目标的影响，如社会政治风险、供应链风险、市场风险、竞争对手风险、技术革新风险、法律法规风险、自然地理环境风险、灾害风险等。企业的内部风险则表现在企业的决策和经营活动中。在评价风险管理的有效性时，人们还会用到固有风险和剩余风险的概念。前者与后者是相对于某一风险管理手段的应用实施而言的。也就是说，在没有实施该风险管理手段时的风险称为固有风险，而实施该风险管理手段后的风险称为剩余风险。应当指出，在给定风险管理的现状时，固有风险和剩余风险是一样的。

三、全面风险管理

"指引"中定义的全面风险管理，是指企业围绕总体经营目标，通过在企业管理的各个环节和经营过程中执行风险管理的基本流程，培育良好的风险管理。

2. 企业风险理论沿革

"风险管理"作为一种经营和管理的理念，具有悠久的历史：西方几千年前就有"不要把所有鸡蛋都放在一个篮子里"的谚语；中国古代著名的"积谷防饥"典故以及"义仓"制度、"船帮"组织等都具有现代风险管理思想的雏形，而分船运输、镖局押运等则是分散风险、转移风险的有效方法。现代意义上的风险管理思想出现在 20 世纪前期，如法约尔的安全生产思想、马歇尔的"风险分担管理"观点等。风险管理作为一门学科得到系统的发展则是开始于 20 世纪中叶：1950 年，加拉格尔在《风险管理：成本控制的新阶段》的论文中，提出了风险管理的概念。风险管理理论的发展，主要经历了三个阶段。

1) 第一阶段：20 世纪 50 年代到 20 世纪 70 年代

20 世纪 50 年代到 20 世纪 70 年代，关于风险管理的理论倾向主要是防范和管理企业面临的纯粹风险(不利风险)；企业风险管理所采取的主要策略就是风险回避和风险转移，保险成为主要的风险管理工具。通用汽车公司的火灾事件以及美国钢铁行业的工人罢工都对企业的正常经营造成了严重的影响和损失，成为推动企业风险管理理论发展的重要契机。

本阶段风险管理理论的第一个重要领域，是对风险管理对象的界定和研究。20 世纪以来，理论界一直把风险管理的对象分为纯粹风险和投机风险两类，并将纯粹风险作为风险管理的对象和目标。其实，将风险分为纯粹风险和投机风险是一种基于责任划分的方法，是针对损失而言，并非针对风险而言，因此与其将其分为纯粹风险和投机风险，不如将其分为纯粹损失和投机损失，因为这样更能体现风险经理的真正着眼点——损失问题。

第二个重要领域是，对企业的保险决策和投保行为，以及保险在应对企业风险中的重要作用和普遍性的研究。Greene(1955)对风险管理的定位就是保险购买者。1955 年，在《管理评论》上发表的论文《对风险问题的一种管理方法》，认为保险作为企业管理风险的最重要手段应该得到企业管理层和股东的重视，认为保险是企业支出的各种成本中最具有价值的部分。Denenberg 等(1966)也强调了保险在这个阶段风险管理中的重要作用，指出风险经理的重要职责就是为企业确定合适的保险策略和保险产品，以至于将风险经理的名称改为"保险和风险经理"。Snider(1956)、McCahill 和 Jr(1971)强调，风险管理部门在企业的组织结构中不仅要具有一定的地位，向最高管理层汇报工作，而且要与财务部门保持良好的沟通和配合。

第三个重要的领域是，将风险管理理论融入主流经济学和管理学的分析框架中。一方面，通过将风险管理理论与传统的企业理论相结合，将风险管理的决策过程与企业的整体决策相融合；利用资本资产定价模型，企业的决策规则拓展到最优自留比例、累计免赔额的选择以及选择储备政策等方面，使得风险管理融入金融市场理论中；而利用边际分析工具来确定风险管理的最优策略，则标志着风险管理在理论上进一步成型，并成为金融学的一个重要领域(Cummins，1976)。另一方面，William G. Scott 的复杂组织系统模型与风险管理相结合，通过对企业基本系统和分支机构的规整，将企业的整体目标与风险经理的日常目标有机统一起来，进而将分支机构的考核目标转向对企业整体风险识别和衡量的贡献，并考虑这些分支机构之间的相互关系以及这些相互关系的动态特征，从而为风险管理学科的发展提供了理论来源(Close，1974)。

2) 第二阶段：20 世纪 70 年代后期到 20 世纪末

风险管理的对象主要是业务和财务成果的波动性，风险管理的工具也在保险的基础上实现了很大的发展，新的衍生品和另类风险转移(ART)担当了重要的角色。20 世纪 70 年代，布雷顿森林体系的崩溃使得汇率的波动性明显加大，原油价格的大幅上涨使得企业的生产成本难以控制；进入 20 世纪 80 年代后，高通胀、利率波动以及多起货币和信贷危机使得企业的经营面临更大的不确定性，而投资者对这种收益的波动性表现出明显的厌恶情绪。特别是，跨国公司面临着尤为明显的汇率风险，汇率的波动影响企业的已实现利润、持有的金融资产的价值以及预期的收入。同时，在具体策略和措施的实施中也受到企业的风险态度的影响，针对不同的货币，企业存在着不同的管理行为和策略：在"软"通货中，企业往往会采取有力措施来抵消可能会带来的未预期损失，相反在"硬"通货中，企业偏向于保留部分正向敞口。在这个阶段，随着资本市场和保险市场的融合，发展出了新的风险管理工具——ART(另类风险转移)。ART 是一种综合保险和衍生品两者特点的风险转移产品，是一系列非传统风险转移产品、风险工具和风险技术的总称，也称为结构性风险管理工具。其中，专属保险公司的发展非常迅速。此外，以芝加哥交易所交易的巨灾期权产品为代表的基于资本市场的保险衍生品的出现，使得保险行业具备了从资本市场获取所需的再保险能力，资本市场也因为这些新的产品类型的出现而能够更好地发挥其职能(Canter 等，1997)。结构性工具的大量应用在方便企业进行风险管理的同时，也由于其杠杆性的特点会放大企业使用策略不当造成的损失，因此衍生产品的使用和管理策略就变得十分重要。因此，企业进行风险管理和衍生品交易时，应当密切关注竞争者的对冲策略(Froot 等，1994)。而 Cummins 等(2001)的研究发现，尽管风险和非流动性的测量与保险人的决策有着正面的联系，但是对于那些运用衍生品进行风险对冲的公司来说，风险指标却与对冲的深度和广度有着负面的关系。

3) 第三阶段：21 世纪以来

进入 21 世纪以后，随着全球经济一体化进程的加快，企业面临的风险不断增加，各种风险的影响和潜在后果也随之放大，加之金融衍生品交易的复杂程度和频率都迅速增加，对企业的持续经营提出了严峻的挑战，企业必须突破传统的风险管理模式，从更加综合、全面的视角来分析和管理面临的风险，因此，风险管理发展到了全面风险管理的阶段。全面风险管理的出现和应用为企业风险管理提供了新的方法和工具，其应用领域十分广泛，从企业、非营利机构到政府都逐步引入这个分析框架。

二、企业风险的特征及类型

1. 企业风险的特征

企业风险具有以下特征。

(1) 从风险总体上说，企业风险是以企业组织这一特殊群体为风险的承载主体。不仅某一企业以外的组织、个人以及社会、国家不作为风险承载主体，而且企业内部的员工、个人也不能作为企业风险的承载主体。尽管企业原员工个人可能要承担部分有关风险的责任，但从性质上说，任何企业风险都是一种集体的风险，即对整个企业价值造成相关损失的风险。因此它的承担者是作为员工集体的企业集体。明确这一点不是减轻了企业员工(包括管理层)的风险责任，相反是加重了企业员工的个人责任，因为个人原因造成的企业风险伤害或损失的是企业的每一位员工。这是作为群体组织风险的普遍特征。

(2) 从风险客体、风险源上说，企业风险主要是一种企业内生风险。我们并不否认，从风险的最终来源上讲，企业风险也有内外之分，企业面临的外部风险源同样也可以导致企业重大风险。但是我们应当追问：面对同样的外部风险源，为什么一个企业发生了相对应的风险事故及损失，而另一个企业没有发生？或者即使发生了风险事故，其损失远远低于前者。我们认为根本原因在于企业内部风险源不同，在于企业内部的风险控制、管理系统不同，在于企业内部对风险的控制力、执行力不同。在这种意义上讲，企业风险主要是一种企业内生风险。明确这一点，有助于企业加强内部控制，改善企业经营管理制度，减少企业内生风险源，提升企业风险管理水平。

(3) 从风险标准上讲企业风险是一种典型的目标偏高风险。对企业组织这一最典型、最普遍的经济利益共同体来说，企业目标(利益目标)是企业成立、运作、生存、死亡的基本标志，也是企业价值的重要载体。因此目标偏离企业活动中可能出现的某一事件，对既定或预期目标实现的偏离，是任何企业要面对和处理的基本风险。在此意义上，我们认为企业风险是一种以企业价值目标偏离为典型标志的特定风险。尽管有些人类活动没有明确的目标和预期的目标因而风险来临了，也不知道风险损失是否形成了，进而不认为是偏离了什么目标。但至少对一个有组织、有计划、有价值诉求，并有自觉管理制度的企业来说，不可能没有明确的目标，也不可能没有目标偏离的意识。对企业来说，目标达成最重要，因而防范偏离目标的风险最紧要。

（4）从风险价值及风险损失上说，任何企业风险最终都将导致某种经济风险，企业风险的一切损失，包括生产的、财产的、管理的、信用的、直接的、间接的、综合的损失，最终都会导致某种经济损失。这一特点根植于企业组织的经济性质，任何企业区别于其他社会组织的根本点就在于它是一种典型的经济组织，经济功能是它的基本功能，其他功能或是派生的或是从属的。因而无论从企业自身的经营视角来看，还是从社会政府的管理期待视角来看，都是把企业看作基本的创造经济价值的共同体来对待。企业价值说到底主要是或首先是企业的经济价值，这种传统的观点有强大的生命力，因而在许多企业风险管理框架中，企业价值被指为"市值"。上市公司的企业价值在通常情况下是指股东权益价值，而股票价值是股东权益的衡量指标，这又依赖于公司未来期望净现金流。未来期望净现金流的意外变化，就是企业价值被动的主要风险源，这样，企业风险最终表现为财务风险。明确这一点，应该说明了企业内部控制风险管理的核心目标和关键环节，企业经济风险是企业的最大风险，财务风险是企业风险的风向标、晴雨表。

2. 企业风险的类型

企业面对的主要风险分为外部风险和内部风险两类。外部风险主要包括政治风险、合规风险与法律风险、技术风险、自然环境风险、市场风险、产业风险等；内部风险主要包括战略风险、运营风险、财务风险等。

1）外部风险

（1）政治风险。企业面临的政治风险从两个不同角度加以区分。第一，国家特有的风险和企业特有的风险。前者影响该国境内所有的外国企业，又称宏观风险，它最为国际银行家所关注；后者具体影响某一行业、某一企业或某一项目，是微观风险，是企业最为关注的对象。第二，影响资产所有权的政治风险和影响企业经营的政治风险。前者如某国法律要求外资方部分放弃企业所有权，后者如影响企业现金流量和收益的政策规定等，后者较前者对企业更重要。政治风险很少引起企业经营的中断，而往往只是一些限制，如限制自由定价，规定工业制成品的地方含量，以及限制职员和管理者移居国外等。因此，政治风险管理，是指企业采取一系列措施，用以估计意外政治事件发生的可能性，预计此类事件会如何影响企业的利益，保证企业利益不因此受损或尽可能减少损失，并设法从中获益的过程。

（2）合规风险与法律风险。合规风险与法律风险都是现代企业风险体系中重要的部分，两者各有重合，又各有侧重，两者都是为了通过加强管理行为来防范可能发生的各类风险，为企业减少风险损失。

合规风险是指因违反法律或监管要求而受到制裁，遭受金融损失，以及因未能遵守所有适用法律法规、行为准则或相关标准，而给企业信誉带来损失的可能性。

法律风险是指企业在经营过程中因自身经营行为的不规范，或者外部法律环境发生重大变化而造成的不利法律后果的可能性。通常来讲，法律风险就是基于法律的原因，可能发生的危险及其他不良后果。

(3) 技术风险。技术风险的定义有广义和狭义之分。广义的技术风险是指某种新技术给某行业或某些企业带来增长机会的同时，可能对另一行业或另一些企业形成巨大的威胁。狭义的技术风险是指技术在创新过程中，由于技术本身的复杂性和其他相关因素变化产生的不确定性，而导致技术创新遭受失败的可能性。包括纯技术风险及其他过程中由于技术方面的因素所造成的风险。如技术手段的局限性、技术系统内部的复杂性、技术难度过高、产品寿命的不可预测性、替代性技术的缺乏等原因，都可能导致技术创新夭折。此外，如果技术创新目标出现较大起伏，企业现有科研水平一旦不能满足新技术目标的需求，那么技术创新就会面临失败的风险，这些风险均属于狭义范畴的技术风险。

(4) 自然环境风险。自然环境风险是指企业由于其自身或影响其业务的其他方造成的自然环境破坏而承担损失的风险。企业需要关注的不仅包括企业自身对自然环境造成的直接影响，还应包括企业与客户和供应商之间的联系。

(5) 市场风险。市场密切险包括：产品或服务的价格及供需关系带来的风险，能源、原材料、配件等物资供应的充足性、稳定性和价格的变化带来的风险，主要客户、主要供应商的信用风险，税收政策和利率、汇率、股票价格指数的变化带来的风险，潜在竞争者和替代品的竞争带来的风险等。

(6) 产业风险。产业风险，是指特定产业中与经营相关的风险。这一风险与企业选择在哪个产业中经营直接相关。在考虑企业可能面对的产业风险时以下几个因素是非常关键的：①产业生命周期阶段，指产业会经历导入期、成长期、成熟期及最后的衰退期。②产业波动性。波动性是与变化相关的一个指标。③产业集中程度。在产业集中度高的产业，在企业具有竞争优势，特别是受政府保护的垄断产业中，某些国家公用事业、公司或政府所管理的公司面临很小的竞争压力和风险，而在这样的产业中新进入者就面临着很高的进入障碍和风险。

2) 内部风险

(1) 战略风险。企业缺乏战略风险控制，体现在三个方面：一是缺乏明确的发展战略或发展战略实施不到位，可能导致企业盲目发展，难以形成竞争优势，丧失发展机遇和动力。二是发展战略过于激进，脱离企业实际能力或偏离主业，可能导致企业过度扩张甚至经营失败。三是发展战略因主观原因频繁变动，可能导致资源浪费，甚至危及企业的生存和持续发展。

(2) 运营风险。运营风险是指企业在运营过程中，由于外部环境的复杂性和变动性，以及主体对环境的认知能力和适应能力的有限性，而导致的运营失败，或者使运营活动达不到预期的目标的可能性及损失。运营风险并不是指一种特定的风险，而是包括一系列具体的风险，例如企业产品结构、新产品研发方面可能发生的风险，质量、安全、环保、信息安全等管理中发生失误导致的风险，因企业内外部人员的道德风险或业务控制系统失灵导致的风险，等等。

(3) 财务风险。财务风险是指公司财务结构不合理、融资不当，使公司可能丧失偿债能力，而导致投资者预期收益下降和陷入财务困境甚至破产的风险。财务风险是企业在财务管理过程中必须面对的一个现实问题，财务风险是客观存在的，企业管理者对财务风险只有采取有效措施来降低风险，而不可能完全消除风险。

第二节　新创企业风险防范实战训练

一、新创企业风险概念界定

1. 新创企业定义

新创企业，又称为初创企业或新企业，通常指刚刚创立不久，正处于创业期的企业。对于创业期的界定，基于组织和战略的不同视角，其界定标准也各有不同。国外的研究中很多以 8 年为限，创业时间少于 8 年的企业称为新创企业。本书主要读者是大学生，为大学生创业企业进行指导，由于大学生新创企业知识获取和吸收能力的培育和形成均需要较长的一段时间，新创企业真正走向成熟实际上需要更长的时间，因此，根据本书所研究的对象和研究内容，本书将新创企业界定为成长年限在 8 年以下的未成熟企业。

2. 新创企业风险界定与指标体系建立原则

新创企业风险是新创企业在成长和发展过程中，遇到了各种各样的风险或危机。创业风险可以分为两类：一类是系统风险因素，是创业者和新创企业本身控制不了的风险因素，主要是创业环境中的风险因素；另一类是非系统风险因素，是新创企业在一定程度上可以控制的风险因素。

新创企业仍然具有一般企业风险的内涵和特质。只是因为新创企业的特殊性，需要对新创企业的创业风险进行针对性的综合评价，必须要建立相应的评价指标体系，只有建立针对性的风险评价指标体系才能有效揭示新创企业的实际风险。建立完善的新创企业风险评价指标体系需要知晓体系本身是因各种因素不断变化的，因此首先要确立指标体系需要遵循的原则。

(1) 全面性。评价指标体系要具有全面性，在文献计量分析和对风险形成机理进行分析的基础上，分析新创企业内外部面临的各种风险因素，保证评价指标体系能够反映出新创企业在创业过程各方面的风险因素。

(2) 合理性。风险评价指标的选取要合理，所选取的风险因素指标必须有客观根据，在全面分析各种风险因素的基础上，合理排除相关性较小或者可以忽略不计的风险因素，确保风险评价指标体系科学合理。

(3) 可测性。对新创企业创业风险进行定量分析和评价，必须要有数据支撑。构建的指标体系必须要具有可测性，可以通过专家调查等方式对风险因素的评价指标进行梳理确定。

(4) 层次性。新创企业创业风险是一项复杂的风险问题，对其进行评价时指标体系构建要具有层次性。新创企业创业的风险来自多个方面，每个方面又包含多个风险因素，在指标体系构建的过程中，要对评价指标进行层级划分，合理设计多个层级的评价指标，构建科学的评价指标体系。

(5) 系统性。评价指标体系的构建要遵循系统性原则，整个评价指标体系内部要合理、不冲突，指标构成的逻辑关系不重复、不混乱。同级别指标之间不允许有重复，一个二级指标只能隶属于一个一级指标，不能出现一个二级指标隶属于两个及两个以上的一级指标的情况，计量方法也要协调一致。

二、大学生新创企业风险

1. 大学生新创企业风险一般特征

1) 经验不足与资源欠缺

大学生创业项目风险管理过程中存在的问题主要体现在两个方面：社会经验不足，有效资源不足。对于社会经验不足方面，这是当代大学生创业过程中共存的问题。刚毕业的大学生或者在校大学生，作为创业者，自身经验就其他社会人群而言，在阅历与心理素质上呈现出一定的差距，关于创业首先表现出没有足够的经验，只能借鉴他人的创业的历程。但是创业项目又不是完全一致的，对于自身创业项目来讲，多数呈现出摸着石头过河的局面。社会经验不足是创业失败的主要原因之一，根据相关调查显示，30%~45%的大学生创业过程中，项目失败是由于经验不足所导致的。大学生对于创业项目的选择，创意一般都具有前沿性，但是有效资源不足这是大学生创业项目风险管理所面临的另一个重要问题。首先体现在社会关系不足。由于我国的历史文化原因，社会关系也是大学生创业所需要考虑的。其次是资金方面的不足。对于大学生创业项目，政府都制定相关的优惠政策，目的就是有效解决大学生创业资金难的问题，但是并不是所有的大学生创业项目都能得到，在资金使用的审核上一般较为严格。最后是技术以及相关人才的不足。资金上的不足制约着技术与人员的不足，大学生创业项目一般为同学合伙或者自身一人，规模一般较小。综上所述，大学生创业项目风险管理过程中，主要应先解决自身社会经验不足的局限性与有效资源的不足。

2) 市场预测能力不足

大学生的项目创意一般较为新颖，但是对所创项目在市场的预测可能存在不足，比如：是否通过有效的市场调研，是否过于理想化地进行推测。大学生一般主观意识较强，对市场前景的预测不能过于主观化，对于产品设计要经过对市场经过深入的调查，对市场前景的预测可以根据市场的调研报告结果做出合理的预测。但是由于资金投入的局限性，市场调研范围选择存在一定的局限性。创业项目风险管理中，要对所创项目进行充分的市场调查，项目的后续管理才有市场依据做指导。

3) 创业项目扩张过快

对于大学生创业项目做出选择之后，资金等资源已经投入，前期项目进行较为顺利，这种情况对于大学生是个良好的开端。但是也存在部分创业者，过于急于求成，主观判断产品市场反馈较好，应该扩大所创项目，这是项目风险管理中常见的现象。通过对大学生创业项目风险管理的调查问卷结果分析显示，30%的大学生创业者选择前期市场反馈较好情况下进行项目的扩展。但是要注意到项目扩张的速度与规模要与市场需求相协调，要在风险管理中避免项目过快地扩张。

4) 风险承受能力不足

创业是否成功取决于创业者自身抗压力与抵御风险的能力，受挫折的能力最体现创业者心理素质。大学生创业者中心理承受能力整体一般，对于不同风险出现时，50%~60%

的结果都是视具体情况而言。抗风险的心理承受能力是项目风险管理中较为重要的因素，很多大学生创业者针对具体风险事件表现出信心不足，甚至是逃避风险。心理因素会影响创业者的主观判断的能力。一个创业项目的进行，不可能是一帆风顺的，创业项目处于不同的阶段时，风险类型与级别会有所不同，所以在不同的时期，创业者对于风险的承受能力会有所不同。特别是创建之初，市场机会评估与实际出现不相符时，可能面临着前期资金无法收回的风险等。所以大学生创业者要具有积极向上的态度。

5) 企业管理不当

在受访的大学生创业者中，部分是选择以合伙企业形式存在，一般是选择同学或者朋友，这样所创业企业在管理上会出现责任不清，管理上具有一定的局限性。调查结果显示，创业项目以合伙人形式存在，大部分都比较信任对方，这就会忽视企业管理。清晰的企业管理制度是新创企业能够取得成功的关键。要突破企业管理不当的局面，要求创业者要撇开"同学之情"，明确划分各自的责任，借鉴成功企业的管理制度，并创新管理理念。

案例解析

郑立，重庆人，四川大学物理系专科毕业，2002 年创业。当时为重庆访问科技、星空互联两家公司的 CEO，在 2003 年创立了国内最早从事互联网音乐娱乐的分贝网，曾捧红《老鼠爱大米》《香水有毒》等网络歌曲和一批网络歌手，并在 2004 年和 2006 年间获得了来自 IDG 资本和上海贝尔的两轮风投，共计 800 万美元，一度为外界看好。

分贝网后期经营不善，面临财务问题，郑立为了尽快赚钱组织"小姐"通过涉黄聊天网站挣钱。2010 年其涉嫌组织网络淫秽色情事件被公诉，后法院判其有期徒刑 6 年。受创始人兼 CEO 不良消息影响的分贝网关闭，创业失败。

分析其失败原因有两点：一是不注意创业风险的预测和防范，对创业中可能碰到的风险没有清晰的认识，尤其是对财务风险没有做好防范措施；二是出现风险后，应当依法合理实施应对措施进行补救，而不是实施其他非法措施应对风险。

2. 大学生新创企业风险产生原因

大学生创业风险是指大学生在创业过程中由于创业能力不足、创业环境复杂、创业过程艰巨等原因导致的实际创业状况偏离预期目标的可能性。大学生创业风险既有自身主观方面的原因又有外部客观方面的原因。

1) 主观原因

大学生创业者自身主观方面的原因是产生创业风险的内因，主要表现在以下四个方面。

(1) 激情有余，理性不足。创业是创业者利用自身的专长和资源，努力寻求与市场的契合点，擦出创业灵感与创业点子，并使其转化为工商业活动，以期获得盈利和发展的全过程。因而，创业是需要激情的，但光有激情是不够的，还需要理性地看待和进行创业活动。创业需要有好的项目、好的创意、适合的商业模式、创业资金及明确的目标方向等，只有对这些内容进行理性的分析和选择，创业才有成功的基础。

(2) 创业大学生自身创业素质不足。想创业的大学生，不仅需要有扎实的学业基础，还要有一技之长和商业头脑。现在的大学生很多都想乘政策的东风进行创业，并希望解决就业问题。但是很多大学生没有对自身的创业素质进行分析，没有弄明白自己是否适合创业，一窝蜂地仓促地投入创业活动，结果后面出现很多问题没办法解决，造成创业风险甚至失败。

(3) 大学生创业团队协作精神不足。当今创业，内部、外部需要联络、沟通、协调及处理的事务很多，内部需要有包括管理、技术、创意、营销及财务等方面的协作，外部需要与政府、工商、税务、客户及供应商等进行联络、公关、沟通、协调等。因此依靠个人的智慧、努力和奋斗是不够的，一定要依靠团队的协作共进，才能更好地处理这些事务，降低创业风险，提高创业的成功率。

(4) 创业心态不够端正。如何看待创业、创业过程中遇到问题如何解决、如何看待创业的盈亏、如何平衡与同期其他大学生创业的进程对比等，都需要大学生创业者有良好的心态。现在的大学生创业较普遍存在的心态：梦想一夜暴富；碰到问题互相指责推诿；赚钱了就忘乎所以，亏钱了就抱怨发泄、士气低落；看到别的大学生创业比自己做得好就心理不平衡。这些都是创业心态不端正的表现，创业心态不端正也会导致创业风险的产生。

2) 客观原因

大学生创业风险的客观原因具体如下。

(1) 缺少大学生创业有效的配套政策和具体措施。国家层面已经出台了包括工商注册、税收优惠、融资便利及人事支持等方面的鼓励、支持政策，但有的地方的配套措施不到位，对大学生创业还存在着信心不足、信任不足，因而对大学生创业的扶持力度不够。因为曾经发生大学生创业失败引发一系列后续问题，有的地方或部门从谨慎性角度出发，对支持大学生创业持保留态度。

(2) 高等学校对大学生创业的理论和实践研究起步较晚，对大学生的创业教育和创业指导仍显不足。国外大学生创业历史比较早，国外高校对大学生创业的研究也比较早，研究成果比较成熟，指导性也比较强。例如，美国在 20 世纪 40 年代就开始了大学生创业研究和教学，并不断地丰富和发展创业教育，进行创业指导。英国高等教育学会为学生提供创业技能教学的材料，利用学会的各种小组以及各个学科中心的工作为高校创业教育提供学术支持。国外的这些创业教育和创业指导，对大学生创业取到了很好的指导作用，降低或回避了很多风险，提高了抗风险能力。而中国以 1997 年"清华大学创业设计大赛"为开端，1999 年中国教育部在《面向 21 世纪教育振兴行动计划》中首次提出要加强对教师和学生的创业教育，鼓励他们自主创办高新技术企业。所以中国正式的创业教育和指导比西方整整晚了 50 年。近些年，中国高等教育对大学生进行创业教育和指导在国家鼓励大学生创业的大背景下逐步兴盛，但对结合社会实际的创业指导仍显不足。

(3) 整个社会对大学生创业的认同和支持度仍然不够。社会上目前普遍认为，创业者一般需要在社会上工作和经历一段时间，积累相当的社会阅历、管理经验、技术专长及初始资金等，才适合或有资本进行创业。而大学生的成长历程一般都是学习专业知识，最多参加一些社会实践和实习，比较大的优势一般只有一定的技术专长。所以大学生的创业，从家庭、社会的认同度和支持度等都是不够的，担心他们社会经验不足、资金不足、管理经验不足等，产生较大的创业风险，并很可能创业失败，进而引发一些后续的社会问题，如债权债务问题等。

3. 大学生新创企业风险一般类别

1) 财务风险

企业的财务风险一般在融资、投资、资金回收、收益分配、资金运用五个方面有所表现，大学生创业企业也不例外。融资不善、投资失败、资金回收缓慢、收益分配不当往往会造成严重的财务问题，为企业带来巨大的财务风险。

(1) 融资风险。企业初创期无疑需要大量的资金以建立企业并维持其生存和后续发展，然而如何获得充足的创业资金往往是大学生创业者们遇到的第一个难题。但是由于创业初期企业抵押物少，个人信用尚未建立，创业人员经验不足，银行、民间、证券、风投等金融机构难以信任大学生创业者们的盈利能力和偿债能力，故大学生们很难获得其投资。尽管政府对大学生创业有适当补助，但是门槛较高，很多大学生难以获得。所以初始资金主要来源于父母、家庭成员的资助、亲戚的借款和个人平时积蓄。对于孩子的创业，很多家庭都是倾其所有给予支持。鉴于大学生创业很难一次性成功，创业企业财务风险很大程度上会引起创业个人及其家庭的财务风险，甚至会影响到正常生活。

(2) 投资风险。正确的投资计划要么引领企业未来发展的方向，要么可以获取更多的收益有助于企业的进一步发展，但如果投资错误，会损失投资本金，甚至会直接导致企业破产。大学生有热情，有韧性，敢于尝试，但是考虑问题可能遗漏关键因素，可能急于求成，一部分人可能缺乏相关的潜质等原因，导致投资失败。

(3) 资金回收风险。资金回收分为两个步骤：产品或服务成本转化为结算资金，结算资金转化为货币资金。这两个转化过程的时间和金额不确定性就是资金回收风险。导致资金回收风险的内因主要为企业管理者决策水平不够高，管理不够规范，这是可以人为改善的因素，创业者们需要制定相应的控制管理措施。应收账款是资金回收风险的重要方面，在现实生活中，因为大学生缺乏社会经验，识人能力差，被人恶意拖欠货款或者赖账，容易导致企业资金链断裂，限制了企业下一步的成长。同时，创业初期市场推广缓慢，订单比较少，有些大学生创业者会轻易降低产品或服务定价，该举动增大了资金回收风险，不利于企业长远发展。可见，资金回收风险时常伴随在大学生自主创业活动的左右，对此绝不能掉以轻心。

(4) 收益分配风险。大学生创业时经常以团队形式出现，一般以合伙企业的形式成立，由此成员可以发挥各自的优势，取长补短。然而在分配收益时，每个人的想法不同，尤其是技术入股、资产入股的价值不好衡量，容易产生争议。一旦问题解决不当，矛盾会被激发，甚至造成内部分裂，企业倒闭。

(5) 资金运用缺乏规划。很多大学生创业缺乏基本资金规划，加上融资艰难，很快就会资金告罄。例如下面这个小案例：小刘同学在学校附近开了一家奶茶店，开店之后，生意不错。看着生意不错，虽然店面还没有完全盈利，小刘同学就向银行借款又在学校附近开了第二家店。但不久后两家店客源因为各种原因减少，店面运营成本和银行贷款还款压力使得小刘同学难以负担，最后创业失败还背负一身债。

2) 管理风险

管理风险是指管理运作过程中因信息不对称、管理不善、判断失误等影响管理的水平。新创企业因为建立初期管理上未能形成成熟的管理体系，需要把握以下管理风险。

(1) 管理者的素质风险。管理者素质因素包括单个的个人和群体的管理层。管理者个人素质因素包括品德、知识水平和能力三方面。品德是推动管理者行为的主导力量，决定其工作愿望和努力程度及外界对他的价值评价，影响着人际关系，对管理效果和效率有直接影响。技术创新对初创企业是一项艰难的活动，一方面管理者的任务更艰巨，另一方面参与创新的人员更需要多方面激励；鉴于初创企业资源方面的劣势，管理者品德对这两方面的影响就显得十分重要。知识水平体现在管理者对创新过程的理解和进行组织管理上，影响着他与创新的人员交流和沟通。能力反映管理者干好本职工作的本领，包括应具备的心理特征和适当的工作方式。依据不同规模的企业状况对管理者应具备的基本能力结构进行分析研究的结果表明，相对于大型企业，初创企业领导人在技术能力、商业能力上要求更高，初创企业领导人往往是技术创新的发动机，往往更多地直接参与创新过程；作为能力的另一因素，他的创新意识直接决定着整个企业的创新发展。管理层的素质因素主要是指管理者年龄、知识、能力的结构搭配及互补；在初创企业发展和上升时期管理层应偏重于中青年创造锐意进取的气氛，对企业技术创新持积极的态度。

(2) 组织结构因素风险。组织结构是指组织内部各级职务职位的权责范围、联系方式和分工协作关系的整体框架，是组织得以持续运转、完成经营管理任务的体制基础。组织结构制度制约着组织内部人员、资金、物资、信息流动，影响着组织目标的实现。因此，组织结构决定着技术创新的各个环节，对技术创新成败有着决定意义。初创企业由于其组织结构层次较简单、等级制度不严、人员相对较少，因此信息流动与沟通较为顺畅，技术创新的内容和方向容易迅速达到一致，但负面信息起作用也迅速；由于其组织灵活性较强，"船小好调头"，但当创新方向因此而多变时，往往导致"东边不亮，西边也不亮"的后果；由于其高的开放程度和较快的经验积累速度，利用技术创新成长具有"后发优势"，但可能造成"饥不择食"甚至"饮鸩止渴"的后果；而其组织的高效率也会产生正反两方面的实行效果。所以初创企业的组织结构对管理风险具有根本性影响。

(3) 企业文化因素风险。企业文化是企业员工较长时间形成的共同价值观、信念、态度和行为准则，是一个组织特有的传统和风尚，制约着全部管理的政策和措施。企业文化不同于组织结构的刚性影响，是以其文化对管理活动产生柔性影响。管理的中心是对人的管理，而人是由文化塑造的受到一定文化价值观指向的主体；因此企业文化能够通过寻找观念共同点和建立共同的价值观，强化组织成员之间合作、信任和团结，使之产生亲近感、信任感和归属感，实现文化认同和融合，使组织具有向心力和凝聚力，从而形成共同行动和齐心协力。在初创企业技术创新管理中，这种凝聚力可以使企业集中有限资源，群策群力进行创新活动；而如果企业没有发展与其相适应的朝气蓬勃的企业文化，因循守旧，小富即安，则成为技术创新巨大障碍。因此，初创企业在创立之日起应着力于塑造积极向上、鼓励创新的氛围。

(4) 管理过程因素风险。管理过程直接影响初创企业技术创新的成败，一般有相互关联的计划、组织、领导、控制四个因素。计划是对未来的安排，应根据实际情况，通过科学、准确的预测，提出在未来一定时期内的目标及实现目标的方法。对于缺乏资金的初创企业，经济性格外重要，要讲究计划的经济效果，以求用最少的投入获得最大的收益。计划制定后，企业技术创新目标和如何实现目标已经明晰，必须严密组织。初创企业由于人才较为缺乏，因此在人员配备时要充分把握因事择人和因才起用的原则。因事择人需要管理人员根据技术创新过程中各个环节和专业的具体职位要求，选择具备相应知识和能力的人员。因才起用则要求管理人员充分利用本企业有限的人力资源，深入了解员工的能力和素质为其安排相应的工作，做到人尽其才，既激发员工的工作热情，又提高了企业人力资源利用率，保证技术创新的效率。对初创企业技术创新，领导十分关键，他要指挥、引导、支持和影响参与人员为实现特定目标而努力。领导者应创造满足参与创新人员各种需要的条件和建立激励机制来激发大家的创新动机，善于调动员工的积极主动性，发挥创造力，鼓舞士气，不怕失败，振奋精神，使参与技术创新的人员都自觉地融入创新的工作目标中去，为实现共同目标而努力工作。技术创新的控制是监视创新的各项活动，保证它们按计划进行，并纠正各种偏差的过程，并在必要时调整计划。管理层应该关注以下几方面的监控信息的准确及时、标准的合理可靠、关键环节的控制：注意例外处理，保持灵活有效，适时组织纠正行动，讲究经济效益，注重培养员工的自我控制能力。

　　3）　法律风险

　　在市场经济下，政府往往会通过强有力的政策性规定、市场机制、效益机制实现对商业领域的调节与引导。因为政策的不稳定性，对政策依赖性较强的企业的经营风险会大大增加。如 2018 年 6 月份，美国政府对从我国进口约 500 亿美元商品加征关税，导致我国相关行业的企业和近百家上市公司受到了较大的冲击。新创企业面临的法律风险具体如下。

　　(1)　新法规风险。法律具有滞后性，往往在一个商业行为发生后，立法者才会根据这一行为进行立法约束。若企业在经营过程怠于行使法律审查就会面临这类风险。例如，我国劳务派遣这一用工形式自 20 世纪七八十年代便出现，20 世纪 90 年代便大量推进适用，我国《劳务派遣暂行规定》于 2014 年 3 月 1 日施行，其中关于用工单位劳务派遣用工量不得超过用工总量的 10%的新规定，便是涉及劳务派遣用工的企业需要关注的新法律法规。

　　(2)　内控法律风险。所谓内控法律风险，即企业职工违反相关规定，造成企业损失的一种风险。而人员的良好管理有助于企业的稳定发展。内控法律风险一般表现在以下方面：员工利用本企业商业秘密牟利，员工非法侵占公司财产，员工滥用职权损害公司利益，等等。

案例解析

　　2012 年，甲与乙、丙共同出资成立公司。2013 年 10 月，公司股东会决议聘用丁为公司员工，如丁完成年毛利指标，按占公司 20%的股权比例，分享公司 20%的利润；如公司经营亏损时，按亏损额的 20%承担责任，并享有 20%的表决权等事宜，并签订聘用合同至 2016 年 10 月。2015 年 10 月，甲将股份转让给戊，并变更戊为法定代表人。聘用合同到期，后公司未与丁续签劳动合同。除公司尚未分配利润外，聘用期间公司都是按利润的 20%给丁奖励。之后丁认为自己一直享有分红是公司股东，向法院起诉要求确认自己的股东身份并提出分红要求。这个案例就是企业内控法律风险的一种体现。

　　(3)　合同法律风险。合同法所规范的契约关系是开展经济活动的主要载体。在企业法律风险中合同风险是主要的风险。合同风险会出现在企业任何一个项目，从谈判到履行完成。合同法律风险主要表现在：合同主体不适格、内容约定不明、合同解除和违约责任风险、法律语言偏差等。合同法律风险往往会给企业带来诉讼风险。

（4）诉讼法律风险。任何一个合同主体都会面临民事诉讼的风险，而大部分诉讼风险是由合同法律风险所带来的。此处企业的诉讼法律风险更多的是指企业面临诉讼没有采取积极的方式避免损失的扩大的风险。

（5）知识产权法律风险。作为全国首批三家知识产权法院之一的广州知识产权法院，自 2014 年起共受理 28 352 件知识产权案件。其中，仅 2018 年 1 月 1 日至 11 月 30 日接受案件共 3320 件，案件标的总额达 10.77 亿元。随着知识产权纠纷案件数量的增长，说明了市场对于知识产权相关利益的争夺日渐激烈。因此，企业在经营活动中除了依法保护自身的知识产权，还要避免侵犯他人的知识产权。

三、新创企业风险预测

1. 新创企业风险预测的一般原则

大学生新创企业很多是知识密集型企业，因此构建新创企业成长风险预警系统应遵循以下原则。

1）全面性原则

大学生新创企业很多是知识密集型企业。知识密集型新创企业成长风险预警系统，应对知识密集型新创企业成长风险的风险源及风险因素的识别要全面。针对知识密集型新创企业的特殊性，即企业成长作为较为重要的风险因素，设定相应的风险识别指标，从而找到更为科学的计量手段和方法，进而保证预警信号能够准确地反映知识密集型新创企业成长风险状况，使知识密集型新创企业成长风险预警系统发挥最大的作用。

2）预防性原则

风险预警系统的主要职能就是帮助企业避免不必要的风险发生，因此预防性就是知识密集型新创企业成长风险预警系统的主要职能。构建知识密集型新创企业成长风险预警系统要有效预报危机，通过系统可以及时、准确地推测出企业危机发生的原因，可以通过计算的手段估算出危机爆发可能造成的损失程度，并发出相应的预警。预防性原则也是构建知识密集型新创企业成长风险预警系统的基本原则，同时预防性原则要求系统输出的预警信号对风险源与风险因素的鉴定具有前瞻性。

3）及时性原则

风险预警系统发出的预警信号要及时，从而可以通过信号的相关内容对知识密集型新创企业成长风险进行分析，进而对企业进行整改；如果信号发出比较滞后，企业管理者不能及时地对企业进行整改。

4）普遍性原则

对于知识密集型新创企业成长风险的研究及知识密集型新创企业成长风险预警的建立，要以宏观的角度尽心分析和研究，各知识密集型新创企业虽然具体情况不同，但是成长方式及面临的风险是相似的。因此，构建知识密集型新创企业成长风险预警系统要具有相对的普遍性，进而有利于对知识密集型新创企业成长风险进行统一的测度和分析研究。

2. 新创企业风险预测的路径

1）风险预测的方法

风险预测至今已经有一套完整的方法。到目前为止，中外使用过的方法达一百多种。

这里只介绍三种适合对商业风险进行预测的方法。

(1) 个人判断法，这是凭借预测人员的经验和智慧分析判断风险的方法。其过程是首先调查有关方面的情况，经过分析利弊，权衡轻重，然后做出预测。这种方法简便易行，只要预测人员能深入调查，对实际情况了解得全面、透彻，做出的预测就比较准确。

(2) 集体讨论预测法，就是把了解情况的有关人员集中在一起座谈讨论，进行集体预测。它又分三种形式：①企业领导者意见法。就是集中企业主要领导者，也可包括销售、供应、财务等有关方面的负责人开会交换意见，对经营前景进行预测。②经理顾问意见法。这种方法的优点是能够集中有预见经验的智囊人员和领导者的智慧，预测迅速而且比较准确。③专业人员意见法。这种方法的优点是提供意见的人都具有专业知识和技术，了解某一方面的具体情况，因而预测切合实际。

(3) 主观概率法，又叫意见综合法。这种方法是根据若干个预测风险发生的可能性(概率)进行判断，求出预测者本人预测的期望值(期望值=各个估计值与其对应的概率分别相乘再相加)，在此基础上把各人的期望值加以综合，求得综合预测值，即为预测结果。

2) 具体风险的预测

随着小企业的成长发展，创业过程中一般会出现以下几种风险：开业后头 3 年可能出现开业风险、现金风险、市场风险、技术风险和人员风险；第 3~7 年可能出现授权风险和领导风险；第 7~10 年可能出现财务风险和兴旺风险；开业 10 年后可能出现管理上的接班风险。下面就其中较重要的五种风险进行介绍。

(1) 开业风险：开业风险是指容易在开业阶段发生的风险。它有两个特征：一是在所有风险之中最早到来；二是它是许多企业最终倒闭的根源。例如，巨人集团在创业之初，通过在计算机领域的卓越表现，一跃成为中国极具实力的计算机企业。可随后为了追逐潮流，毅然向陌生的房地产和生物保健品领域进军，如此不当的多元化经营把巨人集团送上了破产之路。这种风险实际上就是开业风险。最易导致的开业风险有：经营者对市场上冒出的暂时需求匆忙做出反应，或者看到别人赚了大钱，也盲目跟着上；多数经营者缺乏全面管理能力；没有建立必要的财务会计管理系统，致使企业制定重大决策缺乏可靠依据；草率估算或低估企业的资金需求；错误选择设备和技术。防范开业风险的对策有：在你最熟悉的行业办企业；制订符合实际的，而不是过分乐观的计划；反复审查项目建议，删除其中过热的设想；在预测资金流动时，对收入要谨慎一点，对支出要留有余地；一般要留出相应的准备金，以应付意外；没有足够资金不要勉强上项目，发现问题时要立即调整。

(2) 现金风险：只有提供足够的现金，企业才能生存。防范现金风险的措施有：在引进技术前对所引进技术的先进性、经济性和适用性进行评价，使引进的技术买得起、用得上、用得好、出效益；联合进行技术开发与研究时，应注意与资信程度好、技术实力强的单位进行合作；在技术开发的过程中应加强技术管理，建立健全技术开发和管理的内部控制制度，对科技人员实行特殊的优惠政策，防止因技术人员外调引起技术流失，保证技术资料的机密性；建立有效的技术风险预警系统，使企业能够超前行动，防患于未然。

(3) 人员风险：拥有确保企业运营和发展的人力资源是创业者赖以成功的基石。例如，郑州亚细亚集团，曾经在全国商场中掀起一场亚细亚冲击波，可是却因其内部控制的极端薄弱把自己引向倒闭的境地。特别是其在人事管理方面的随意用人、任人唯亲、排斥异己等都是极为严重的管理失误。人员风险的主要表现是：匆匆忙忙不加挑选地招募新员工；不能有效地通过面试挑选出合适人选；论资排辈，唯亲是用；没有建立起关于新雇员的记录；忽视了新雇员的初期安顿工作，导致其不久便流出企业；只以业绩论英雄；尚未建立完善的上下级信息沟通制度；没有进行必要的员工培训；未能在员工中形成优秀的企业文化。防范人员风险的对策为：建立完善的雇员选择标准，综合考虑技术能力和合作能力两个因素；面试所问的问题既要巧妙又要能表现实质，必要时向专家请教；不论人员来源，寻找最胜任工作的人选；记录并跟踪新雇员情况，熟悉各个职员素质及发展，做到人尽其才；友好对待并鼓励新雇员，使其早日适应新环境，进入工作角色；通过广泛的调查研究，运用现代方法进行科学的工作评价；建立合理的信息沟通及汇报制度，使创业者能充分掌握员工及企业动态；制订有效的培训计划，加大教育投资力度；加强员工内部凝聚力，发展独特而卓越的企业文化。

(4) 授权风险：企业在发展到一定规模后，业主会发现由他一个人管理全部业务的局面难以为继，必须向他人授权。授权风险的主要表现有：缺乏组织上的准备，不能有计划地在关键岗位上培养拟授权的对象；存在心理障碍，认为"只有我才能干好"，对下级缺乏信任感。有效授权的标志是：授权的责任明确；权责利相结合；对被授权者既要放手使用，又要建立监督约束机制。防范授权风险的办法有：物色有才能的助手；从考查入手开始，逐步由他人分担责任；向能够弥补自己弱点的人授权；准备以较高的工资、相应的地位和权力或分享利润等办法，留住关键人员；与其他小企业合并。

(5) 领导风险：当企业进入成长阶段时容易出现领导风险。领导风险的表现主要有：无法承担较大企业的管理责任；不授权别人分担责任，也不注意建立一个管理班子；不采用有效的领导和管理方式，工作不论轻重，都要亲自动手。防范领导风险的措施有：刻苦学习，接受培训，掌握现代企业管理知识；提倡管理创新，不凭老经验管理企业；集中精力抓好经营战略、长远规划以及与政府的关系等主要工作；建立企业的行政管理班子，给予权力，为他们提高领导水平创造条件。

四、新创企业风险应对

1. 新创企业风险应对一般原则

1) 建立重大风险评估能力

重大风险评估能力是指企业识别重大风险因素，评价其带来的损失程度及其发生的可能性的能力。重大风险识别能力是指创新型企业在持续创新过程中，识别出各类重大风险的风险因素并分析出这些风险因素发生的原因或者来源的能力。由此可见，重大风险识别能力包括两个方面：第一要识别出各种重大风险中的风险因素；第二要分析这些风险因素发生的原因或者来源，以便为以后的评估和应对提供参考。风险识别是风险管理顺利进行的前提，如果不能在风险发生之前尽可能全面地识别风险因素，完成风险识别过程，那么风险的评估和应对也都难以实现。重大风险识别能力也在很大程度上决定了企业的评估能力和应对能力。如果新创企业的重大风险识别能力有限，那么就算其评估能力和应对能力再高，企业的风险管理也变得失去了意义。重大风险评价是指在风险识别的基础上，对重大风险发生的概率和带来的损失程度进行衡量。其能力的高低决定着能否准确地找出最可能发生的重大风险，准确地估计出其带来的损失，并为重大风险应对提供正确的方向。

2) 建立重大风险应对能力

重大风险应对能力是指新创企业在持续创新过程中，在评估出了重大风险或发生了重大风险时，有效应对风险，将风险造成的损失降到可接受程度，甚至抓住风险带来的机遇的能力。新创企业的重大风险应对能力包括两个方面：一个是在重大风险发生之前是否已经建立了应急预案；另一个是在重大风险发生时按照应急预案及时应对能力或无应急预案的重大风险的迅速有效组织、协调能力。风险表现为损失不确定性。即使建立了风险管控的组织机构和相应的规章制度，也设置了风险预警系统，也不能保证完全掌控风险，风险在一定程度上也可能失控。这时为了把重大风险的损失降低到最低程度，就必须在风险未发生之前就建立一系列的应急预案。是否建立了系统有效的重大风险应急预案是衡量创新型企业重大风险应对能力的重要指标之一。企业一般只会对常见的重大风险设置应急预案。有些重大风险的发生是不常见的，新创企业在设置应急预案的时候很难考虑到。但这些风险一旦爆发对新创企业会产生重大影响。

3) 建立重大风险防控能力

重大风险防控能力是指新创企业在持续创新过程中对各种重大风险的防范和监控能力。对战略风险来说就是要在战略制定的时候充分考虑到企业内外环境的各种因素，制定出符合企业实际的可行战略。在战略实施的时候实时监控企业内外各种因素的变动情况，以便适时调整战略或采取相应措施。对重大项目来说就是要在项目立项之前进行可行性分析，识别出项目的主要风险，并采取相应的措施。在项目实施的过程中，时刻关注这些主要风险，一旦发生变化就要采取相应的措施。对经营者风险来说就是要制定有效的监管、约束机制并在工作中经常进行思想道德培训，以避免风险的发生。对外部环境风险来说就是要实时监控外部环境的现状，识别出主要风险并预测其发展趋势，然后采取相应的措施。如果不能有效应对，就会给企业带来巨大损失。这时新创企业的组织、协调能力就成了能否有效应对重大风险的能力关键。

2. 新创企业具体风险应对措施

1) 财务风险的防控措施

(1) 建立和完善财务风险预警系统。在充分考虑企业财务状况和内外部风险因素的基础上，建立企业财务风险预警机制。企业外部因素包括经济运行状况、原材料市场价格指数、资本市场利率变动等，内部因素包括现金流、库存、资产结构、获利能力等。着眼于企业发展的全局，分别从资金获取成本、偿债能力、财务弹性、原材料价格、利率变动、经济效率、库存状况、企业发展潜力、研发投入、预期盈利能力、举债经营的财务风险等方面设置财务风险预警指标，建立财务风险预警体系；加强对现金流的管理，保证企业资金供给；加强库存管理，加快周转速度，避免大量库存积压给企业带来的财务风险；加强对企业资产的管理，合理调整企业资产结构，盘活流动资产，保证企业有现金流和短期债务偿还能力，盘活固定资产，提高使用效率，提高企业盈利能力和债务偿还能力。

(2) 构建多元化融资体系。对新创企业而言，资金是企业发展的重要瓶颈。资金的来源相对单一、获取难度大和融资成本高是企业面临的主要问题。要构建多元化的融资体系，保证企业的资金链供给，除利用自有资金外，还要积极借助风险投资、银行贷款、融资租赁、互联网金融平台和其他融资机构，构建多元化融资体系，拓宽融资渠道，保障企业现金流，优化负债结构，降低资金的使用风险和使用成本，进而降低企业财务风险。

(3) 优化财务结构。优化财务结构主要从企业的股权结构、资产结构和负债结构三个方面入手，合理分配企业固定资产和流动资产比例，保证日常生产运营的资金供给和短期债务偿还，同时要保证企业研发、产能建设等长远发展的投入，实现二者合理发展。优化企业负债结构，在分析企业债务构成的基础上，对负债规模和负债方式进行优化，尽可能降低企业负债成本；合理安排企业偿债模式和次序，分散企业偿债压力，避免债务集中偿还给企业资金链造成的风险。企业股权结构随着新创企业的不断变化，股权结构的优化，要经历一个从相对集中到逐步分散的过程，要合理分配股权，促进企业健康发展。

2) 管理风险的防控措施

(1) 提高管理者的素质。新创企业管理结构不健全，没有实现所有权和管理权的分离，企业的实际所有者就是企业的管理者，提高管理水平要从提高管理者自身的素质和能力入手。在新创企业中企业的许多重要管理岗位往往由高级技术人员担任，而并非由经验丰富的管理者来担任，这在企业创立初期具有一定的合理性，但是随着企业的发展，尤其是由产品研发阶段转向市场推广阶段时，对管理者的要求会越来越高，核心管理者的管理能力可能会出现不足，技术型管理者的管理能力会出现明显的短板，管理者要在干中学，不断提升自身素质和能力。

(2) 完善组织架构和管理机制，明确权责。完善企业组织架构，明确各个职位的权利和责任，保障企业健康高效运行，建立高效的信息沟通和共享机制，简化不必要的流程，提高企业内部资源配置的效率，避免出现由于组织结构不合理或者权责不明导致效率低下或者决策失误，从而降低企业的运营风险。建立完善的考核与激励机制，培育员工的竞争与合作意识。

(3) 营造良好的企业文化。营造良好的企业文化，可以增强企业的凝聚力，增强员工对企业的认同感和归属感，提高员工的忠诚度和奉献意识，进而提高管理效率。树立正确的集体主义价值观，减少企业的内部矛盾和纠纷，降低企业的内部运营风险，提高效率，从总体上增强企业软实力。

3) 法律风险的防范措施

(1) 加强防范法律风险的意识。提高法律风险意识是对风险识别及化解的基础，是法律风险防范机制的建立及健全的重要要求。法律风险存在于企业经营中的各环节中，若不能提高重视有效规避、化解，产生风险时难以控制其后果，容易产生的负面效应比较严重。所以，在企业中对全员深入开展法律风险宣传教育培训可以加深了解法律风险及其导致的影响，逐步养成在具体工作中深入贯彻防范法律风险的意识，在风险控制点使其作用得到充分发挥，进而在企业内使构建的法律风险防范根基更加稳固。然后在法律风险方面增大投入，不仅要增强职工法律知识，还要增大培训法律素养的投入。

(2) 加强防范法律风险的管理。严格按照法律风险防范规章制度实施，健全的规章制度对于防范管理风险的效果具有直接影响。企业应结合参与市场竞争的内外环境，建立及完善规章制度，使内部关系和部门职责得到理顺和明确，确保重要事项在企业中有章可循，避免由于不健全的规章制度导致的法律风险。企业法律风险很多情况下根植于企业内部管理制度的漏洞，因此应结合企业发展及市场竞争实际，对各项管理制度进行完善，指引、规范职工行为，使经济活动步入法制化、规范化轨道，提高经济活动的可预测性，进一步降低法律风险。

(3) 在企业内部加强监督考核。企业内部监督考核与生产经营具有十分紧密的联系，是建立防范企业法律风险机制的一个重要环节。当今社会很多企业的内部监督考核落实不够，不利于建立防范企业法律风险的机制。因此应严格贯彻并对内部监督考核制度进行规范，使企业领导、经营及监督部门各司其职、相互制约，在经营中结合监督及责任追究，使经营风险得到进一步防范，进而确保企业的健康发展。

(4) 按年度加强评估法律风险。企业防范法律风险的措施离不开执行、监督及考核，相互结合促进防范法律风险制度的发展，制度的实现离不开执行和监督，最后总结制度的实施效果离不开考核。所以在企业经营中应及时评估考核效果，分析原因，更新不适宜的旧有规章制度，使企业防范法律风险制度发挥出应有的作用。

本章知识点自查

知 识 点			学习要求	自查
企业风险概述	企业风险的概念与理论沿革	风险的定义	了解	□
		企业风险定义	熟悉	□
		企业风险理论三阶段	认识	□
	企业风险的特征及类型	企业风险的特征	熟悉	□
		外部风险	熟悉	□
		内部风险	熟悉	□
新创企业风险防范实战训练	新创企业风险定义	新创企业定义	认识	□
		风险指标体系建立	了解	□
	大学生新创企业风险	大学生新创企业风险特征	了解	□
		风险产生原因	了解	□
		大学生新创企业风险类别	掌握	□
	新创企业风险预测	预测的一般原则	熟悉	□
		风险预测的方法	掌握	□
		具体风险的预测	掌握	□
	新创企业风险应对	应对的基本原则	掌握	□
		应对措施	掌握	□

导 读 回 顾

通过本章的学习已经初步了解和掌握了企业风险一般分为外部风险和内部风险。无论何种风险它的根本特征都是相同的，同时根据不同的企业、不同的阶段、不同的企业目标、不同的企业战略规划其企业风险会有不同的特征和表现。为了应对这些风险，企业要建立风险管理体系。企业发展中风险是企业一定会面对的重要问题，应对这些风险的方法就是建立合理的风险管理体系，降低企业面对的风险，实现企业利益最大化。大学生新创企业更需要加强企业风险管理体系的建设，因为大学生经验、技术、资本一般都处于劣势，此时大学生新创企业所面临的风险更大。一般来说，大学生新创企业主要面临财务风险、管理风险、法律风险，针对这些风险本章提出了具体针对性的应对措施，希望能对大学生新创企业风险管理体系建立有所助力。

课后习题

1. 请解释企业风险的定义。
2. 请简述企业风险理论发展三阶段。
3. 请阐述企业风险的一般类型。
4. 请阐述大学生新创企业风险的一般类别。
5. 请简述大学生新创企业财务风险防范措施。
6. 请简述大学生新创企业法律风险防范措施。

参考文献

参 考 文 献

[1] 朱广华，陈万明，蔡瑞林. 大学生创业心理禀赋特征及禀赋过程重塑[J]. 现代教育管理，2016(11)：104-109.

[2] 时华忠，李祖超. 信息不对称条件下大学生的创业行为特征与教育引导[J]. 高教探索，2017(8)：126-128.

[3] 张秀娥，赵敏慧. 创新与创业理论研究回顾与展望[J]. 创新与创业管理，2016(2)：1-15.

[4] 牛天宇. 新时代背景下大学生创业意识和创业能力的培养[J]. 南方农机，2018，49(06)：171，189.

[5] 刘宇娜. 创业意愿对创业行为的作用机制研究[D]. 吉林大学，2018.

[6] 徐蓉. 大学生创新创业该具备何种"软实力"[J]. 人民论坛，2018(31)：58-59.

[7] 肖文平，邹怡松. 高校大学生创业团队建设的思考[J]. 经贸实践，2017(20)：308.

[8] 张迪. 有效沟通与团队合作[M]. 上海：上海交通大学出版社，2018.

[9] 王昂. 大学生创业心理特征与辅导策略——基于厦门地区 8 家众创空间 24 个大学生创业团队的质性研究[J]. 创新与创业教育，2019，10(03)：106-109.

[10] 夏维力，丁珮琪. 中国省域创新创业环境评价指标体系的构建研究——对全国 31 个省级单位的测评[J]. 统计与信息论坛，2017，32(4)：63-72.

[11] 薛伟贤，顾菁. 西部高新区产业选择研究——基于一带一路建设背景[J]. 中国软科学，2016(9)：73-87.

[12] 徐占东，梅强，李洪波，等. 大学生创业环境、创业动机与新创企业绩效关系研究[J]. 科技管理研究，2017(19)：154-161.

[13] 蔡莉，彭秀青，Nambisan S，等. 创业生态系统研究回顾与展望[J]. 吉林大学社会科学学报，2016，(1)：5-16.

[14] 斯晓夫，王颂，傅颖. 创业机会从何而来：发现，构建还是发现+构建？——创业机会的理论前沿研究[J]. 管理世界，2016，3：115-127.

[15] 张斌，陈详详，陶向明，陈慧慧. 创业机会共创研究探析[J]. 外国经济与管理，2018，40(02)：18-34.

[16] 王伟毅，李乾文，创业视角下的商业模式研究[J]. 外国经济与管理，2005(11)：32-48.

[17] 慈银萍. 共享单车的运营管理模式分析——以摩拜单车为例[J]. 特区经济，2017(12)：38-39.

[18] 李家华，王艳茹. 创业基础[M]. 上海：上海交通大学出版社，2017.

[19] 李家华. 创业基础[M]. 北京：北京师范大学出版社，2013.

[20] 刘万韬. 大学生创新与创业教程[M]. 天津：南开大学出版社，2017.

[21] 王国红，邢蕊，等. 创新与企业成长[M]. 2 版. 北京：清华大学出版社，2019.

[22] 木志荣. 创新创业管理[M]. 北京：清华大学出版社，2018.

[23] 苏世彬. 创业管理[M]. 北京：高等教育出版社，2015.

[24] 邱洪业. 新创企业创业风险评价与防控研究[D]. 山东科技大学，2017.

[25] 傅燕蝶，刘勤果，邱玉如，郭红平. 大学生创业风险及对策研究——基于福泰人服装公司创业项目[J]. 经贸实践，2017(22)：17-18.

[26] 李莉，王佳，徐建. 创业基础实训教程含实训手册[M]. 北京：北京理工大学出版社，2015.